Kommentar zu den Götterliedern der Edda

Teil 1: Die Óðinslieder

Textausgabe nach der korrigierten Übersetzung von Karl Simrock mit ausführlicher Einleitung und Kommentierung zu den Liedstrophen aus heidnischer Sicht von

Allsherjargode Géza von Neményi

Kersken-Canbaz-Verlag - Holdenstedt
Reihe Altheidnische Schriften

©2008 Kersken-Canbaz-Verlag
Alle Rechte vorbehalten.
Druck und jegliche Wiedergabe in jedweder Form nur mit vorheriger
Genehmigung des Verlages.
Satz mit KOMA-Script und LATEX.
Herstellung Books on Demand GmbH, Norderstedt

ISBN 978-3-89423-133-0
ISBN-ALT: 3-89423-133-5

Inhaltsverzeichnis

Vorwort

s gibt bereits einige wissenschaftliche Kommentare zu den Liedern der Edda, doch betrachten diese die Eddalieder rein aus der Sicht von Philologen und Skandinavisten, die religiösen Bezüge interessieren nur am Rande. Die Wissenschaftler, die sich damit beschäftigen, glauben in keinem einzigen Falle selbst an die Gottheiten, die in den Liedern erwähnt werden, von denen die Lieder sogar stammen. Es sind also Kommentare von Außenstehenden, die keinen persönlichen Bezug zu dem Glauben, der in den Eddas enthalten ist, haben.

Man wird aber etwa ein Eddalied »Vǫluspá« anders deuten, wenn man es als das Erzeugnis eines Dichters im 10. Jh. betrachtet, als wenn man es als eine Offenbarung einer Seherin die vor 2 Jahrtausenden erfolgte, ansieht. Im ersteren Falle wird man von einer freien Bearbeitung der Mythen durch einen einzelnen Menschen ausgehen, die nicht unbedingt das alte Heidentum unserer Vorfahren unverfälscht wiedergibt und wird mögliche christliche Einflüsse vermuten. Im andern Falle wird man von einer heiligen Überlieferung ausgehen, die in Jahrhunderten nahezu unverändert mündlich überliefert und schließlich im 11. Jh. aufgeschrieben wurde. Man wird jede Zeile, jedes Wort, ja jeden Buchstaben genauestens betrachten und ernstnehmen, um so den heiligen Mythos zu erkennen.

Dazu kommt, daß Mythen immer in symbolischen Bildern Schilderungen von Ereignissen der spirituellen Welt darstellen, die zugleich auch in der materiellen Welt ihre Entsprechungen finden, und daß diese Mythen auf verschiedenen Ebenen gedeutet werden können. Ohne eigene spirituelle Erfahrungen wäre es sehr schwer, den richtigen Deutungsweg zu finden. Professoren der Skandinavistik sind hier also schlichtweg überfordert bzw. unterqualifiziert, um den Wert und die Bedeutung der Mythen überhaupt erfassen zu können.

Das wachsende Interesse vieler Menschen am alten Heidentum unserer Vorfahren, das damit verbundene Wiederaufleben des Alt-

Heidentums und das Entstehen neuheidnischer Kulte (Ásatrú) zeigen, daß die heidnischen Mythen heute wieder auf größeres religiös bedingtes Interesse stoßen und auf dem Wege sind, ihre einstige Bedeutung wiederzuerlangen. Mittlerweile sind heidnische Gemeinschaften in mehreren Ländern Europas als Religionsgemeinschaften staatlich anerkannt und den Kirchen gleichgestellt. Deswegen wurde es notwendig, eine kommentierte Ausgabe der Götterlieder der älteren Edda aus heidnischer Sicht vorzulegen, die Grundlage für eine heidnische Deutung der Mythen bilden will und zur Arbeit in den heidnischen Gemeinschaften geeignet ist. Ich bin seit 1991 Allsherjargode (oberster Priester) der Alt-Heiden, der traditionellen germanischen Heiden in Deutschland. Meine Sichtweise ist subjektiv wie jede individuelle Sichtweise, meine Deutungen sind meine Deutungen und müssen von anderen Alt- und Neuheiden nicht unbedingt geteilt werden. Das Buch stellt insofern nur eine unverbindliche Anregung dar, wie man die Götterlieder sehen und deuten kann und ist nicht als Deutungsdogma zu verstehen.

Grundlage bildet die alte Eddaübersetzung von Karl Simrock, auf die sich die deutschen neuheidnischen Gemeinschaften bereits 1983 geeinigt hatten. Diese Übersetzung wurde von mir kritisch durchgesehen und ihre Fehler wurden korrigiert. Die Reihenfolge der Eddalieder belasse ich in der von Karl Simrock verwendeten Ordnung, die Strophenreihenfolge und Nummerierung hingegen folgt strikt den Originalhandschriften. Die in den Eddaliedern vorkommenden Namen werden in der originalen altnordischen Schreibweise wiedergegeben, auch die nordischen Sonderzeichen (Þ, þ = th; ð = dh; œ, ǫ, ø = ö; æ = ä, á = ao) behalte ich bei.

Dort, wo ich Begriffe oder Strophenzeilen anders übersetze, als die üblichen Eddaübersetzungen es machten, gehe ich im Kommentar darauf ein, um die Abweichung zu begründen und dem Leser selbst die Entscheidung zu überlassen, welche Übersetzung er für glaubwürdiger hält. Durch die aus inhaltlichen Gründen notwendige Korrektur der Simrock-Übersetzung ist in vielen Fällen der Stabreim fortgefallen, der doch charakteristisch für die Eddalieder ist. Es ging mir in meiner Übersetzung aber natürlich zuerst um die inhaltliche Richtigkeit, erst danach auch um den Stabreim.

Es ist mir klar, daß der Leser, der noch nie eine Edda in der Hand hatte, mit den vielen Namen, Gottheiten, mythologischen Wesen und

Mythen vielleicht etwas überfordert ist. Das Buch ist mehr für denjenigen geschrieben, der bereits Grundkenntnisse von der germanischen Mythologie hat. Ich habe dennoch auch an den Leser ohne Vorkenntnisse gedacht und alle mythologischen Namen, dort, wo sie zuerst erscheinen, übersetzt bzw. erläutert. Zum Trost sei gesagt, daß viele Mythen bis heute nicht überzeugend gedeutet werden konnten, und daß also auch der kundige Leser immer wieder auf Namen und Begriffe stößt, die er nicht deuten kann.

Zur Illustration habe ich hauptsächlich Bilder aus zwei isländischen Handschriften der jüngeren Edda verwendet, nämlich der von Ólaf Brynjólfsson (1760) und der von Jakob Sigurðsson (1764) die sich sehr ähnlich sind, da beide wohl auf eine gemeinsame (verlorene) Vorlage von 1665 zurückgehen.

Dieses Buch ist der 1. Teil, der sich mit der Edda allgemein befaßt, und dann die Vǫluspá sowie die fünf Óðinslieder deutet. In einem 2. Teil sollen dann die restlichen Götterlieder, also die fünf Þórslieder und die fünf Vanenlieder, behandelt werden.

Werbig, Sommer 2007

Allsherjargode Géza von Neményi

Kapitel 1

Die Edda

nter der Bezeichnung »Edda« verstehen wir zwei altnordische Sammlungen von germanischen Götter- und Heldenmythen. Die ältere Edda, die auch Sæmundar-Edda oder Lieder-Edda genannt wird, besteht aus Götterliedern und Heldenliedern, dazu kommen noch die in beiden Gattungen enthaltenen Spruchweisheiten. Die jüngere Edda, die auch Snorra-Edda oder Prosa-Edda genannt wird, enthält eine systematische Darstellung der germanischen Mythologie in ungereimter Erzählform, dazwischen finden sich Strophen aus der älteren Edda oder von den Skálden (»Dichtersänger«).

Der Name »Edda« wurde verschieden gedeutet (etwa von óðr = Dichtkunst, von Oddi = Buch aus Oddi, von lat. edo = ich verkünde oder von indisch Veda = das Wissen), doch gibt die Edda selbst Auskunft über diese Bezeichnung. In dem zur eddischen Dichtung gehörenden Götterlied, der Rígsþula (Strophe 4 und 7), findet sich das Wort in der Bedeutung »Urgroßmutter«. Damit ist gemeint, daß in der Edda Überlieferungen enthalten sind, die wie von einer Urgroßmutter erzählt sind. Im mythischen Verständnis ist diese Urgroßmutter die Erdgöttin selbst.

Die Haupthandschrift der älteren Edda ist das Konungsbók Eddukvæði, besser bekannt unter dem lateinischen Namen Codex Regius Nr. 2365, 4to. Die Pergamenthandschrift mit 90 Seiten (mit einer Lücke von wahrscheinlich 8 Blättern nach Blatt 32 in den Heldenliedern) wurde – so glauben es die Forscher - in den 70er Jahren des 13. Jhs. von einem Schreiber nach einer (verlorenen) schriftlichen Vorlage niedergeschrieben. Der Codex enthält 10 Götterlieder und 21 Heldenlieder. Nach ungewissem Schicksal kam diese Handschrift 1643 in den Besitz des Bischofs Brynjólfr Sveinsson von Skálholt. Über Þormóðr Torfason kam die Handschrift 1662 in den Besitz des dänischen Königs Frederik III., der sie in die königliche Bibliothek in Kopenhagen brachte. 1971 wurde die Konungsbók Eddukvæði feierlich als erste einer Reihe von Handschriften nach Island zurückgebracht. Hier wird sie in der Handschriftenabteilung der Universität in Reykjavík (Stofnun Arna Magnussonar) aufbewahrt.

50 Strophen der Vǫluspá, dem ersten Götterlied der älteren Edda, sind auch in der Hauksbók, dem Codex Arnamagnäanus Nr. 544, 4to zu finden. Die Hauksbók wurde von 1306-08 für Haukr Erlendsson, dem norwegischen Lǫgmaðr (Gesetzsprecher) auf Island verfaßt. In der Flateyjarbók, Codex Regius Nr. 1005 fol. (um 1328-1387 geschrieben), findet sich nur ein Götterlied, die Hyndluljóð mit der Vǫluspá in skamma. Weitere Lieder sind in Handschriften der jüngeren Edda und Eddabruchstücke im Codex Arnamagnäanus AM 748 I, 4to (darunter die Vegtamsqviða) erhalten.

Die jüngere Edda ist als Codex Regius Nr. 2367, 4to erhalten, bekannte weitere Handschriften sind der Codex Upsaliensis Nr. 11, 8to, der Codex Wormianus Nr. 242 fol. (dort auch die Rígsþula) und der Trektarbók (Utrechter Papierhandschrift). Fragmente der jüngeren Edda finden sich auch im Codex Arnamagnæanus Nr. 748, 4to., in Arnamagnæanus 756, 4to und 757, 4to. sowie Arnamagnæanus 1eß fol. Von der älteren und jüngeren Edda existieren etwa 20 jüngere Papierhandschriften, in denen auch einzelne weitere Lieder erhalten sind, z. B. Svipdagsmál (in NkS 1111 fol.; SKB pap. fol. 34; SKB pap. 8vo 15 und AM 738, 4to) oder Hrafnagaldr. Reich bebildert ist z. B. eine Handschrift von Ólafur Brynjúlfsson aus dem Jahre 1760 (Ny. Kgl. Sml. 1867, 4to, heute in Reykjavík) und ganz ähnlich eine von Jakob Sigurðsson in Vopnafjorður von 1764, von denen ich einige Bilder hier verwende.

Seit der deutschen Übersetzung der Edda durch Karl Simrock (um 1850) teilt man die Götterlieder in drei Hauptgruppen. Nach der Vǫluspá, die wie eine Übersicht über das gesamte Weltenschicksal allein steht, folgen fünf Óðinslieder, also Lieder, in denen der Gott Óðinn im Mittelpunkt steht, dann folgen fünf Þórslieder und schließlich fünf Vanenlieder, wobei hierzu auch die Rígsþula gezählt wird, obgleich Rígr-Heimdallr kein Vane ist.

Die Heldenlieder teilen sich in drei Sagenkreise: die Wielandsage, die Helgisage und die Sigurð- und Guðrúnsage (Niflungar und Vǫlsungar). Die vollständige Edda enthält also die folgenden Götterlieder. Dazu stehen auch die jeweiligen Abkürzungen der Liedernamen, die ich in diesem Buch verwende:

Übersicht:

- Vǫluspá (Vsp.)

Óðinslieder:

- Grímnismál (Grm.)
- Vafþrúðnismál (Vm.)
- Forspiállsljóð oder Hrafnagaldr Óðins (Hg.)
- Vegtamsqviða oder Baldrs draumar (Bdr.)
- Hávamál (Hav.)

Þórslieder:

- Hábarðzljóð (Hrbl.)
- Hymisqviða (Hym.)
- Lokasenna oder Aegisdrecka (Ls.)
- Þrymsqviða oder Hamarsheimt (Þrq.)
- Alvíssmál (Alv.)

Vanenlieder:

- Fǫr Skírnis oder Skírnismál (Skm.)
- Grógaldr oder Svipdagsmál I (Gg.)
- Fjǫlsvinnzmál oder Svipdagsmál II (Fj.)
- Rígsþula oder Rígsmál (Rþ.)
- Hyndluljóð (Hdl.)

Die jüngere Edda enthält die folgenden Hauptstücke:

- Formáli
- Gylfaginning (Gylf.)
- Brageroeður (Brag.)
- Skáldskaparmál (Sksk.)
- Grottasǫngr (Grt.)
- Háttatal (Hát.)

- 1. bis 4. Grammatischer Traktat
- Skáldatal (Skt.)
- Nefnaþulur (Nþ.)

Es gibt darüberhinaus auch eine Gruppe von Liedern, die nicht zur Edda gehören, aber von ihrer Art her ähnlich sind. Man ordnet sie in die Gruppe der eddischen Dichtung. Hierzu gehören z. B. die Sólarljoð, Darraðarljóð, die Eiriksmál oder die Hákonarmál.

Vortrag und Strophenarten

Bei den Liedern der älteren Edda sind hauptsächlich zwei Strophenarten verwendet worden, nämlich Fornyrðislag und Ljóðaháttr. Fornyrðislag (»Versmaß für alte Sagen«), dt. »Lied- oder Erzählton« genannt, besteht aus vierzeiligen Strophen, wobei jede Strophe aus Langzeilen besteht. Eine Langzeile wiederum kann man in zwei Kurzzeilen auflösen. Hier ein Beispiel für Fornyrðislag (Vsp. 3):

> Ár var alda, þat er Ymir bygði,
> vara sandr né sær né svalar unnir;
> Jǫrð fannz æva né upphiminn,
> gap var ginnunga, enn gras hvergi.

> (Einst war das Alter, da Ymir hauste:
> Da war nicht Sand nicht See, nicht salzge Wellen,
> Nicht Jǫrð fand sich noch Überhimmel,
> Ginnungas Abgrund und Gras nirgend.)

Dieses Versmaß, von dem sich auch eine Strophe auf dem dänischen Runenstein von Rök (um 800 u. Zt.) findet, steht der altgermanischen Langzeilendichtung am nächsten. Die Strophen weisen acht zweihebige Verszeilen mit freier Silbenzahl auf, die den Halbversen der germanischen Langzeilen entsprechen. An- und Abverse sind durch den Stabreim (Alliteration) miteinander verbunden. Ein Beispiel für eine germanische Langzeile, die aus zwei Kurz- oder Halbzeilen besteht und Stabreim enthält, findet sich z. B. auf dem Runenhorn von Gallehus (um 400 u. Zt.):

> Ek hlewagastiz holtijaz horna tawido
> (Ich, Hlewagastiz aus dem Holz das Horn fertigte).

Bei der ältesten germanischen Dichtung gab es noch keine Stropheneinteilungen, sondern es wurden Langzeilen an Langzeilen gereiht, wie z. B. im altenglischen Beowulfepos. Ähnlich war auch die Edda gedichtet, und noch heute ist die vierzeilige Strophe nicht überall streng eingehalten und zeigen die erhaltenen Melodien, daß eine Stropheneinteilung ursprünglich nicht vorhanden war.

Beim Stabreim (im Gegensatz zu End- oder Binnenreim) reimen sich die wichtigen Anverse. Bei der Verteilung der Stäbe (der stabenden Laute) gibt es bestimmte Grundtypen. Die Langzeile weist zwei oder drei Stäbe auf, von denen einer oder zwei in der ersten Halbzeile (=

Anvers) stehen und einer im zweiten Halbvers (= Abvers). Die Stäbe können nur in den druckstarken Silben, den Hebungen oder Ikten des Verses, stehen. Da der Stab normalerweise auf die erste Hebung des Abverses fällt, ergeben sich im wesentlichen drei Möglichkeiten für die Plazierung der stabenden Laute:

1. Stabreim auf der ersten Hebung des Anverses (Vsp. 1):

   Hljóðs bið ek allar helgar kindir.

2. Stabreim auf der 2. Hebung des Anverses (Vsp. 4):

   þeir er miðgarð, mœran, skópo.

3. Stabreim auf beiden Hebungen des Anverses (Vsp. 1):

   forn spjoll fira, þau er fremst um man.

Ausnahmen sind Fälle, wo der Abvers zwei Stäbe hat oder der Stab auf die zweite Hebung des Abverses fällt.

Eine Besonderheit ist es, daß beim germanischen Stabreim alle Selbstlaute miteinander staben können (Aqv. 8):

   ylfstr er vegr okkar, at ríða ørindi.

Der Stabreim ist sehr wahrscheinlich aus dem Runenkult entstanden, wo der Priester drei Runenstäbchen loste und aus ihren Begriffen einen »Stabreim« bildete.

Aus dem Versmaß Fornyrðislag entwickelten sich später auch die Versmaße Málaháttr (Erzählton) mit mindestens 5 statt 4 Silben pro Verszeile, sowie Kviðuháttr (Verston) mit dreisilbigem Anvers und viersilbigem Abvers.

Das andere Hauptversmaß der älteren Edda ist der Ljóðaháttr (»strophisches Versmaß«), dt. auch Spruch- oder Liedton genannt. Es ist das Versmaß der eddischen Wissens-, Lehr- und Zauberdichtung, das sind diejenigen Eddalieder, deren Liedtitel auf »-mál« endet (z. B. »Hávamál«). Die Strophen dieses Versmaßes sind vierzeilig, wobei jeweils eine Langzeile mit einer Kurzzeile wechselt (Háv. 49):

   Váðir mínar gaf ek velli at
   Tveim trémǫnnom;
   Rekkar þat þóttuz, er þeir rift hǫfðo,
   neiss er nøcqviðr m(að) halr.
   (Mein Gewand gab ich auf dem Felde
   Holzmännern zweien.
   Bekleidet dünkten sie Kämpen sich gleich,
   Während Hohn den nackten Mann neckt).

Selbstverständlich finden wir auch hier den Stabreim. Dem Ljóða-
háttr sehr ähnlich ist der Galdralag (»Versmaß für den Galdr«, d. i.
der Zaubergesang), dt. auch Zauberton genannt. Hier wird lediglich
die vierte (Halb-)zeile der Strophe (zuweilen mehrfach) fast wörtlich
wiederholt (Háv. 156):

Þat kann ek iþ tíunda, ef ek sé túnriðor
Leika lopti á:
Ek svá vinnc, at þeir villir fara
sinna heim hama,
sinna heim huga.

(Das kann ich zum zehnten,
wenn ich sehe Zaunreiterinnen
Durch die Lüfte lenken,
Ich wirke so, daß verwirrt sie fahren
In ihrem heimatlichen Hemd
In ihrem heimatlichen Gedanken.)

In der jüngeren Edda finden wir neben diesen klassischen Versma-
ßen auch das Dróttqvætt (»Fürstenton«), das gewöhnliche skáldische
Versmaß mit seinen zahlreichen Varianten, die in den Háttatál (»Stro-
phenverzeichnis«) der jüngeren Edda genauer erläutert werden.

Nun wollen wir noch die Frage beantworten, ob und wie die Lieder
der Edda vorgetragen wurden. Es gibt aus verschiedenen Quellen alte
Melodien zum Vortrage der Eddalieder, deren Echtheit anerkannt ist.
Diese Melodien werden an anderer Stelle noch veröffentlicht. Das Vor-
handensein dieser Melodien beweist, daß die Eddalieder auch tatsäch-
lich gesungen worden sind. Auch die Bezeichnung »-qviða« (moderner:
»-kviða«), z. B. in Liedertiteln wie Hymisqviða, deutet auf einen Vor-
trag mit Gesang hin, denn der Begriff bedeutet »rezitierend vortragen«
(altnord. qvað = Sprechen); es handelt sich dabei um die sogenannten
doppelseitigen Ereignislieder, also Lieder, in denen Strophen sich mit
Prosatexten wechseln. »Queða« kann auch »Dichten« und »mit Instru-
ment vortragen« bedeuten. Das nordische »ljóð« entspricht in etwa
unserem deutschen »Lied«. Nur bei sehr wenigen Ausnahmen ist eine
singende Vortragsweise auf Grund des unregelmäßigen Strophen- und
Zeilenmaßes nur schwer vorstellbar, etwa bei der Hárbarðzljóð.

Wenn wir aber wissen, daß die Lieder der Edda (übrigens nachweis-
bar noch bis in das 17. Jh. hinein) auch vorgesungen wurden, dann ist
auch die Frage, wann dies geschah, schon fast beantwortet. Es konnte

nur geschehen, wenn viele Menschen zusammenkamen, und das passierte nur auf den Jahresfesten. Die Lieder der Edda wurden also auf den heidnischen Jahresfesten vorgetragen, und es ist denkbar, daß sie auch – wenn gerade kein Skálde anwesend war – nur vorgesprochen wurden. Hier ist dann aber darauf zu achten, daß die beiden Hebungen jeder Zeile, die den Stabreim tragen, scharf herausgehoben werden sollten, ganz gleich, wo sie im Verse stehen. Der gleiche oder verwandte Anlaut in gleichen Silben muß laut und klar, die Senkungssilben dagegen mit merklich geringerem Nachdruck gesprochen werden. Man lasse sich durch die stark wechselnde Zahl der unbetonten Silben nicht dazu führen, auf die Einhaltung eines klaren und festen Rhythmus zu verzichten. Die altgermanischen Namen werden dabei immer auf der ersten Silbe betont.

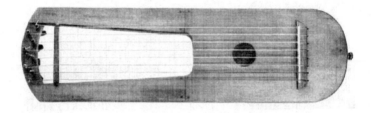

Abbildung 1: Chrotta-Rekonstruktion (sechssaitige Lyraharfe), Museum Berlin.

Über den Vortrag von alten Götter- und Heldenliedern, die ja bereits Tacitus in der Germania[1] erwähnt, berichtete auch der Chronist Jordanis in seiner Getica (um 550)[2]. Er erzählte, daß die Goten zuerst begonnen haben, die Taten ihrer Vorfahren mit der Harfe zu besingen. Dabei meinte er keine dreiecksförmige Harfe, sondern eine Art Leier mit 6 Saiten, genannt Chrotta (Rotte, Rota, Crwth).

Bruchstücke derartiger Chrotten wurden vom 7. Jh. (Sängergrab von Oberflacht) bis zur Víkingerzeit gefunden, und auch in Handschriften oder auf Stabkirchen, Bildsteinen usw. sind diese Instrumente abgebildet. Die Abbildung 1 zeigt eine rekonstruierte Chrotta (Museum Berlin) Die Stimmung dieser Chrotten ist nicht überliefert (anders als bei den Griechen), aber wir dürfen wohl annehmen, daß sie pentatonisch gestimmt waren.

Datierung der Edda

Die Mehrheit der Wissenschaftler datiert die Entstehung der älteren Edda auf die Zeit um 1270 u. Zt., also in eine rein christliche Zeitepoche, in der in einer Art Renaissance die Menschen sich wieder für ihre Vergangenheit interessierten. Dem Konungsbók Eddukvæði soll eine um 1240 entstandene Vorlage vorausgegangen sein. Angeblich 270 Jahre nach der offiziellen Einführung des Christemtums auf Island entstanden, könne die Edda somit kein objektives Bild des germanischen Heidentums vor dem Jahre 1000 liefern. Auch sei von größerem christlichen Einfluß (direkt oder indirekt) auszugehen, und als Quelle für einen heidnischen Glauben sei die ältere Edda somit nicht oder nur sehr bedingt zu gebrauchen.

Demgegenüber habe ich bereits 1988 darauf hingewiesen, daß die ältere Edda früher aufgeschrieben wurde und somit als Hauptquelle für den heidnischen Glauben unbedingt glaubwürdig ist.

Die Datierung der Konungsbók Eddukvæði der älteren Edda auf das Jahr 1270 ist weder dadurch erfolgt, daß sich auf der Handschrift vielleicht eine Jahreszahl befindet, noch durch die C14-Methode, noch durch Dendrochronologie. Einzig und allein sprachliche und grammatikalische Indizien werden hierbei angeführt. Diese Datierung ist also recht willkürlich und basiert auf den Einschätzungen der Forscher, da es ja vergleichbare Texte nicht gibt. Schon diese Datierung ist abzulehnen, zumindest in Frage zu stellen.

Da diese Frage von großer Bedeutung ist, soll sie hier genauer behandelt werden.

Die Eddadatierung stammt von Wissenschaftlern einer christlich geprägten Gesellschaft; fast immer sind diese Wissenschaftler selbst Christen. Die Absicht, die Edda nicht nur in eine christliche Zeit zu datieren, sondern den Eddaliedern auch jegliche mythologische Bedeutung abzusprechen, ist z. B. bei dem Theologen Prof. Simek (2003) ganz deutlich. Schließlich fürchten die Kirchen nichts so sehr, wie das Wiedererstehen der heidnischen Religion. Während man es bei der Bekämpfung der fernöstlichen Kulte noch relativ leicht hat – schließlich sind sie hier bei uns immer exotisch und werden es auch bleiben – hätte man es mit einem starken Heidentum ungleich schwerer, da viele Bräuche und Zeremonien im Volke noch lebendig sind und daher schwer ausgerottet werden können. Das Heidentum ist etwas Bekanntes, mit unserer Kultur untrennbar verbunden und daher eine besondere Bedrohung. Auch würde die Kenntnis heidnischer Mythen die Herkunft vieler kirchlicher Zeremonien aus dem Heidentum entlarven und die Legenden von der »Kirche als Kulturbringer« würden wie ein Kartenhaus zerfallen. Das ist keine Verschwörungstheorie, sondern man findet diese Tendenz, germanische Quellen abzuwerten, von Tacitus bis zu Grimms Märchen, auch auf dem Gebiet der Volkskunde toben heftige Auseinandersetzungen (etwa zum Thema Ostereier als heidnischen Brauch oder christliche Abgabeneier). Heidnische Forschung muß sich also besonders mit dieser Art von Quellenhyperkritik auseinandersetzen.

Von der Wissenschaft werden verschiedene Argumente für eine jüngere Entstehungszeit der Edda vorgebracht. So wird die Frage gestellt, inwieweit einer Sammelhandschrift mit mehreren nach bestimmten Kriterien zusammengestellten Liedern wie der Edda, auch Sammlungen nur einzelner Lieder oder Liedgruppen vorausgegangen sein müßten. Derartige Sammlungen sind nicht erhalten, werden aber von der Wissenschaft vorausgesetzt, wobei die erhaltenen Fassungen der Edda das systematische Ende einer unsystematisch begonnenen Sammlung sein müßten. Diese vermuteten, aber nicht erhaltenen Vorstufen zur Sammelhandschrift der älteren Edda drängen die Entstehung der Sammelhandschrift dann in eine jüngere Zeit.

Ein weiteres Argument insbesondere gegen Sæmundur als Sammler der Eddalieder will man an einer Bemerkung von Snorri Sturlusson im Vorwort seiner Heimskringla erkennen. Snorri hatte dort geschrieben:

> »Der Priester Ari inn fróði, ein Sohn von Þorgils Gellirsson, war der erste Mann hier zu Lande [Island] der in nordischer Sprache alte und neue Geschichten niederschrieb.«

Das Zitat ist insofern ungenau, als nicht klar wird, was Snorri meinte. Meinte er, daß Ari zuerst auf Island alte und neue Geschichten aufschrieb (egal in welcher Sprache), oder meinte er, daß Ari zuerst in nordischer Sprache schrieb (und andere vor ihm nur auf Lateinisch)?

Ari Þorgilsson inn fróði, der vermutlich auch Gode war, lebte von 1067 bis 1148, in seiner Zeit begann man mit dem Schreiben in altnordischer Sprache und könnte mythologische Einzellieder aufgezeichnet haben, eine Sammelhandschrift derartiger Lieder wie die Edda müßte dann jünger sein.

Sæmundur Sigfusson lebte von 1056 bis 1133. Es ist also rechnerisch möglich, daß Ari mit 19 Jahren (1086) begonnen hatte, Texte in Landessprache aufzuschreiben und Sæmundur es erst nach ihm, also ab 1087 tat. Da war Sæmundur 31 Jahre alt. Dann stimmt die Bemerkung Snorris in der Heimskringla, und dennoch kann Sæmundur als Aufzeichner der Eddalieder angesehen werden.

Es ist außerdem festzustellen, daß der Aufzeichner der Eddalieder wohl kaum bekanntgemacht haben wird, daß er heidnische Texte aufschrieb, da ihm das damals sicherlich viel Ärger eingebracht hätte. Island war christlich und die Christen duldeten einen derartigen Rückfall in die heidnische Welt nicht. Es ist also durchaus möglich, daß schon vor Ari jemand die Eddalieder gesammelt und aufgeschrieben hatte. Und daß eine derartige Sammlung notwendigerweise Vorstufen gehabt haben müsse, ist nicht zwingend erforderlich. Es ist sehr gut vorstellbar, daß die Lieder direkt aus mündlicher Überlieferung aufgezeichnet worden sind.

Es wird von der Wissenschaft dann noch auf einzelne Formulierungen in Eddaliedern hingewiesen, die eine »alte Vorzeit« (forneskja, d. i. »Vorzeit«) erwähnen und – so die Folgerung – somit nicht in dieser Zeit entstanden sind. So zum Beispiel im Lied HH. II, Schlußprosa:

»Es war Glaube im Altertum, daß Menschen wiedergeboren würden.«

Oder in den Fm. Prosa nach 1:

»Weil es im Altertum Glaube war...«

Ähnliche Stellen: Vsp. 1, HH. 36, HH. II 13 Pr., Od. 1, Vqv. Pr. 1, Hm. 2.

Diese »alte Zeit« kann aber auch innerhalb des Heidentums eine ältere Zeitepoche meinen, denn auch das Heidentum hatte sich immer wieder gewandelt, was man sehr gut am Wechsel der Bestattungssitten sehen kann: Dem Brandzeitalter (brunaǫld) folgte das Hügelzeitalter (haugsǫld), wie das Vorwort der Heimskringla berichtet. Der Begriff »alte Vorzeit« ist also nicht notwendig auf die heidnische im Gegensatz zur christlichen Zeit zu beziehen.

Dann hat man auf bestimmte Götterlieder hingewiesen, in denen die Götter verspottet oder sehr negativ dargestellt werden, z. B. Lokasenna oder Hárbarðzljóð. Derartige Lieder – so meint man – könnten nicht mehr in der heidnischen Zeit entstanden sein. Als Gegenargument wurde vorgebracht, daß auch der Hinduismus entsprechende Spottlieder kennt und es durchaus möglich wäre, daß solche Lieder auch bei den Germanen schon in heidnischer Zeit existierten. Hier verspotten schließlich nicht Menschen Götter, sondern Götter einander, was ein großer Unterschied ist.

Schließlich wurde auf das Vorhandensein von Kenningar (dichterische Umschreibungen) in einigen Eddaliedern hingewiesen; derartige Kenningar wurden von den Skálden noch in christlicher Zeit häufig verwendet und ihr Vorhandensein soll beweisen, daß die betreffenden Eddalieder erst aus der späten Skáldenzeit stammen können. Dies ist allerdings überhaupt kein Beweis, denn schon in dem ältesten Eddalied, der Vǫluspá, finden sich einige Kenningar (Str. 27: »Valfǫðrs Pfand«, Str. 48: »der Bergwege Weiser«, Str. 60: »Weltumspanner«, Str. 63: »Windheim« usw.), aber auch schon bei den älteren Skálden, z. B. Egill Skallagrímssón (9.-10. Jh.).

Die Aufzeichnung der Lieder der älteren Edda wird von den traditionellen Heiden dem isländischen Gelehrten und Geschichtsforscher Sæmundur Sigfússon inn fróði zugeschrieben. Sæmundur lebte von 1056 bis 1133, er war Góði (ursprünglich »Priester«, in der christlichen Zeit aber nur noch »Häuptling«) aus der Sippe der Oddaverjar. Sæmundur war nach den isländischen Volkssagen einer der letzten ganz großen germanischen Zauberer und entstammte einer heidnischen Priestersippe, denn auch seine beiden Schwestern, Halla und Flin, waren große Zauberinnen[3]. Um den christlichen Glauben genauer kennenzulernen, reiste Sæmundur zusammen mit zwei isländischen Freunden nach Frankreich, wo er in Paris Theologie studierte, sowie nach Rom und Norwegen. Auf dem Weg durch Mitteleuropa konnte Sæmundur die »Errungenschaften« der christlichen Feudalgesellschaft gut beobachten: Missionierungskriege, Leibeigenschaft, Unterdrückung und Unfreiheit. Wieder in seiner Heimat (1076) ließ sich Sæmundur zum Priester weihen. Dies geschah vermutlich aus taktischen Gründen, da er sich so die notwendigen Einnahmen, den Kirchenzehnt, sicherte. Nach seiner Priesterausbildung begann Sæmundur damit, die alten heidnischen Lieder zu sammeln, um sie vor dem Vergessen zu retten und um in einer späteren Zeit dieses Weltbild wieder erneuern zu können. Diese Aufzeichnung der Eddalieder kann ab dem Jahre 1087 erfolgt sein. Als geweihter Priester konnte Sæmundur nicht wegen seiner heidnischen Sammlung angegriffen werden, außerdem wird er versucht haben, auf das christliche Priestersystem in einem heidnischen Sinne Einfluß zu nehmen. Damals gab es noch die sog. »Godenkirchen«, d. h. die Goden betrieben eigene Kirchen wie in heidnischer Zeit die Tempel, und nahmen dafür den Kirchenzehnt ein wie früher den Tempelzoll. Sie konnten verheiratet sein und waren von Weisungen der Kirchenoberen relativ unabhängig. Vor diesem Hintergrund ist Sæmundurs Unterstützung von Bischof Gizurr bei der Einführung des Zehnten 1096 zu sehen; es wurde also der heidnische Tempelzoll unter neuem Namen wieder eingeführt. Sæmundurs Unterstützung der Bischöfe Ketill und Þorlákr bei der Einführung christlicher Gesetze im Jahre 1123 ist wahrscheinlich als inhaltliche Einflußnahme auf diese Gesetze, deren Einführung nicht zu verhindern war, zu deuten. Es ging also nicht darum, heidnische Gesetze durch christliche zu ersetzen, sondern darum, möglichst viele heidnische Gesetze in die schon seit Jahren geltenden Christengesetze hinüberzuretten, was ja auch gelungen ist.

Was Sæmundur sammelte und niederschrieb, war keine willkürlich zusammengewürfelte Sammlung älterer Bruchstücke durch einen Christen, sondern das Kern- und Hauptstück der alten heidnischen Religion. Da Sæmundurs Sippe, aber auch seine Freunde wie z. B. Bogi Einarsson, germanische Götterpriester (im christlichen Gewande) und Zauberer waren, wußten sie bei der Sammlung der Eddamythen sehr genau, was, in welchem Umfange und in welcher Reihenfolge sie da taten. Sæmundurs Sohn hieß Loptr, das ist ein Beiname des Gottes Loki. Schon diese Namensgebung zeigt, daß Sæmundur innerlich kein überzeugter Christ gewesen sein kann. Im Jahre 1000 u. Zt. wurde durch Alþingbeschluß auf Island das Christentum eingeführt, wobei der damalige Lǫgsǫgumaðr (Gesetzessprecher) von den Christen bestochen war. Der Hauptgrund, warum viele Isländer das Christentum annehmen wollten, war der Wunsch nach einer Glaubens- und Rechtseinheit im Lande und mit Norwegen, gleichzeitig drohte der christliche norwegische Herrscher Ólaf Tryggvason gegen Island militärisch vorzugehen und ihm seine Unabhängigkeit zu nehmen, wenn man weiterhin heidnisch blieb, wo doch alle anderen nordischen Länder bereits christlich waren. Da Ólaf Tryggvason im Herbst des Jahres 1000 starb, also kurz nach dem isländischen Alþing, und auch Norwegen nun wieder 16 Jahre lang heidnisch wurde, ist zu vermuten, daß auch die Isländer sich nicht mehr allzusehr um die Annahme des neuen Glaubens kümmerten. Die Ausübung des Heidentums im privaten Bereich war bei diesem Glaubenswechsel sowieso weiterhin zugelassen, auch das Kinderaussetzen und Pferdefleischessen blieb erlaubt. Die Menschen um die alte Godenschule Oddi waren alles Goden und Heiden, und haben dafür gesorgt, daß die heidnischen Mythen nicht in Vergessenheit gerieten, weil sie selbst noch daran glaubten. Sie kämpften für die Selbstständigkeit und finanzielle Unabhängigkeit von Oddi und ihre »Godenkirchen«, also christlichen Kirchen (ursprüngliche Tempel), die von Goden (nun nur noch im Sinne von Häuptlingen) betreut wurden und in denen – das kann man vermuten – auch weiterhin im Verborgenen heidnische Feste gefeiert wurden.

Die isländischen Volkssagen schreiben die Sammlung der Eddalieder jedenfalls eindeutig Sæmundur zu[4], und auch als 1643 Bischof Brynjólfur Sveinsson von Skálholt die Haupthandschrift der älteren Edda, die Konungsbók Eddukvæði, wiederentdeckte, erinnerte er sich dieser Sage und setzte die Worte »Edda Sæmundi multisci« auf den Codex.

Die Volkssagen berichten übrigens auch davon, daß Sæmundur eine »schwarze Schule« zu Oddi (Südwest-Island) betrieben habe und dem Teufel manchen Streich spielte. Diese Sagen deuten auf die einstige Stellung Oddis als Goden- und Skáldenschule, und so wundert es nicht, daß auch Snorri Sturlusson hier zeitweilig lebte.

Es gibt also keinen Grund, an Sæmundur als Sammler der Eddalieder zu zweifeln. Derartige Lieder konnten in christlicher Zeit nur noch im kleinen Kreise der alten Godensippen weitergegeben und aufgezeichnet werden, und diese Kreise hatten Oddi, die ehemalige Godenschule, als Mittelpunkt. Noch bis 1300 hatte die Pfarrei zu Oddi bestimmte Sonderrechte was ihre Selbstständigkeit betraf und das Recht, den Kirchenzehnten selbst zu kassieren, die von ihrer einstigen Bedeutung als Godenschule herrührten.

Aus dem Angeführten ergibt sich, daß in der Edda sicher kein christlicher Einfluß vorliegt. Nichtsdestotrotz hat man z. B. in der Strophe Vǫluspá 65, wo vom »Starken von Oben« die Rede ist, der nach dem Ragnarǫkr kommen wird und ewige Satzungen anordnet, einen christlichen Einfluß sehen wollen. Dieser »Starke von Oben« könnte doch Christus sein, der den alten Glauben ablöst und das christliche Gesetz einführt. Aber bedenken wir, daß Sæmundur die Sammlung bereits in christlicher Zeit veranstaltete, und daß mithin diese christliche Satzung bereits eingeführt war, während das Kommen des »Starken« in der

Vǫluspá in der Zukunft spielt, dann geht dies nicht zusammen. Ein anderes Argument gegen christlichen Einfluß in dieser Strophe ist ein Vergleich mit der kürzeren Vǫluspá (Vǫluspá in skamma), die den Schlußteil der Hyndluljóð bildet und gleichfalls eine entsprechende Strophe aufweist, wo sogar noch ein weiterer »Starker« kommen wird. Mithin müssen diese Strophen recht alt sein, da sie in beiden Vǫluspá an gleicher Stelle vorkommen. Wahrscheinlich ist in diesen Strophen die Wiederkehr von Óðinn und Þórr gemeint. Umgekehrt finden wir sogar in einem Lied, das gar nicht in den ältesten Eddahandschriften enthalten ist (und dementsprechend als »jünger« gilt), der Grógaldr, eine Strophe die beweist, daß diese Fassung aus heidnischer Zeit stammen muß. Da warnt nämlich Gróa ihren Sohn in Str. 13 vor einem »getauften toten Weib«. Das »tote Christenweib« ist hier Schreckgespenst, weil zur Zeit der Aufzeichnung des Liedes Christen im Norden noch selten und unbekannt waren, so daß man sie als Kinderschreck bezeichnen konnte.

Weiterhin wurde versucht, in den Hávamál der älteren Edda antiken Einfluß nachzuweisen. Denn ganz ähnliche Spruchsammlungen kennen wir bereits als Disticha Catonis aus dem 3. und 4. Jh. Diese fälschlich dem älteren Cato zugeschriebenen lateinischen Lebenslehren waren das verbreitetste Schulbuch im Mittelalter und sollten durch das Auswendiglernen der Distichen den Schülern sowohl Lateinunterricht sowie moralische Unterweisung geben. Schon im ersten grammatischen Traktat (um 1150) werden die Disticha Catonis zitiert, eine eigene isländische Bearbeitung und Übersetzung aus dem 12. Jh. im Versmaß Ljóðaháttr sind die Hugsvinnsmál (»Lied des Weisen«). Klaus von See[5] hat zwischen den Hugsvinnsmál und den Hávamál gegenseitige Entlehnungen angenommen.

Bedenken wir aber, daß die Hávamál eine Sammlung von Lebensregeln des Gottes Óðinn sind, die es ähnlich auch bei den Südgermanen gegeben haben muß, dann ist verständlich, daß veränderte Reste und Umarbeitungen dieser Lebensregeln auch noch in christlicher Zeit kursierten. Die Disticha Catonis können wir als einen derartigen Ausläufer der einstigen Götterdichtung der Südgermanen ansehen; ähnliche Dichtungen kannten auch Römer und Griechen. Mögliche Ähnlichkeiten zwischen den Hávamál und der Disticha Catonis bedeuten also nicht, daß die Hávamál von den Distichen übernommen wurden, sondern daß beide Werke auf ein und denselben Ursprung zurückgehen, einer heidnischen Lebensregelsammlung der Götter. Außerdem konnte der Skálde Eyvindr Skáldaspillir in seiner Hákonarmál (Str. 21), die auf den Tod König Hákons des Guten 961 gedichtet war, die Strophenanfänge Hávamál 76f zitieren, er setzte deren Kenntnis also voraus. Somit waren die Hávamál bereits 961 vorhanden und allgemein bekannt, eine Dichtung nach dem Vorbild der Hugsvinnsmál die ja erst aus dem 12. Jh. stammt, ist also nicht möglich. Auch zum noch älteren Beowulfepos (Verse 1381ff) haben diese beiden Hávamál-Strophen eine Ähnlichkeit.

Zur Datierung gerade der Hávamál sei auch auf das »Runenaufzählstück Óðins« hingewiesen. Der »Rúnatalsþáttr Óðins« bildet den letzten Teil der Hávamál und hier finden sich Strophen, denen man zwanglos die jüngere Runenreihe zuordnen kann. In Ausgaben seit 1883 tragen diese Strophen den in den Handschriften nicht vorhandenen Namen »Ljóðatal« (Zauberstrophen) was ihren Bezug zu den Runen verschleiert. Bei der Zuordnung geht der Þáttr von einer Reihenfolge der letzten drei Runen aus, die lautet: maðr, lǫgr, ýr, nicht von der erst ab etwa 1100 bezeugten Reihenfolge: lǫgr, maðr, ýr, die man hier erwarten müßte, wäre die Edda erst so spät entstanden.

Nahezu wörtliche Textparallelen zu einer Zeile in Vǫluspá 3 finden sich sowohl im Wessobrunner Gebet (um 814), als auch auf dem schwedischen Runenstein von Skarpåker (11. Jh.) und andern Quellen. Diese Parallelen beweisen, daß diese Texte in ganz Germanien verbreitet gewesen waren.

Eine Entlehnung aus der Vǫluspá findet sich auch in der Þorfinnsdrápa des Arnórr Járlaskáld um 1065, und beweist, daß dieses Lied schon vor Sæmundurs Aufzeichnung bekannt und verbreitet war.

Schließlich finden sich weitere Indizien für eine Datierung. Wäre die Edda erst um 1270 auf Island entstanden, dann wäre es sehr merkwürdig, daß in den Liedern Island selbst gar nicht vorkommt. Wir finden solche Volksstämme wie die Goten z. B. in den Liedern: Grm. 2; Vm. 12, Ghv. 2, 8, 16; Hm. 3, 12, 31; Grp. 35; Br. 11; Gðr. II 16; Aqv. 21; Hlr. 8; die Burgunder erwähnt Aqv. 21, die Hunnen werden genannt in Ghv. 6, 3; HH. II Pr. vor 1; Gðr. I 6; Od. 1, 4; Aqv. 2-4, 7, 13, 16, 18, 28, 35, 39, den Rhein nennen Grm. 27; Vqv. 14; Rm. 14 Pr.; Br. 5; Sg. 17; Aqv. 19, 28, die russischen Flüsse Danp, Dnepr bzw. Dwina nennen Grm. 28; Aqv. 5 und Rþ. 49.

Nun kann man natürlich argumentieren, die Edda beschränke sich auf die ursprünglich deutsche Siegfried- und Nibelungensage und muß daher Namen dieser Region enthalten. Dies erklärt aber nicht derartige Namen in Götterliedern oder das Fehlen nordischer Namen (mit Ausnahme der Njáren im Vqv. 6, einem Stamm in Schweden, heute Nerike, sowie den Finnen in Vqv. Anfangsprosa, auch Grönland wird in Aqv. nach Str. 43 erwähnt). Auch schon allein die Auswahl der Heldensagen in der älteren Edda zeigt, daß sie auf deutsche bzw. südgermanische Quellen oder Erzähler zurückgehen muß. Die Sigurð-sage hat als historische Vorläufer den Untergang der Burgunden durch Attila (um 400), der geschichtliche Vorläufer des Sigurðr ist Arminius (gest. 21 u. Zt.). Im Br. Schlußprosa werden sogar »þýðverskir menn« (»deutsche Männer«) als Gewährsleute genannt.

Auch die Namen der Tier- und Pflanzenarten in der älteren Edda deuten nicht auf eine Entstehung auf Island, z. B. die Esche (Vsp. 19) oder Eiche (Hrbl. 22), die auf Island gar nicht vorkommen.

Es ist bekannt, daß viele Heiden aus dem Frankenreich, besonders aus Norddeutschland, im Zuge der von Karl dem »Großen« begonnenen gewaltsamen Missionierung nach Norwegen flüchteten. Als auch in Norwegen die Ausbreitung des Königtums stattfand, übersiedelten viele Menschen von dort nach Island. Island hat also in seiner Bevölkerung neben den norwegischen und irischen auch deutsche Wurzeln.

Wie eine christlich veränderte Dichtung damaliger Zeit aussieht, zeigt sehr gut die Sólarljóð auf. Es handelt sich um ein 82 Strophen umfassendes Gedicht im Ljóðaháttr, welches eine Belehrung eines Toten an seinen Sohn ist. Hier werden u. a. die Qualen der Sünder beschrieben und die Götter werden kritisiert, z. B. Str. 77:

> Frigg, Óðins Frau, fährt auf der Erde Schiff
> Zu der Wollust Wonne,
> Ihre Segel senkt sie spät,
> Die an harten Tauen hangen.

Oder in Strophe 80, wo Svafr (wohl Óðinn) als böse bezeichnet wird:

> Welche Gewalttaten wirkten nicht
> Svafr und Svafrlogi!
> Blut weckten sie, Wunden sogen sie
> Tödliche, bitterböse.

Obwohl sich in dem Liede, welches wohl zur Bekehrung von Heiden verfaßt wurde, auch heidnische Bestandteile finden, ist es doch eindeutig ein christliches Lied, wie z. B. Str. 75 zeigt:

Allmächtiger Vater, gleichmächtiger Sohn,
Heiliger Geist des Himmels,
Dich bitt ich, nimm die du erschaffen hast
Uns aus dem Elend alle.

Eine derartige Strophe, oder Strophen die hiermit auch nur Ähnlichkeit haben, finden sich nicht in der Edda, daher können wir davon ausgehen, daß keinerlei christlicher Einfluß vorhanden ist. Die Lieder der Edda sind so durch und durch heidnisch, daß ein einzelner christlicher Einschub überhaupt keinen Sinn hätte. Ein frommer Christ hätte derartige Lieder nur vernichten können, eine christliche Umarbeitung wäre einer Neufassung gleichgekommen. D. h. es gibt gar kein Motiv dafür, daß in diesen heidnischen Liedern eine einsame christliche Strophe eingefügt worden sein sollte. Auch die Weltverneinung der Sólarljóð findet sich nicht einmal ansatzweise in der Edda. Forscher datieren die Sólarlióð auf die Zeit um 1200, also nach ihrer Meinung sogar noch 70 Jahre vor die ältere Edda. Der Unterschied der Texte ist aber so gravierend, daß von einer späteren Entstehung der Edda nicht ausgegangen werden kann. Man hat nun auch angenommen, daß unbeabsichtigt christliche Vorstellungen durch die mündliche Weitergabe der Lieder durch Skálden hineingekommen seien, da diese ja das Christentum schon kannten. Andererseits wurden die Lieder um 1087 aufgeschrieben, zu einer Zeit also, als man auf Island zwar offiziell christlich war, in der Praxis aber vom Christentum noch nicht allzuviel wußte. Die Intention der Liedererzähler war es ja gerade, das Heidnische zu bewahren. Sie werden sich also durchaus bemüht haben, unterschwellige christliche Vorstellungen zu vermeiden. Und für die Existenz derartiger Vorstellungen konnte auch bislang kein einziger Beweis gebracht werden.

Das höhere Alter der Eddalieder im Gegensatz zu den ältesten Skáldenstrophen ergibt sich auch aus formalen Gründen: Die Skáldenstrophen weisen eine genau festgelegte Silbenanzahl auf und haben Strophen je nach Versmaß mit 6 oder 8 Zeilen. Die Eddastrophen haben freie Silbenanzahlen, die von Zeile zu Zeile wechseln können, außerdem ist der meist vierzeilige Strophenbau nie konsequent vorhanden, d. h. es wechseln sich kürzere Strophen oder längere mit den am häufigsten vorkommenden Vierzeilern. Wären die Eddalieder von Skálden gedichtet, dann müßten wir auch die skáldischen Versmaße vorfinden, außerdem wären die jeweiligen Skálden namentlich bekannt, da sie ihre Strophen oder Gedichte nicht anonym überliefert haben. Man war auf seine eigene Dichtkunst stolz und setzte seinen Namen unter die Strophen, selbst wenn es mythologische Gedichte waren wie z. B. die Þórsdrápa des Skálden Eilífr Goðrúnarson (Ende des 10. Jhs.).

Zuletzt sei darauf hingewiesen, daß sich viele der in der Edda enthaltenen Göttermythen auch schon in altindischen Quellen in ähnlicher Weise finden; selbst zwischen Namen germanischer und altindischer Gottheiten bestehen etymologische Verwandtschaften (etwa Óðinn-Wodan und Vata [Rudra], Þórr-Donar und Taranis [Indra], Týr-Tius und Dyaush oder Frigg-Fria und Prithivi usw.).

So findet sich z. B. auch der Mythos der Skm., wo Freyr voll Sehnsucht auf eine Vereinigung mit Gerðr wartet und Seinen Diener Skírnir als Werber aussendet, bereits in celtischen Quellen. Hier ist es Oengus (= Ingwaz, Freyr), der sich nach einer Schönen aus der Andernwelt sehnt. Derartige Beispiele lassen sich für fast alle Eddalieder bringen.

Der Forscher Norbert Oettinger verglich z. B. die eddische Hymisqviða mit verschiedenen Rigvedahymnen (Rg. IV, 18; IV, 27, III, 48; VIII, 7; I, 51) und stellte die Verwandtschaft der Mythen eindeutig fest[6].

Schon 1893 veröffentlichte Prof. Frederik Sander seine Arbeit »Rigveda und Edda - Eine vergleichende Untersuchung der alten arischen und der germanischen oder nordischen Mythen« (Stockholm 1893), und 1922 brachte Otto Sigfrid Reuter sein zweibändiges Werk »Das Rätsel der Edda und der arische Urglaube« (Sontra 1922) heraus.

Überlieferung der jüngeren Edda

Während die Frage des Sammlers der Lieder der älteren Edda umstritten ist, ist die Sache bei der jüngeren Edda recht eindeutig, weil im Uppsalabók (einer Handschrift der jüngeren Edda) eine Vorbemerkung zu finden ist:

> »Bók þessi heitir Edda. Hana hefur saman setta Snorri Sturlu sonur eftir þeim hætti sem hér er skipað...«
>
> (»Dieses Buch heißt Edda. Zusammengestellt hat es Snorri Sturluson und zwar in dieser Reihenfolge...«)

Hier ist auch der Name »Edda« zu finden, der auch auf die ältere Edda übertragen wurde. Die Diskussion beschränkt sich also auf die Fragen, welche Quellen Snorri vorlagen und inwieweit christlicher Einfluß vorhanden ist. Snorri Sturluson lebte von 1179 (oder 1178) bis zum 23. 9. 1241 und war (wie Sæmundur) nominell Christ; zu dieser Zeit konnte man gar nicht mehr Heide sein, ohne in Lebensgefahr zu geraten. D. h. alle Eddaüberlieferer waren äußerlich Christen. Aber die Frage ist, ob sie innnerlich dem christlichen oder dem heidnischen Glauben zugehörten.

Gehen wir also zunächst der Frage nach, welche Quellen Snorri für seine Zusammenstellung vorlagen.

Der erste Hauptabschnitt der jüngeren Edda trägt den Titel »Gylfaginning«, das bedeutet »Gylfis Vision«. Gylfi war ein sagenhafter schwedischer König, der auch in der Ynglinga saga erwähnt wird, und der zu den Göttern nach Ásgarðr reiste und dort unter Benutzung des Óðinskultnamens Gangleri eine Vision erhielt. Diese Vision hat er später weitererzählt, wie die Eptirmáli (Nachbemerkung) der Gylfaginning (Kap. 54) belegen:

> »Alsbald hörte Gangleri von allen Seiten lautes Krachen und schaute unwillkürlich zur Seite. Als er sich weiter umsah, stand er draußen auf flachem Felde, sah keine Halle und keine Burg. Da wanderte er seiner Wege, kam heim in sein Reich und erzählte, was er gesehen und gehört hatte; ihm haben es dann andere nacherzählt«.

In der schon zitierten Vorbemerkung im Uppsalabók heißt es von dem Edda genannten Buch:

»Zusammengestellt hat es Snorri Sturluson...«

Wir können also davon ausgehen, daß die Vision des Königs Gylfi bereits bekannt und verbreitet war, und Snorri Sturluson dann lediglich die Texte zusammengestellt hatte, und zwar in ähnlicher Dialogform, wie z. B. die Dialogi Gregorii (im 12. Jh. auch ins Isländische übersetzt), der Elucidarius (ca. 1080-1137 entstanden, eine isländische Übersetzung von 1200 ist erhalten) oder der Konungsskuggsjá (in Norwegen um 1260 verfaßt). Mögliche Fehler in der Überlieferung rühren daher, daß Snorri oder seine Vorgänger Einzelheiten vergessen oder nicht mehr verstanden haben könnten.

Daß der Titel »Gylfaginning« als heidnische Bezeichnung bekannt war, belegt die Tatsache, daß jüngere Handschriften (Abschriften) der jüngeren Edda über diesen ersten Abschnitt den Titel »Hárs Lygi« (»Hárs Lügen«) setzten, um den Titel »Gylfaginning« zu vermeiden (siehe Abb. 2). Hárr (»der Erhabene«, »der Hohe«) ist ein Beiname des Gottes Óðinn.

Bleiben wir noch kurz bei Snorri Sturluson. Obwohl er aus einer der reichsten Sippen Islands stammte (sein Vater war der Gode Sturla Þórðarson, seine Mutter Guðný Böðvarsdóttir stammte aus der Sippe des Skálden Egill Skallagrimsson, verwandt war Snorri auch mit den Skálden Markús Skeggjason und Einarr Skúlason), wurde er nicht zu Hause aufgezogen, sondern kam mit drei Jahren zu Jón Loptsson nach Oddi. Snorri wuchs also in der berühmten ehemaligen Godenschule auf, in der auch schon Sæmundur gewirkt hatte, »er muß da eine vorzügliche Schule und vielseitige Ausbildung erhalten haben«[7].

Jón Loptsson war ein Enkel Sæmundurs, er war Gode und »der angesehenste und einflußreichste Isländer seines Zeitraums. Ein besonderes Vertrauen genoß er als unbedingt gerechter und sachlicher Schiedsrichter in schwierigen Streitfällen«[8].

Jóns Mutter war eine uneheliche Tochter des norwegischen Königs Magnús berfœttr. Snorri blieb bis zu seiner Heirat 1202 in Oddi und war nun 23 Jahre alt. Er lebte dann in Borg, wo er zuerst die Godenwürde (als nur noch weltliches Häuptlingsamt) erhielt. Von 1215 bis 1218 sowie von 1222 bis 1231 wurde er Lǫgsǫgumaðr (Gesetzessprecher), das höchste Amt Islands. Wahrscheinlich wurde es als nichtreligiöser Ersatz für das heidnische Amt des Allsherjargóði (obersten Goden) eingeführt und in den Sagas auf die Zeit der Missionierung zurückdatiert oder war ein zusätzlicher Titel des Allsherjargóði. In Norwegen wird

Abbildung 2: Titelminiatur der Gylfaginning mit der Bezeichnung »Hárs Lygi« (rechts unten).

Snorri 1218 skutillsvein (Diener an der königlichen Tafel) im Königsgefolge, von Skúli und Hákon wird Snorri um 1220 zum lendr maðr (höchster Rang nach Jarl) gemacht, 1239 verleiht Skúli Snorri den Titel Jarl, was vorerst geheimgehalten wurde und wohl auf Island bezogen werden sollte. Da Snorri für Islands Unabhängigkeit und gegen König Hákon war und sich dessen Befehl widersetzt hatte, wurde er im Auftrage Hákons 1241 ermordet.

Immer wieder wird behauptet, Snorri Sturluson sei auch innerlich Christ gewesen. Dies stimmt eindeutig nicht. Schon seine Verbundenheit mit den Vertretern der alten Godensippen brachte ihn sicher mit dem heidnischen Denken zusammen, welches sich noch deutlich hinter christlicher bzw. weltlicher Façade erhalten hatte. Die Zusammenstellung der jüngeren Edda ist vielmehr als eine Ergänzung oder Fortführung von Sæmundurs Sammlung anzusehen und ein Zeugnis für die innere heidnische Einstellung Snorris. Diese kann man auch an den folgenden Sätzen aus der Gylfaginning (Kap. 3, 20, 6) entnehmen, die ein Christ sicher unterdrückt hätte:

»Er (Óðinn) lebt durch alle Zeitalter und beherrscht sein ganzes Reich und waltet aller Dinge, großer und kleiner«.

»Welches sind die Ásen, denen die Menschen es schuldig sind, an sie zu glauben?«

»Und das ist mein Glaube, daß dieser Óðinn und seine Brüder die Regierer von Himmel und Erde sind. Wir glauben, daß dies sein Name ist. Es ist der Name des Größten und Vornehmsten, den wir kennen, und auch ihr könnt ihm wohl diesen Namen geben.«

Selbst der Eddaübersetzer Karl Simrock, sonst dem germanischen Heidentum nicht ablehnend gegenüberstehend, empfand diese Sätze als zu heidnisch, so daß er den zweiten Satz abschwächte »...an die die Menschen glauben sollen« und den dritten Satz einfach kürzte und seinen 2. Teil (ab: »Wir glauben...«) in seiner Übersetzung wegließ.

Auffällig ist weiterhin, daß sich Snorri niemals zum Priester weihen ließ, obgleich er ja Godenkirchen betrieb und davon Einnahmen erzielte. Dies deutet man darauf, daß Snorri das Christentum innerlich ablehnte, wenngleich er natürlich auch nicht mehr die Möglichkeit hatte oder ernsthaft in Betracht ziehen konnte, dieses wieder abzuschaffen.

Unbestritten gibt es einen christlichen Einfluß in der jüngeren Edda. Wenn in den Skáldskaparmál etwa die Umschreibungen für »Krist« (Christus) mit angegeben sind, weil das Heidentum so tolerant war, auch die Anrufung dieses Gottes zuzulassen, und außerdem die Skálden auch die »Heitis« (Benennungen) für christliche Lieder kennenlernen sollten, dann ist dies eindeutig ein christlicher Einfluß.

Aber Wissenschaftler haben auch versucht, in den anderen Teilen der jüngeren Edda christliche Gedanken aufzuspüren. So hat man z. B. auf die Strophe Vǫluspá 3 hingewiesen, die im Kap. 4 der Gylfaginning verändert zitiert wird. Während diese Strophe in der Vǫluspá beginnt:

»Einst war das Alter, da Ymir lebte...«,

fängt die Strophe in der Gylfaginning so an:

»Einst war das Alter, da alles nicht war«.

Sollte Snorri Sturluson hier etwa die Schöpfung der Welt aus dem Körper des Urriesen Ymir durch die christliche Vorstellung einer Schöpfung aus dem Nichts ersetzt haben, wie behauptet wurde?[9] Nein, die Erklärung für diese Strophenänderung ergibt sich vielmehr aus dem Textzusammenhang. Im Kap. 4 der Gylfaginning wurde ja noch gar nichts vom Urriesen Ymir gesagt, so daß seine Erwähnung in der Strophe irreführend gewesen wäre. Ymirs Erzeugung wird erst im 5. Kapitel beschrieben, seine Tötung im 7., und dort wird sehr genau die Schöpfung aus dem erschlagenen Urriesen beschrieben. In der jüngeren Edda ist also keineswegs die christliche Schöpfung aus dem Nichts enthalten, sondern die heidnische Schöpfung aus Ymir, die zitierte Strophe ist in die Handlungsdramatik eingefügt und daher angepaßt.

Ein anderes Beispiel sind die 12 Óðinsnamen in der Gylfaginning 3. Unter diesen 12 Namen findet sich nicht der Name »Óðinn« selbst, stattdessen aber Beinamen wie z. B. Alfǫðr (Allvater). Und es heißt, der Gott lebe durch alle Zeitalter. Dies schien den Vorstellungen des Todes Óðins im Ragnarǫk (Göttergericht) zu widersprechen, daher glaubte man, Snorri hätte hier auch den christlichen Gott gemeint. Aber wer sich intensiv mit den Ragnarǫk-Vorstellungen befaßt, der erfährt, daß Óðinn keineswegs stirbt und daß es also kein Widerspruch ist, daß Óðins Tod (auf der irdischen Ebene) erwähnt wird und dennoch Óðinn weiterlebt (als der »Starke von Oben« der nach dem Ragnarǫk wiederkommen wird).

Zuletzt sei darauf hingewiesen, daß nicht nur Snorri Texte der jüngeren Edda aus mythologischen Überlieferungen zusammenstellte, sondern auch ältere Überlieferer hier mitgewirkt hatten. So berichteten isländische Gelehrte, Magnús Ólafsson (ca. 1573-1636), Björn Jónsson á Skardsá (1574-1655) und Arngrímur Jónsson (1568-1648), daß die jüngere Edda das Werk zweier Verfasser sei:

>Sämund habe den Grund gelegt, und Snorri habe auf dessen Arbeit weitergebaut und das Ganze abgeschlossen; schon Sämunds Buch habe »Edda« geheißen; speziell werden Wörterverzeichnisse erwähnt, die Sämund angelegt und Snorri vermehrt habe. Als Quellen dieser Nachricht nennen unsere Gewährsmänner die heimischen »Denkmäler« und »Altertümer«: das sind Pergamente aus dem Mittelalter. Leider gehören diese Pergamente zu denen, die während des 17. Jhs. auf Island umgekommen sind«[10].

Insbesondere die den Skáldskaparmál angehängten Wörterverzeichnisse stammen von Sæmundur. Es heißt[11]:

>Die Synonyma für Himmel, Sonne und Mond, die dort angeführt werden, und von denen gesagt wird, sie ständen geschrieben, sind von Sämund gesammelt, offenbar aus Dichtern, die also auch Sämund als Quellen so wenig verschmäht hat wie die Synonymiker des Mittelalters die antike Posie«.

Die jüngere Edda ist also in vielen Teilen älter, als die Zeit ihrer Zusammenstellung durch Snorri um 1220.

Ihre Formáli (Prolog) sind umstritten: Sind sie echt, oder ein späterer Zusatz? Vermutlich wurden die Formáli verfaßt, um den heidnischen Inhalt der Hauptteile der jüngeren Edda überhaupt schreiben zu dürfen. Mit einer christlichen Einleitung versehen war die Gefahr etwas geringer, als Heide entlarvt und vielleicht hingerichtet zu werden. Gleichzeitig findet sich in diesem Text eine wichtige, aber verschlüsselte Deutungsanweisung, die hier nicht weiter besprochen werden soll.

Verfasser der Eddalieder

Wenn wir nun berücksichtigen, daß Sæmundur und Snorri lediglich Zusammensteller, Sammler bzw. Aufschreiber der Eddalieder waren, wer waren dann ihre Dichter?

Die Wissenschaftler behaupten, die Eddalieder seien anonym überliefert, während wir bei den Skáldenstrophen und -liedern fast immer den Namen des Skálden kennen.

Schon diese Behauptung ist nur teilweise richtig. Viele Eddalieder tragen nämlich durchaus Namen, die auf ihre Verfasser hinweisen. So bedeutet etwa der Titel »Vǫluspá« einfach »Weissagung der Vǫlva«. Eine Vǫlva ist eine Seherin, modern könnte man sie auch als Medium bezeichnen. Eine Seherin oder ein Medium mit dem Namen Heiðr (wie sich aus dem Text ergibt) hat also diese Vision von Weltschöpfung und Untergang erhalten und andere, wahrscheinlich Goden oder Skálden, haben diese Vision aufgeschrieben bzw. mündlich weitergegeben. Dieses Lied ist also überhaupt nicht anonym überliefert. Auch Egill Skallagrímsson, der im 9. Jh. lebte, hat seine Verse nicht selbst aufgeschrieben, sie finden sich z. B. in der lange nach seinem Tode um 1230 verfaßten Egils saga Skallagrímssonar. Wir müssen also eine Reihe von Überlieferern annehmen, die mythologische Lieder, aber auch Sagas und Skáldenstrophen auswendig kannten und mündlich weitergaben, bis die Texte schließlich zu Papier oder Pergament gebracht wurden.

Einige Titel von Eddaliedern zeigen deutlich auf, daß Gottheiten als Verfasser angesehen werden können, wie die Grímnismál, Vegtamsqviða, Hávamál, Hárbarðzljóð, Lokasenna, Grógaldr, Fjǫllsvinnzmál, Rígsþula oder Bragerœður. In den Hávamál, die von Óðinn selbst erzählt werden, gibt der Gott einige Beispiele für Seine Erlebnisse, die ja nur Er selbst wissen kann. Auch die Grímnismál gelten als »Worte der Götter«; dies bestätigt auch die jüngere Edda, denn in der Gylfaginning Kap. 41 wird die Strophe Grimnismál 44 angeführt mit den Worten:

> »Svo er hér sagt í orðum sjálfra ásanna:«
> (»So heißt es hier mit der Ásen eigenen Worten:«).

Das Verhältnis von ursprünglicher Dichtung, die schon aus vorindogermanischer Zeit stammen kann, zu den in der Edda enthaltenen Liedern ist schwer zu bestimmen. Bei den Runenstrophen in den Hávamál (Str. 146-163) liegt zweifellos die jungnordische Runenreihe

zu Grunde. Ordnet man zu jeder Strophe das entsprechende Runen-
zeichen dieser Reihe, die sich zwischen 650 und 800 u. Zt. aus der
gemeingermanischen Runenreihe entwickelte, ergeben sich deutliche
Übereinstimmungen der Bedeutungen. Das Runenlied selbst hatte si-
cher ursprünglich 24 Strophen für alle 24 Runen. Mit der Zeit kamen
acht Runen außer Gebrauch, und somit änderten die Überlieferer der
Runenstrophen die Anordnung auch und paßten den Text nach und
nach der jüngeren Runenreihe an. Aber zwei Strophen zu Runen der
älteren Reihe waren noch nicht vergessen, sie wurden an den Text
angehängt (Háv. 162, 163). Derartige Veränderungen ursprünglicher
mythologischer Texte sind also schon auf Grund der Tatsache der jahr-
hundertelangen mündlichen Weitergabe sowie der Sprachentwicklung
vorhanden. Außerdem gibt es Eingriffe von Überlieferern, z. B. Snorri,
die gleichfalls erkennbar sind. Zuweilen ging auch der Bezug zu ei-
ner bestimmten Gottheit verloren, wenn es nun z. B. Liedertitel wie
»Þrymsqviða« gibt, die also den (erschlagenen) Riesen Þrymr als Ver-
fasser andeuten, was ja nicht möglich ist. Dieses Lied wird vielleicht
ursprünglich einen auf den Gott Þórr weisenden Titel getragen haben,
und immerhin tragen seine Ausläufer in Skandinavien immer noch
Titel wie »Tord af Havsgaard« (ursprünglich »Þórr von Ásgarðr«) oder
»Torekal« (»Þórr Karl«).

Wir können die Götterlieder der Edda also eindeutig als Äußerungen
der Götter ansehen, die lediglich durch ihre lange mündliche Überliefe-
rung etwas verändert wurden; diese Veränderungen müssen nicht im
Sinne von Verfälschungen verstanden werden, denn die Menschen der
heidnischen Zeit trugen sicher dazu bei, Unklarheiten in den Überliefe-
rungen im heidnischen Sinne zu klären. Die Menschen dieser Zeiten
hatten noch so innige Beziehungen zu den Göttern, daß Fehler in den
heiligen Texten leicht ausgeräumt werden konnten. Wenn z. B. noch
im Heere von Jarl Hákon, auf dessen Seite auch seine Schutzgöttin
Þórgerðr Hǫlgabrúð kämpfte, gesagt wird (Jómsvíkinga saga 15)[12]:

»Harald der Schläger sah zuerst Hǫlgabrúð im Heere Jarl
Hákons, und viele andere hellseherische Männer«,

dann zeigt dies, daß viel mehr Menschen damals hellsichtig waren,
als heute und spirituelle Dinge leicht von diesen »überprüft« werden
konnten. Darum ist es für uns auch nicht nötig, zu den ältesten vorin-
dogermanischen Ursprüngen der Götterlieder vorzudringen, sondern
wir können uns mit den vorliegenden Liedern gut begnügen.

Naturmythologische Deutung

Wir kommen nun zu der Frage, welchen Wert die Eddalieder für traditionelle germanische Heiden haben. Was können heutige Menschen der Edda (gemeint sind die jüngere wie ältere Edda) entnehmen?

Kultische Einzelheiten, etwa den Ablauf der Blóts, finden wir hier nicht, auch sind nur sehr wenige Gebete enthalten, wie ja auch in der Bibel kein kompletter Meßablauf beschrieben ist und Gebete selten sind.

Die Edda hilft uns aber, die Götter selbst näher kennenzulernen, wie Sie handeln, reagieren und welche Charaktereigenschaften Sie haben. Dieses Wissen kann uns helfen, den Göttern näher zu kommen, mit Ihnen zu kommunizieren. Die Götter sind keine abgehobenen, undurchschaubaren und unnahbaren Wesenheiten, sondern haben Persönlichkeit und Eigenschaften wie Menschen auch. Damit sind Sie der menschlichen Ebene näher und können von Menschen angerufen werden. Dieses Verhältnis sollte aber nicht mit Kumpelei verwechselt werden, immer hatten unsere Vorfahren auch den nötigen Respekt vor den Göttern.

Wir können auch die Werte, die sogar das Handeln der Götter bestimmen, kennenlernen und selbst versuchen, danach zu leben. In den Lebensregeln der Edda (z. B. in den Hávamál und Sigrdrífumál) stehen uns Anleitungen für unser eigenes Verhalten im Alltag zur Verfügung.

Dann enthält die Edda die Mythen von der Weltschöpfung (Kosmogonie), der Menschenschöpfung (Anthropogonie), der Weltbeschaffenheit (Kosmologie) und des Weltunterganges (Eschatologie). Diese Mythen können uns helfen, unseren Platz im Universum zu finden, Fragen nach dem Sinn des Lebens und der Evolution zu beantworten und Auskunft über das Leben nach dem Tode zu geben. Die großen mythischen Bilder der Edda zeigen uns auch, welche Kräfte im Kosmos zusammen oder gegeneinander wirken.

Schließlich sind alle Eddalieder auch auf naturmythologischer Ebene deutbar. Die naturmythologische Deutungsebene, für die Ludwig Uhland einer der Wegbereiter war, wird von der modernen Forschung meist ignoriert oder verworfen, nur wenige halten an ihr fest. Hintergrund dieser Deutungsebene ist die Feststellung, daß jede Gottheit sich auch in entsprechenden Naturerscheinungen äußert oder dadurch wirkt. Nicht die Naturerscheinung ist die Gottheit, sondern die Naturerscheinung ist ein in der materiellen Welt sichtbares Bild oder Gleichnis für die Götterkraft.

Der Chronist Adamus Bremensis schrieb in seiner Gesta Hammaburgensis ecclesiae pontificum über die Zuständigkeiten der drei Götter Þórr, Óðinn und Freyr[13]:

> »„Thor", sagen sie, „hat den Vorsitz in der Luft, er lenkt Donner und Blitz, gibt Winde und Regen, heiteres Wetter und Fruchtbarkeit. Der andere, Wodan, d. h. Wut (furor), führt Kriege, und gewährt dem Menschen Tapferkeit gegen seine Feinde. Der dritte ist Fricco; er spendet den Sterblichen Frieden und Lust."«

Zu Adams Zeit (er starb 1085) war also der Bezug einzelner Gottheiten zu entsprechenden Naturerscheinungen wie Donner, Blitz, Wind oder Regen noch bekannt. Auch in der jüngeren Edda werden die Naturbezüge einzelner Götter erwähnt, z. B. wird in der Gylf. 22 Baldr so charakterisiert:

> »Er ist so schön von Antlitz und so glänzend, daß ein Schein von ihm ausgeht.«

Hier ist sicher eine Andeutung auf Baldr als Licht- und Sonnengott enthalten. Über Njǫrðr berichtet die Gylf. 23:

> »Er beherrscht den Gang des Windes und stillt Meer und Feuer.«

Die Gylf. 24 sagt über Freyr:

> »Er herrscht über Regen und Sonnenschein und das Wachstum der Erde.«

Über Óðinn sagt die Ynglinga saga (Kap. 7):

> »Überdies konnte er durch Worte allein das Feuer löschen oder die See beruhigen, auch konnte er die Winde drehen, nach welcher Seite er wollte.«

Hier ist noch die ursprüngliche Hauptfunktion Óðins als Windgott erkennbar, der Gott führt daher in den Grímnismál 54 den Beinamen Váfuðr (»Wind«). Auch Sein Hauptname, Wodan (Óðinn) wird im Sinne von »Wut (des Sturmes)« gedeutet. Die Namen der anderen Götter haben gleichfalls Bezüge zu den Naturerscheinungen: Þórr bedeutet den »Donner« des Gewitters, Yngvi (ein Beiname des Freyr) bedeutet ursprünglich »Brennen« (des Sonnen- und Kultfeuers), Sól ist die »Sonne«, Loki wird auch als »Lohe« (das lodernde Wildfeuer) gedeutet, Baldr bedeutet der »Helle, Strahlende« und bezeichnet Ihn als Licht- und Sonnengott, Heimdallr ist der »Weltglanz«, der »über die Welt Glänzende« und kennzeichnet den Gott als Mondgott, wie auch sein älterer Name Mannus (Máni = Mond), die Göttin Vár ist nach dem Frühling benannt, ein Beiname der Freyja lautet Mardǫll und bedeutet »Meer-erleuchtend«, der südgermanische Name Ostara bedeutet »Morgenstern«, die Göttin Syn ist nach dem »Schein« der Sonne oder des Feuers benannt und die Namen der Götter Njǫrðr und Njǫrunn bedeuten wahrscheinlich »Erde«.

Diese Tatsachen waren, wie die erwähnten Quellen belegen, unseren Vorfahren noch bekannt. Wenn es nun also ein Eddalied wie die Þrymsqviða gibt, in dem der Donnergott Þórr erwacht und sein Hammer gestohlen ist, den Er sich nun mit List von den Riesen holen muß, dann war unseren Vorfahren bewußt, daß Þórr hier das erste Gewitter des Frühlings verkörpert, zu dem Er den Hammer als Blitzsymbol benötigt, und daß die Riesen den Winter symbolisieren. Die Riesen heißen in der Edda häufig »Hrímþursen« (Reifriesen) und dies beweist, daß die Riesen auch als Vertreter des kalten Winters mit Reif und Schnee angesehen wurden. Es gibt in den Quellen eine eigene Genealogie von Riesen, die auch den Winter verkörpern, und zwar in den Fundinn Nóregr und der Hversu Nóregr byggðisk, wo der Riese Fornjótr u. a. einen Sohn Kari (Wind) hat, dessen Nachkommen Namen wie Jǫkull (Gletscher) oder Frosti (Frost) und Snær (Schnee), aber auch Fǫnn (Schneewächte), Drifa (Schneegestöber) und Mjǫll (Pulverschnee) tragen. Die Riesen wurden also durchaus als Vertreter des Winters gedeutet.

Selbst Einzelheiten der Mythen können in naturmythologischer Weise gedeutet werden: Þórr verkleidet sich als Braut und nimmt Loki als Begleiter mit. Dies bedeutet, daß sich das erste Frühlingsgewitter (Þórr) hinter den ersten warmen Frühlingslüften (Loki) verbirgt und sich weiblich wie die Frühlingsgöttin verkleidet. Dabei wird der verkleideten Braut zur Weihe der Hammer überreicht, und die Göttin Vár angerufen, die auch den Frühling symbolisiert. Dann bricht das Gewitter schließlich hervor und erschlägt die Riesen und bereitet dem Winter ein Ende. Diese Deutung der Þrymsqviða ist sehr naheliegend und war gewiß vielen Menschen der heidnischen Zeit bekannt. Uns können derartige Deutungen der Eddalieder helfen, uns mit den jeweils in der Jahreszeit herrschenden Götterkräften auseinanderzusetzen, uns auf sie einzustellen und so nicht nur das Geschehen in der Natur zu verinnerlichen, sondern auch in Einklang mit den Göttern und der Natur zu gelangen. Denn es ist selbstverständlich so, daß auf den Blóts (Festen) des Jahres nur das jeweils zur Jahreszeit passende Eddalied vorgetragen wird.

Auf den Jahreskreis beziehen sich auch die Heldenlieder der Edda; hier stehen nun zwar Helden an Stelle der Gottheiten, aber der Bezug zum Jahreskreis ist noch erkenntlich. So entspricht z. B. die Ermordung des Sonnenhelden Siegfried-Sigurðr (als Vertreter des Sonnengottes) durch Hagen-Hǫgni (als Vertreter des Dunkelgottes) der Ermordung Baldrs durch Hǫðr. Diese Lieder eignen sich auch besonders für die Blóts der Kriegerverbände.

Neben der naturmythologischen Deutung der Eddalieder gibt es weitere Deutungen höherer Ebenen.

Ausgaben und Übersetzungen

Von der älteren wie jüngeren Edda sind mehrere Facsimiles erschienen, z. B. »Codex Regius of the Elder Edda«, mit einer Einführung von Andreas Heusler, Copenhagen 1937.

Eine Textausgabe der älteren Edda in normalisierter Form besorgte Hans Kuhn, »Edda – Die Lieder des Codex Regius nebst verwandten Denkmälern«, 5. Auflage, Heidelberg 1983 (Bd. 1: Text, Bd. 2: Kurzes Wörterbuch), besser ist allerdings die 3. Auflage, weil sie noch die Lieder Grógaldr und Fjǫllsvinnzmál enthält.

Eine Textausgabe der jüngeren Edda besorgte Heimir Pálsson, »Edda Snorra Sturlusonar«, Mál og menning, Reykjavík 1984.

Die Namensaufzählungen der jüngeren Edda, die Nefnaþulur, finden sich nur bei Finnur Jónsson, »Den Norsk-Islandske Skjaldedigtning«, Bd. 1, København um 1900.

Deutsche Übersetzungen der älteren Edda gibt es einige. Leider sind fast alle ungenau, verfälschen die Texte, kürzen oder stellen willkürlich Strophen um. So handelt es sich beispielsweise bei den Übertragungen von Wilhelm Jordan, Hans von Wolzogen oder Rudolf John Gorsleben eher um freie Nachdichtungen, weniger um Übersetzungen. Felix Genzmer traf zwar bei vielen Strophen den Klang des Originals recht gut, strich aber die Prosateile der Lieder einfach weg, weil er der irrigen Ansicht war, sie seien spätere Einschübe, und stellte die Strophen völlig frei um. Die ursprünglichen Eddalieder sind in seiner Ausgabe kaum noch zu erkennen. Dafür enthalten seine zwei Bände (die als Bd. 1 und 2 die Sammlung Thule einleiten) einige Lieder der eddischen Dichtung, die sonst nirgends übersetzt sind.

Viele heidnische Gemeinschaften hatten sich bereits vor etwa 24 Jahren geeinigt, nur noch die Übersetzung von Karl Simrock zu verwenden. Diese erschien zuerst 1851, weist aber leider auch gravierende Fehler auf. Simrock hatte eigenmächtig einige zweizeilige Kurzstrophen zu Vollstrophen ergänzt, außerdem hatte er z. B. allzuheidnische Lebensregeln der Hávamál abgeschwächt. Die Verse der Vǫluspá hat er in ihrer Reihenfolge umgestellt. Seine Übersetzung, von der in schneller Folge bis zu Simrocks Tod 1876 sechs weitere Auflagen erschienen, ist aber recht vollständig mit der älteren und Teilen der jüngeren Edda, auch Hrafnagaldr und die Sólarljóð sind enthalten. Besser als die alte Simrockübersetzung sind die Überarbeitungen. So erschien eine Simrockedda in Bearbeitung von Prof. Dr. Gustav Neckel (Die Edda, Berlin 1926), in der er die Übersetzungsfehler von Simrock korrigierte, Erfindungen strich und die Strophen der Vǫluspá wieder in ihre originale Reihenfolge brachte. Leider fehlen dieser Ausgabe die Versnummern sowie die Teilübersetzung der jüngeren Edda, die zur alten Simrockübersetzung gehörte. Auch Prof. Hans Kuhn verbesserte die alte Simrockübersetzung. Seine Edda, mit Versnummern, erschien in drei Bändchen des Reclam-Verlages (Leipzig 1944), darunter eine Teilübersetzung der jüngeren Edda. Sie ist immer noch eine der brauchbarsten Eddaübersetzungen, lediglich die Hrafnagaldr sowie vier Strophen der Vegtamsqviða fehlen.

Eine sehr gute Übersetzung lieferte auch Hugo Gering (»Die Edda«, Leipzig o. J., Vorwort von 1892), dessen Ausgabe auch die wichtigen Teile der jüngeren Edda enthält, mit Versnummern, leider fehlen auch hier die Hrafnagaldr.

Arnulf Krause legte eine Übersetzung im Reclam-Verlag vor, der allerdings auch die Hrafnagaldr und Strophen der Vegtamsqviða fehlen und deren Sprachausdruck nicht so schön ist.

Eine nahezu vollständige Übertragung der jüngeren Edda stammt von Gustav Neckel und Felix Niedner, (»Die jüngere Edda mit dem soganannten ersten grammatischen Traktat«, 1925, Nachdruck Düsseldorf/Köln 1966) als Band 20 der »Sammlung Thule«. Leider fehlen in dieser Übersetzung die Formáli, einzelne Teile der Skáldskaparmál sowie Grottasǫngr, auch die Nefnaþulur fehlen. Neuerdings gibt es eine Übersetzung der jüngeren Edda von Arnulf Krause (Reclam-Verlag), die brauchbar ist, aber leider auch unvollständig. Die Skáldskaparmál bricht nach Strophe 299 plötzlich ab, Háttatal, Skáldatal und die Nefnaþulur fehlen. Der Klang der Dichtung ist hier auch nicht so gut.

Wer die Edda genau kennen und studieren will (insbesondere Goden und Gydjas), muß sich also mit dem Original der Edda intensiv beschäftigen, Übersetzungen allein reichen nicht aus.

Kapitel 2

Vǫluspá

er Name »Vǫluspá« bedeutet »Weissagung der Vǫlva«; eine Vǫlva ist eine Seherin, die auch Zauber ausführt; sie verfügt über mediale Fähigkeiten und ist daher in der Lage, Gottheiten und Geistwesen wahrzunehmen. Die Vǫluspá gilt als das älteste Eddalied. Die Textparallelen einzelner Strophenzeilen mit anderen nordischen Überlieferungen beweisen, daß dieses Lied in heidnischer Zeit entstanden ist.

Die Rahmenhandlung können wir uns in etwa so vorstellen: Wir sind auf einem Þing bzw. Blót, einem Kultfest, wo auf einem Ehrenplatz eine Vǫlva mit dem Namen Heiðr sitzt (siehe Abb. 3). Vermutlich handelt es sich dem Ort um die Heide von Jellinge, Dänemark. Die Götter sind wahrscheinlich schon angerufen worden. Die Vǫlva allein sieht den für die andern Þingteilnehmer unsichtbaren Gott Óðinn. Sie erzählt nun, was ihr in einer Art Vision offenbart wird. Sie erzählt es zuerst dem Gott Óðinn selbst, dann aber auch den andern Teilnehmern der Versammlung. Nur ihre Antworten sind zu hören, nicht die Fragen Óðins, die nur indirekt in der Rede der Vǫlva zitiert sind; es ist also eine wahre Offenbarung der Vǫlva in Anwesenheit des für die Anderen unsichtbaren Gottes. Ich habe keinen Zweifel daran, daß diese Szene so tatsächlich irgendwann in der fernen Vorzeit, wahrscheinlich vor 2000 Jahren (siehe Kommentar zu Strophe 22) einmal stattgefunden hatte. Die Vǫlva selbst ist also die Verfasserin dieses Liedes, welches anwesende Dichter auswendig lernten (oder in Runen aufschrieben, wobei diese Aufzeichnungen natürlich nicht mehr erhalten sind) und welches dann durch mündliche Überlieferung von Generation zu Generation weitergegeben wurde, bis es Sæmundur ab 1087 aufzeichnete. Die lange Zeit der mündlichen Tradition bedingt es, daß auch mit kleinen Veränderungen zu rechnen ist, andererseits achtete man bei heiligen Offenbarungsliedern sicher sehr streng darauf, daß das Lied unverfälscht weitererzählt wurde.

In dem Liede selbst sind nun natürlich Mythen zu finden, die älter als 2000 Jahre sind; die Zeit der Offenbarung an die Vǫlva vor 2000 Jahren bedeutet nicht, daß die Mythen bis dahin unbekannt und nicht älter sind. Indogermanische Vergleiche belegen im Gegenteil ein sehr hohes Alter. Die Götter haben diese Geschichten also auch schon vor der Vǫlva andern Menschen offenbart. Indisch-iranische und indogermanische Parallelen haben die Forscher Sanders, V. Rydberg und Å. V. Ström gesehen, persisch-manichäische erkannten R. Reitzenstein und F. R. Schröder.

Auch in der Vǫluspá findet sich ein Naturmythos, der den gesamten mythischen Zyklus umfaßt, aber am ehesten in die Gruppe der Wintermythen eingeordnet werden kann auf Grund des dramatischen Höhepunktes unseres Liedes in der Schilderung des Weltunterganges. Die Grundzüge des Entstehens, Vergehens und Neuentstehens des Weltmythos lassen sich auf den Jahresmythos und genauso auf den Tagesmythos übertragen. Dem Entstehen der Welt entspricht dabei der Frühling, dem Untergange aber Herbst und Winter, das Neuentstehen ist der Frühling eines neuen Jahres. Im Tageskreis ist das Entstehen der Welt der frühe Sonnenaufgang, das Ragnarǫk oder der Untergang der Welt ist der Sonnenuntergang, die neue Welt ist der Sonnenaufgang eines neuen Tages.

Die heilige Kunde von der Wiederkehr der Götter wird von der Vǫlva prophezeiht, die im mythischen Verständnis selbst die Erdgöttin ist. Das Geheimnis der Mythologie ist, daß das Überirdische als Irdisches vorgestellt wird, das Erdleben wird mit dem Götterwirken identifiziert.

Da das germanische Weltbild ein zyklisches ist, endet es nicht mit dem Untergang, sondern es beginnt ein neuer Kreislauf, der dem ersten Beginn entspricht. Götter, die sterben, kehren im nächsten Kreislauf wieder zurück, um am Ende wieder zu sterben usw. Es ist der ewige Wechsel von Tag und Nacht oder Sommer und Winter. Wenn man diesen Grundgedanken verstanden hat, dann weiß man, daß Götter nicht vergehen können, daß Mythen wie die Vǫluspá mit dem wiederkehrenden »Starken von oben« nicht Christus meinen können, sondern immer auf die Wiederkehr heidnischer Gottheiten bezogen werden müssen, weil das Bild sonst unvollständig wäre. Auch die Menschen der neuen Welt, Líf und Lífþrasir, entsprechen denen der ersten Schöpfung, Askr und Embla.

Die Vǫluspá hat in den Kónungsbók Eddukvæði 62 Strophen, 4 weitere Strophen finden sich darüberhinaus noch in der Handschrift der Hauksbók. 28 Strophen finden sich auch – teils abgewandelt – in der Gylfaginning der jüngeren Edda.

Die Forscher datierten die Vǫluspá auf die 1. Hälfte des 8. Jhs. (Dietrich), auf den Beginn des 10. Jh. (Jónsson), auf das Jahr knapp vor 1000 (Nordal) oder die 1. Hälfte des 11. Jh. (Heusler).

> 1. *Andacht gebiet ich allen heiligen Kindern,*
> *Großen und Geringeren von Heimdalls Geschlecht;*
> *Du willst, daß ich, Valfǫðr, wohl erzähle,*
> *Der Lebenden Vorzeit-Lieder, die weit zurückliegen.*

Die erste Zeile beginnt im Original mit dem Wort »Hlióðs«, das bedeutet »Stille, Schweigen, Zuhören, gespanntes Hinhören, Lauschen«, da aber in Vǫluspá 25 Heimdalls Horn »Heimdallar hlióð« genannt wird, muß die Bedeutung des Wortes in etwa »Hornruf (zur Ruhe)« lauten; es ist hier sehr wahrscheinlich eine alte germanische Ruheformel vorhanden, wie schon Wilhelm Grönbech angenommen hatte. Diese Formel spricht üblicherweise der Góði (Gode, Priester), um die Teilnehmer eines Þings oder Blóts zur Ruhe zu bringen, wie schon Tacitus in seiner »Germania« belegt[14]:

> »Ruhe gebieten die Priester.«

Eine ganz ähnliche Ruheformel wie in der Vǫluspá ist uns aus dem altsächsischen Bereich erhalten[15]:

> »Ich gebiete Ruhe (hlust) und verbiete Unruhe.«

Diese Formel enthält sogar das gleiche Wort (altsächsisch hlust, altnordisch hlióðs) und erweist somit den Anfang der Vǫluspá als heidnische Formel.

Ganz ähnlich beginnt auch die erste Strophe des Liedes Háleygjatal des Skálden Eyvindr Skáldaspillir, die in der jüngeren Edda, Skáldskaparmál 33, erhalten ist[16]:

> »Ich gebiete Ruhe (hlið) in Hárs Versammlung.«

Abbildung 3: »Cybele-Völva«, eine antik beeinflußte Darstellung der
Völva aus der Eddahandschrift des Isländers Jakob Si-
gurðsson von 1764.

Es werden nun in der Vǫluspá-Strophe die drei germanischen Stände angesprochen, die Nachkommen des Gottes Heimdallr (Mannus), nämlich die »Heiligen« (Priester- oder Lehrstand), die »Mächtigen« oder »Großen« (Krieger- oder Wehrstand) sowie die »Minderen« oder »Geringen« (der Stand der Unfreien). Diese drei Hauptstände finden wir sowohl hinter Tacitus Ingväonen, Istävonen und Herminonen, wo sie allerdings schon auf reale Stammesverbände bezogen werden, als auch in den drei Ständen in dem Eddalied Rígsþula (Knechte, Freie, Edle). Daß die Germanen eine Ständegesellschaft hatten, ähnlich der der indischen Kasten, belegt der Chronist Adam von Bremen in seiner »Hamburgischen Kirchengeschichte«, die um 1070 entstanden ist[17]:

> »Auch für ihre Abkunft und ihren Geburtsadel trugen sie auf das Umsichtigste Sorge, ließen sich nicht leicht durch Eheverbindungen mit andern Völkern oder geringeren Personen die Reinheit ihres Geblütes verderben, und strebten danach, ein eigentümliches, unvermischtes, nur sich selbst ähnliches Volk zu bilden ... Jenes Volk nun besteht aus vier verschiedenen Ständen: Aus Adligen, Freien, Freigelassenen und Knechten. Es ist durch Gesetze bestimmt, daß kein Teil der Bevölkerung durch Heiratsbündnisse die Grenzen seiner eigenen Lebensverhältnisse verschieben darf, sondern daß ein Adliger immer eine Adlige ehelichen muß und ein Freier immer eine Freie, ein Freigelassener aber nur mit einer Freigelassenen und ein Leibeigener nur mit einer Leibeigenen sich verbinden kann. Wenn aber einer von diesen eine Frau heimführt, die ihm nicht zukommt und von höherem Stande ist als er, so muß er dafür mit Verlust des Lebens büßen.«

Die »Freigelassenen« wurden erst später zu einem eigenen Stand; aber bereits in der Germania des Tacitus (Kap. 25) werden sie erwähnt. Somit muß die Vǫluspá, da sie nur von den drei ursprünglichen Ständen ausgeht, inhaltlich noch älter als die Germania des Tacitus sein.

In einem Gedicht des Minnesängers Meister Frauenlob wird Mannus als Stammvater der Deutschen erwähnt, und zwar in der abweichenden Schreibweise »Mennor« (die wiederum belegt, daß hier die Germania des Tacitus nicht als Vorlage gedient hatte)[18]:

> »Mennor der êrste was genant,
> dem diutische rede got tet bekant;«

Auch die nordische Überlieferung stellt dem Goðheimr (die Götterwelt) ein Mannheimr (die Menschenwelt) gegenüber, deren Name noch auf Mannus hindeutet.

Der Mythos, wonach der Mondgott als Ahnherr der Menschen Nachkommen erzeugt und Kasten schafft, hat Spuren bei vielen indogermanischen Völkern hinterlassen. Im Eddalied Rigsþula ist es der ursprüngliche Mondgott Heimdallr, der Kinder erzeugt, die die Ureltern dreier Stände (und/oder Rassen) werden, bei Tacitus ist es Mannus, dessen Name mit dem altnordischen Máni (Mond) verwandt ist, und der Ahnherr dreier Völkerschaften wird, in Indien gilt der Gottkönig Manu oder Manus als Erschaffer der drei Hauptkasten, und selbst der biblische Noah erzeugt drei Nachkommen, Sem, Ham, Japhet, von denen drei Völkerschaften (Orientalen, Afrikaner, Indo-Europäer) stammen; diese drei Söhne Noahs werden mit unterschiedlichen Rechten auch wie Stände aufgefaßt. Mit dem germanischen Mannus sind auch der baltische Menes (Mondgott), der griechische Minos, der persische Vohu-Mano, der römische Janus sowie der celtische Manannan Mac Lir identisch. Bei den Römern sind die »Manen« die Seelen der Verstorbenen, bei den Griechen entstehen die ersten Menschen aus der Manna-Esche. J. Grimm sieht sogar eine Verbindung zum indianischen ersten Menschen und Schöpfer Manitu[19].

Dem Mannus ist auch die Rune *mannaz zuzuordnen, die in der alten Runenreihe erscheint.

In der zweiten Halbstrophe von Vǫluspá 1 redet nun die Vǫlva direkt Óðinn an; eigentlich gibt sie den Anwesenden Óðins Willen bekannt (da diese den Gott nicht hören können), zugleich ist es die Rechtfertigung für das Vortragen dieser Vision.

Valfǫðr bedeutet »Vater der Auswahl« und bezeichnet Óðinn als Totengott.

> 2. Ich weiß von Jǫten, den Urgebornen,
> Die einst ernährt mich haben.
> Neun Welten weiß ich, neun Iviði,
> Des mächtigen Mjǫtviðs unter der Mold.

Daß die Vǫlva nun die Jǫtnar, also die Riesen anspricht, erlaubt zweierlei Deutungen. Einmal will sie begründen, warum sie in der Lage ist, uralte Dinge zu sehen: Weil sie selbst eine uralte Seele ist, die sich an ihre früheren Leben (Inkarnationen) erinnert, bis hin zu der Zeit, als sie selbst noch im Riesenreich weilte. Nach meiner Deutung stellen nämlich die neun Welten auch die Stufen einer Leiter dar, die die Seelen auf ihrem Wege zur Höherentwicklung gehen. Deswegen erwähnt die Vǫlva ja nun auch gerade diese neun Welten; sie sagt also, daß sie das Wissen der neun Welten besitzt. Ganz ähnlich erklärt dies auch der Riese Vafþruðnir dem Gott Óðinn in der Strophe Vafþruðnismál 43 und Óðinn selbst erwähnt »neun Hauptlieder« (nämlich die Lieder der neun Welten) in den Hávamál 140.

Zum anderen ist natürlich auch dieses Eddalied mit einem Mythos verbunden; danach ist die Vǫlva die Erde, die selbst riesenentstammt ist und daher die ältesten Dinge wissen kann.

Mjǫtviðr ist der »Maßbaum«, nämlich die Weltesche, der Begriff Iviði ist unklar, er kann »Innen-Wald« oder »Innen-Holz« aber auch »Wald« oder »Waldgeist« bedeuten. Hier meint er wahrscheinlich die neun Äste des Weltbaumes, die die neun Welten zusammenhalten. Der Weltbaum ist ein Bild für die Lebenskraft des Kosmos und an seinen neun Ästen liegen die neun Welten. Er hält alles zusammen. Die Vǫlva mußte also, um diese neun Welten kennenzulernen, wie eine Schamanin den Stamm der Weltesche auf- und absteigen.

»Mold« (Erde, Erdboden) ist ein Name der Erde besonders im Zusammenhang mit Leben und Tod.

3. Einst war das Alter, da Ymir hauste:
Da war nicht Sand nicht See, nicht salzge Wellen,
Nicht Jǫrð fand sich noch Überhimmel,
Ginnungas Abgrund und Gras nirgend.

In dieser Strophe nun beginnt die Vǫlva mit ihrer Sicht. Die älteste Zeit, wo der Urriese Ymir (s. Abb. 12, S. 147) allein lebte. Sein Name ist mit dem indischen Yama, avestischen Yima identisch und bedeutet »Zwitter«, da er als erstes Wesen allein aus sich weitere Riesen hervorbringen konnte. Die Götter töteten Ymir und erschufen aus ihm die weiteren Welten. Jǫrð ist die Erde.

Auch in der jüngeren Edda wird diese Strophe angführt (Gylfaginning 4), allerdings beginnt sie dort:

»Einst war das Alter, da alles nicht war...«

Man hat dies als christlichen Einfluß erklären wollen, denn die Schöpfung aus dem Nichts sei biblisch. Tatsächlich aber wird Ymir dort nicht erwähnt, weil er erst am Ende des 5. Kapitels eingeführt wurde und man sonst diese Strophe nicht verstanden hätte. Auch in der jüngeren Edda wird dann die Erschaffung der Welten aus Ymir beschrieben, was eindeutig nicht christlich ist.

Die Strophe Vǫluspá 3 verdient aber noch eine weitere Würdigung, denn ihre dritte Zeile wird in verschiedenen andern Quellen zitiert. Das sind das Wessobrunner Gebet (um 814), eine altenglische Zauberformel des 8. Jhs., der schwedische Runenstein von Skarpåker (11. Jh.), sowie baltowendische Hymnen (Koljadken), die allerdings erst gegen Ende des 19. Jh. aufgezeichnet wurden. Diese Parallelen beweisen, daß die Vǫluspá in ganz Germanien verbreitet gewesen war:

> Vǫluspá: Jǫrð fannz æva né upphiminn.
> Wessobrunn: Dat ero ni uuas noh ufhimil.
> Zauberformel: Eorðan ic bidde and upheofon.
> Skarpåker: Iarþ sal rifna uk ubhimin.
> Koljadka: Als im Anfang die Welt nicht war,
> nicht war dann auch der Himmel,
> noch die Erden.

Diese Formel findet sich darüberhinaus auch im altsächsischen Heliand (Vers 2886) aus dem 9. Jh., in den angelsächsischen Epen Andreas (Vers 799) und Crist (Vers 968) sowie in einer Runeninschrift von Ribe, Nordjütland (spätes 13. Jh.).

Wie uralt diese Formulierung tatsächlich ist, beweist ein Vergleich mit dem altindischen Rigveda (ca. 2000 v. u. Zt.). Dort findet sich eine Parallele im 129. Gesang des X. Liederzyklus:

> »Nicht war Nichtsein noch Sein am Anfang,
> nicht war der Luftraum, noch der Himmel darüber
> Existierte das Wasser? Nein, nur ein tiefer Abgrund.«

Und selbst zum babylonischen Schöpfungsepos »Enuma Elish« (»Als droben...« der Anfang des Textes), das auf 7 Keilschrifttafeln mit je 150 Versen erhalten ist und etwa aus der Zeit zwischen 1900 und 1700 vor u. Zt. stammt, findet sich eine Parallele, wobei vermutet wird, daß es sich um einen nichtsumerischen Urmythos handelt. Der Text beginnt[20]:

> »Als droben die Himmel nicht genannt waren,
> als die Erde keinen Namen hatte,
> als Apsu, der Uranfängliche,
> der Erzeuger der Götter,
> und Mummu Tiamat, die sie alle gebar,

ihre Wasser vermischten, ...
das Rohrdickicht nicht zu sehen war.«

»Ginnungas Abgrund«, bzw. »Ginnunga-Gap« ist ein relativ unge-
deutetes Wort. Es wird meist als der »gähnende« oder »große« Ab-
grund übersetzt. Das altisländische Wort »gina« bedeutet »den Rachen
aufsperren, gähnen« und geht (wie das althochdt. »ginen«) auf indo-
germ. *ghe- mit der Bedeutung »Gähnen, Klaffen« zurück. Allerdings
erscheint der Begriff in den Quellen auch in anderer Bedeutung: Ginn-
heilag Gods (»hochheilige Götter«, Vǫluspá 23 und 25), Ginreginn
(»Zaubergötter«, Hávamál 142), gina Runar bzw. gino Ronor (»Zau-
berrunen«, Runensteine von Björketorp und Stentoften) ginungahelja
hagla (»großhallende Hagelzerstörung«, Runenspeer von Kragehul),
Ginnar (Zwergenname, siehe Strophe 16) oder Gylfaginning (»Gyl-
fis Erscheinung«, Titel in der jüngeren Edda). Jan de Vries deutete
»Ginnunga-Gap« als »der mit magischen (und schöpferischen) Kräften
erfüllte Urraum«. Ich deute den Begriff auf Grund der angeführten
Quellen im Sinne von »Erscheinung«, »Schein«, »magisches Strah-
len«. Die Bedeutung als »Täuschung, Betrug« ist eine spätere Wort-
entwicklung. Deswegen deute ich »Ginnunga-Gap« als »Schlucht der
Erscheinungen«, also dem Ort, wo dann die materiellen Welten ent-
standen; die Materie ist ja nur Widerschein des Geistes, der Energie,
ist Verdichtung des Geistes, somit Welt des Scheins. Dieses Ginnunga-
Gap entspricht dem Chaos der griechischen Mythologie, und der Be-
griff »Gap« (»Gaffung«) ist tatsächlich mit dem griechischen cháskein
(»Gähnen, Klaffen«), chásma (»klaffende Öffnung«) sowie cháos (»lee-
rer Raum, Luftraum, Kluft«) etymologisch verwandt. Es ist der leere
Raum zwischen den beiden Urwelten oder Urpolen, Niflheimr und
Muspillzheimr.

Auch bei Adam von Bremen wird dieser Abgrund erwähnt[21]:

> »Als sie von da (Island) aus das Meer durchfurchend auf
> die äußerste Achse des Nordens zueilten und nun alle die
> oben erwähnten Inseln hinter sich sahen, Gott den Allmäch-
> tigen und den heiligen Bekenner Willehad ihre Fahrt und
> Kühnheit empfehlend, da verfielen sie plötzlich in jene
> schwarze Finsternis des starrenden Ozeans, welche mit den
> Augen kaum zu durchdringen war. Und siehe, da zog der
> Sund des wechselvollen Ozeans, zurückeilend zu gewissen
> geheimnisvollen Anfängen seiner Quelle, die unglückli-

chen Seefahrer, die bereits verzweifelten, ja an nichts als nur den Tod dachten, mit der heftigsten Gewalt zu jenem tiefen Chaos hin – dies soll der Schlund des Abgrundes sein – von welchem, wie die Sage geht, alle Rückströmungen des Meeres, die abzunehmen scheinen, verschlungen und wieder ausgespieen werden, was man die wachsene Flut zu nennen pflegt.«

In einem Scholion zu Adam von Bremens Werk werden die lateinischen Worte »immane baratrum abyssi« mit »Ghinmendegop« glossiert, was eben genau unser »Ginnungagap« ist.

4. Bis Burs Söhne den Boden erhuben,
Sie, die das mächtige Miðgarð schufen.
Die Sól von Süden schien auf die Steine,
Und dem Grund entgrünte grüner Lauch.

Burr (der Geborene) ist Óðins Vater, Burs Söhne sind die drei Götter Óðinn, Hœnir und Lóðurr; ich setze Hœnir mit Hǫðr und Lóðurr mit Loki gleich. Diese Dreiheit entspricht auch der altindischen Dreiheit Varuna, Mithra, Araman, später Brahma, Vishnu, Shiva.

Diese drei Götter schaffen nun aus Ymir die Welt Miðgarðr (»Garten« bzw. »Welt der Mitte«), Ymirs Blut ist das Meer. Der Urriese wurde nämlich getötet und aus ihm die Welt geschaffen, das Meer aus seinem Blut. In diesem Blut-Meer ertranken auch alle andern Riesen, außer zweien, die sich retteten und Stammeltern der neuen Riesengeschlechter wurden. Diese genauere Schilderung finden wir in der jüngeren Edda, während die Vǫlva sie nur andeutet. Aber es ist ein gemeingermanischer Schöpfungsmythos, wie z. B. auch eine altenglische Fassung belegt, die im Beowulf-Epos enthalten ist. Auf einem magischen Schwert ist dort die Schöpfungsgeschichte in Runen eingeritzt. Es heißt da[22]:

»Hrodgar sprach da – den Handgriff besah er,
das alte Erbstück, auf dem eingeritzt war
der Vorzeit Beginn, wie die Flut sodann
rauschend verschlang der Riesen Geschlecht,
wie die Grimmen vergingen. Gegner waren sie
des ewigen Königs, bis ihnen endlich den Lohn
in Wasserwirbeln der Waltende gab.«

In unserer Vǫluspá-Strophe wird nun auch die Sól, also die Sonnengöttin erwähnt, die es wachsen ließ. Der Lauch galt als königliche Pflanze und wird daher hier stellvertretend für alle Pflanzen genannt.

> 5. *Die Sól von Süden, des Máni Gesellin,*
> *Hielt mit der Rechten den Rand des Himmels.*
> *Sól wußte nicht, wo sie Sitz hätte,*
> *Die Sterne wußten nicht, wo sie Stätte hätten,*
> *Máni wußte nicht, was er Macht hätte.*

Máni ist der Mond oder Mondgott, Sól ist die Sonnengöttin. Daß hier nicht nur die Sonne quasi elementar als Gestirn gemeint ist, ergibt sich daraus, daß sie mit einer Hand beschrieben ist, mit der sie sich festhält. Sie erscheint also personifiziert. Daß es die rechte Hand ist, ist gleichfalls von Bedeutung und hängt mit der Sonnenbahn zusammen. J. Hoffory hat in seinen »Eddastudien«[23] dargelegt, daß diese Strophe einen nordischen Hochsommerabend schildert, an dem die Sonne am Rande des Himmels entlang gleitet, doch nicht untergeht, sondern nachts neben dem Monde am Himmel bleibt. Dann befinden wir uns also bei dieser Strophe im hohen Norden.

> 6. *Da gingen die Reginn zu den Richterstühlen,*
> *Hochheilge Götter und hielten Rat.*
> *Der Nótt und dem Niedermond gaben sie Namen,*
> *Hießen Morgen und Mitte des Tags,*
> *Undern und Abend, die Jahre zu zählen.*

Die »Reginn« sind die Götter, der Begriff bedeutet etwa »die Beratenden, die Rater, die Richter, die Regierer«. Es ist eine alte Bezeichnung, die wir schon auf zwei schwedischen Runensteinen aus Västergötland finden, nämlich dem Stein von Stora Noleby (Fyrunga), dessen Inschrift um das 580 entstand und den Satz enthält:

»runo fahi raginaku(n)do«

(»Runen male ich, von den Ratern entstammte«),

sowie dem Stein von Sparlösa, dessen Inschrift von 780 die Zeile enthält:

»uk rAþ runaR þAr rAki.ukutuiu«

(»und rate diese Runen, die Raterentstammten«).

Der Ausdruck »Richterstühle« lautet im Original »rǫk-stóla«, bei »rǫk« handelt es sich um den gleichen Begriff, der auch im Wort »ragna rǫk« erscheint.

»Hochheilige Götter« ist die Übersetzung für »ginnheilog goð« und könnte auch mit »Götter der Erscheinungen« übersetzt werden. Nótt ist die Nacht, der Niedermond wird im Original »nið« genannt (abnehmende Mondphase), »Undern« ist die Nachmittagsstunde.

7. Die Ásen trafen sich auf dem Iðavellir,
Heiligtum und Harug hoch sich zu zimmern;
(Übten die Kräfte alles versuchend,)
Erbauten Essen und schmiedeten Kleinode,
Schufen Zangen und schön Gezäh.

Die Ásen sind die Götter; der Ausdruck ist verwandt mit altindisch asu (Lebenskraft) und ans (Ahnenseelen). Das »Iðavellir« ist das »glänzende Feld«, der Name wird aber auch als »Feld der Betriebsamkeit« oder »sich fortwährend erneuerndes, verjüngendes Feld« gedeutet. Ich vermute, daß der biblische Begriff »Garten Eden« sowie das germanische »Iða-« auf eine gemeinsame indogermanische Wortwurzel zurückgehen. Eine Verbindung zwischen beiden Begriffen hatte auch schon Sophus Bugge[24] angenommen.

Die eingeklammerte Zeile findet sich nur in der Handschrift der Hauksbók.

8. Sie waren heiter im Hofe beim Brettspiel,
Es gebrach ihnen nicht an Gold,
Bis drei der Þursen Töchter kamen,
Übermächtig, aus Jǫtunheim.

Bei dem Brettspiel ist vielleicht an das aus der Vikingerzeit bekannte Tafl (Hnefatafl) zu denken; bei diesem Spiel steht ein König in der Mitte, von 12 weißen Steinen umgeben und wird von 24 schwarzen Steinen an den vier Seiten angegriffen. Dieses Spiel stellt also Óðinn und die 12 Asen dar, die von feindlichen Mächten angegriffen werden, und ist damit ein Vorgriff auf das Ragnarǫk, das Göttergericht. Allerdings erwähnt auch Strophe 61 diese goldenen Spieltafeln, und dort steht das Wort in der Mehrzahl. Es kommen also wohl eher Spiele mit mehreren Brettern, wie etwa »Wurfzabel« (heute meist als »Backgammon« bekannt) oder das alte germanische Spiel »Glocke und Hammer« in betracht. Das Wort »voro« in Zeile 1 wurde von einigen Eddaübersetzern auch statt mit »waren« (sie waren heiter) mit »Würfeln« übersetzt, so daß demnach ein Spiel mit Brettern und Würfeln gemeint wäre. Sowohl »Wurfzabel« als auch »Glocke und Hammer« werden mit

Würfeln gespielt, »Tafl« oder »Hnefatafl« aber nicht (allerdings fanden Archäologen bei einem derartigen Spielbrett auch einen Würfel dabeiliegen).

Wer die drei Þursentöchter (Riesen-Töchter) sind, die aus Jǫtunheimr (Riesenheim) kamen, ist unklar. Man hat an die drei Nornen denken wollen; sie werden zwar als von riesischer, aber auch asischer Abstammung bezeichnet. In einem isländischen Märchen ist Märþöll (Marðǫll, Freyja) die Mutter der Nornen, in der aus dem 13. Jh. stammenden Barlaams saga ok Josaphats sind neun Nornen Töchter Þórs, was daher der Deutung dieser Þursentöchter als Nornen widerspricht, zumal die Nornen nicht über den Göttern stehen. Sie werden in der Vǫluspá ja auch eigens in Strophe 20 erwähnt, es wäre also unlogisch, daß sie zweimal erscheinen. Ich halte eher für möglich, daß hier Lokis Kinder gemeint sind: Die Riesin des Totenreiches, Hel, die erdumgürtende Miðgarðschlange und der Fenriswolf, wobei man sich letzteren eher männlich vorstellt. Durch diese Kinder Lokis droht jedenfalls den Ásen Unheil. Der Strophenzusammenhang ist folgender: In der Urzeit besaßen die Ásen alles Gold. Das endete, als diese drei Þursentöchter kamen. Deswegen erschaffen die Götter nun die Zwerge, die ja bekannt dafür sind, in der Erde das Gold zu finden.

9. Da gingen die Reginn zu den Richterstühlen,
Hochheilge Götter hielten Rat,
Wer der Zwerge Scharführer sollte erschaffen,
Aus Brimirs Blut und Bláins Gliedern.

Die Zwerge wurden aus Maden im Fleische Ymirs erschaffen, daher deutete man, daß »Brimir« (von altnord. brim = Meer) und Bláinn (altnord. blár = Blau, Schwarz) Namen des Urriesen Ymirs seien. Zumindest der Zuordnung Brimir = Ymir widerspricht die Vǫluspá selbst, die in Str. 37 von einem Biersaal Brimirs erzählt; da der Urriese Ymir aber getötet wurde, kann er keinen Biersaal mehr haben. Sollte Bláin den Urriesen meinen, dann wäre es auch unlogisch, daß er hier in der gleichen Zeile zusätzlich auch mit einem anderen Namen (Brimir) bezeichnet wird. Vielmehr muß Brimir ein anderer Riese sein. Sein Name kann auch mit »Brüller, Brummer« übersetzt werden. Die Zwerge wurden ja auch gar nicht aus dem Blute Ymirs, sondern aus dessen Fleisch, geschaffen. Vielleicht ist Brimir ein Jenseitsriese, der eine höhere Stellung hat, der einen eigenen Jenseitssaal besitzt und der die Zwerge mit seinem Blute beleben konnte.

10. Da ward Mótsognir der mächtigste
Aller Zwerge, und Durinn der andere.
Noch manche machten sie menschengleich
Der Zwerge aus Erde, wie Durinn angab.

Mit Strophe 10 beginnt nun eine Aufzählung von Zwergennamen,
die man Dvergatal nennt. Derartige Aufzählungen verwendete man
wahrscheinlich, um die Alfen beim Alfarblót anzurufen. Mótsognir
bedeutet »Mutsauger« oder »Kraftsauger«, Durinn bedeutet »Nebler«.

11. Nýi und Niði, Norðri und Suðri,
Austri und Vestri, Alþjófr, Dvalinn,
(Nár und Náinn, Nípingr, Dáinn,)
Bifurr, Bǫfurr, Bǫmburr, Nóri;
Ánn und Ánarr, Ái, Mjǫðvitnir.

Nýi = Neu; Niði = Dunkel, Nieder, die Mondphasen. Norðri, Suðri,
Austri und Vestri sind die Himmelsrichtungen, die vier Zwerge, die
an den vier Hauptrichtungen stehen. Die alten Perser vor 5000 Jahren
hatten bereits erkannt, daß vier helle Fixsterne ziemlich genau an den
vier Himmelsrichtungen standen und daß diese zugleich mit den vier
Sonnenfesten korrespondierten. Es sind die Fixsterne Regulus (pers.
Vanant) im Löwen (Sommersonnenwende), Aldebaran im Stier (pers.
Tascheter) (Frühlingsgleiche), Formalhaut (pers. Hastorang) im südli-
chen Fisch oder Wassermann (Wintersonnenwende) und Antares im
Skorpion (pers. Satevis) (Herbstgleiche). Diese Sterne sind die vier
königlichen Sterne oder vier Wächter des Himmels, denen das ganze
Heer der Sterne anvertraut war, vier Säulen oder Ecken der Welt, wäh-
rend es bei den Germanen vier Zwerge sind, deren jeder ein Horn hat,
womit der Himmel getragen wird oder vier Hirsche. Diese vier Sterne
standen aber früher etwas anders; Regulus z. B. stand im Jahre 2345
v. u. Zt. im Sternbild Krebs (0 Grad) und damit war er der Stern der
Sommersonnenwende. Wenn die Deutung zutrifft, daß die vier Zwerge
mit ihren Hörnern diese Sterne symbolisieren, dann wäre erneut das
hohe Alter dieses Eddamythos (4 Jahrtausende) bestätigt.

Die anderen Namen bedeuten: Alþjófr = Alldieb; Dvalinn = Neb-
ler; Nár = Toter; Náinn = Toter; Nípingr = der Grämliche; Dáinn =
Gestorben; Bifurr = der Zitternde; Bǫfurr = der wie ein Biber emsige;
Bǫmburr = Dicker; Nóri = Winzling; Ánn = Vornehmer, Freund; Ánarr
= der Andere, der Zweite; Ái = Stammvater, Urgroßvater; Mjǫðvitnir =
Metwolf, Meträuber.

12. Veigr und Gandálfr, Vindálfr, Þráinn,
Þekkr und Þorinn, Þrór, Vitr und Litr,
Nár und Nýráðr; nun hab ich diese Zwerge,
Reginn und Ráðsviðr, richtig aufgezählt.

Veigr = der die Wiege Met (od. Heiltrank) Besitzende; Gandálfr = der zauberkundige Albe; Vindálfr = Wind-Albe oder der krumme Albe; Þráinn = der Bedrohliche; Þekkr = der Willkommene, Beliebte; Þorinn = der Tapfere; Þrór = der Gedeihliche; Vitr = der Wissende; Litr = der Farbige; Nár = Toter; Nýráðr = der Neu-Ratende (vielleicht auch ein Bezug zu den Mondphasen); Reginn = der Mächtige; Ráðsviðr = der kluge Ratgeber.

13. Fíli, Kíli, Fundinn, Náli,
Hepti, Víli, Hanarr, Svíurr,
Frár, Hornbori, Frægr und Lóni,
Aurvangr, Jari, Eikinskjaldi.

Fíli = der Feiler; Kíli = der Keil (-schmied oder –treiber); Fundinn = der Findling; Náli = Nadel (-schmied); Hepti = Heft, Griff; Víli = Wille; Hanarr = der Kunstfertige; Svíurr = der Verschwindende; Frár = der Flinke; Hornbori = der Hornbohrer; Frægr = der Berühmte; Lóni = der Leuchtende; Aurvangr = Schotter- oder Taufeld; Jari = der Streitsüchtige; Einkinskjaldi = Eichenschildträger.

14. Zeit ist´s, die Zwerge von Dvalins Zunft
Den Leuten zu leiten bis Lofar hinauf,
Die aus Gestein und Klüften strebten
Von Aurvangs Tiefen zum Jǫrovalla.

Dvalinn = der Langsame, Aufgehaltene; Lofarr = der Lober oder der Lobenswerte.

Aurvangr bedeutet »Feucht- oder Taufeld«, Jǫrovalla ist das »Erdenfeld«. Die Zwerge kommen also vom Taufeld auf die Erde, d. h. sie kommen in der Nacht (wenn Tau liegt). Nach germanischem Glauben werden Zwerge bei Sonnenlicht zu Stein.

15. Da war Draupnir und Dólgþrasir,
Hár, Haugspori, Hlévangr,Glói,
Skirvir, Virvir, Skafiðr, Ái,

Draupnir = Tröpfler; Dolgþrasir = der Kampfeifrige; Hár = der Hohe; Haugspori = Hügel(be)treter; Hlévangr = Geschütztes Feld; Glói = der

Glühende; Skirvir = der Spucker; Virvir = Färber; Skafiðr = guter oder schiefer Baum; Ái = Stammvater, Urgroßvater.

16. Álfr und Yngvi, Eikinskjaldi.
Fjalarr und Frosti, Finnr und Ginnarr;
So lange Menschen leben auf Erden,
Wird zu Lofar hinauf ihr Geschlecht geleitet.

Álfr = Elbe; Yngvi = der Feurige oder der Nachkomme; Eikinskjaldi = Eichenschildträger; Fjalarr = Verberger, Betrüger; Frosti = der Frostige; Finnr = der Finne; Ginnarr = der Zauberer; Lofar = der Lober oder Lobenswerte.

17. Einst gingen da dreie aus dieser Gemeinschaft,
Mächtige und mildtätige Ásen, zum Hause;
Fanden auf dem Lande, ledig der Kraft,
Ask und Embla, Ørlǫg ledig.

Die drei Ásengötter Óðinn, Hœnir und Loðurr fanden also am Strand zwei Bäume, Askr (»Esche«) und Embla (»Ampel« oder »Ranke«). Es handelt sich um eine Ranke um eine Esche. Daraus machten die Götter Menschen (wahrscheinlich durch Herausnehmen, Formen und Beleben eines inneren Kernes; dies leite ich von der Wiederkunft der neuen Menschen nach dem Ragnarǫk ab). Sie hatten noch kein Ørlǫg (»Ur-Gesetz«), d. h. also kein Karma, Schicksalsbelastung, denn es war ja ihre erste Inkarnation. Diese Stelle beweist, daß mit »Ørlǫg« nicht das »Schicksal« im üblichen Sinne gemeint sein kann, denn ein Schicksal hatten die ersten Menschen ja sehr wohl.

Übrigens ist der Mythos von der Erschaffung der ersten Menschen aus Bäumen uralt, er findet z. B. im griechischen Mythos, wo Zeus das dritte Menschengeschlecht aus der Manna-Esche erschafft, seine Parallele. Auch in deutschen Volkssagen werden Menschen aus Bäumen geschaffen, z. B. erschafft Gott den ersten Märker aus einer Kiefer. Schon Aventin leitete den Namen »Germanen« von »germinare« (= auswachsen) ab, weil die Deutschen auf (wohl richtiger: aus) den Bäumen gewachsen sein sollen.

18. Besaßen nicht Ǫnd, nicht Óð,
Nicht Lá noch Læti, noch göttliche Gestalt.
Ǫnd gab Óðinn, Óð gab Hœnir,
Lá gab Lóðurr und göttliche Gestalt.

Hier werden die Gaben der drei Götter genannt, mit denen sie die ersten Menschen belebten. Die Begriffe sind noch relativ unklar. »Ǫnd« bedeutet aber »Atem« und »Seele« im heidnischen Sinne, im Gegensatz zu »salu«, was z. B. auf christlichen Runensteinen (aber nicht in den Eddas) die Seele bezeichnet. »Óð« bedeutet wörtlich »Wut«, aber auch »Ekstase, Raserei, Dichtung, Poesie, Verstand«. Es ist die gleiche Wortwurzel, die auch in den Götternamen Óðinn und Óðr enthalten ist. Da ich den Gott Hœnir mit Hǫðr identifiziere, diesen aber wiederum auf Óðr beziehe, gibt also der Gott Óðr danach selbst die Gabe »Óð«.

»Lá« bedeutet wörtlich in etwa »Lohe«; diese Lohe deute ich als den inneren Götterfunken, den jedes Lebewesen hat. Deswegen ist es auch Lóðurr, den ich mit Loki identifiziere, also ein Feuergott, der die »Lá« gibt. »Læti« bedeutet »Gebärden«. Es geht eigentlich nur um drei Gaben (analog zu den drei Göttern), doch werden hier auch noch eigens »Læti« und die göttliche Gestalt genannt. Das Original hat »lito goða«, »lito« kann sowohl das »Aussehen, Ansehen« bedeuten, als auch die Farbe, »goða« kann »gut« oder »göttlich« bedeuten. Da der Originaltext ohne Akzente ist, kommen beide Deutungen in Frage. Ich halte »göttliche Gestalt« (statt »gute Farbe«) für am wahrscheinlichsten, habe diese Übersetzung aber noch in keiner Eddaausgabe gefunden.

Es ist der uralte Mythos von drei Göttern, die mit drei Gaben Menschen erschaffen. Selbst in der Genesis ist er enthalten. Es gibt dort allerdings zwei verschiedene Fassungen. In Genesis 1, 26f schaffen die Elohim (»Götter«) den Menschen ihnen ähnlich (d. h. mit göttlicher Gestalt). Sie sagen (Gen. 1, 26):

»Laßt uns Menschen machen, ein Bild, das uns gleich sei...«

Das ist eindeutig die Pluralform, was dann ja auch zu dem Begriff »Elohim« gut paßt. Der zweite Schöpfungsbericht nennt den Gott Jachveh allein als Schöpfer der Menschen, allerdings werden noch die drei Gaben genannt, was auf einen ursprünglichen Schöpfungsbericht von drei Göttern hinweist. Es heißt da (Genesis 2, 7):

»Und Jachveh machte den Menschen aus einem Erdenkloß, und er blies ihm ein den lebendigen Odem in seine Nase. Und also ward der Mensch eine lebendige Seele.«

Die Gaben sind hier: Erde, Odem und Seele.

19. Eine Ask weiß ich stehen, heißt Yggdrasil,
Ein hoher Baum, mit weißem Naß begossen;

Davon kommt der Tau, der in die Täler fällt,
Immergrün steht er über Urðs Brunnen.

Viele Eddaforscher haben bislang den Zusammenhang dieser Strophe zu den vorherigen nicht erkannt. Er besteht aber dadurch, daß diese Strophe mit dem Wort »Askr« (»Esche«) beginnt, analog zur Zeile 4 der Strophe 17, wo »Askr« das erste Wort ist. Die Menschen werden also aus einer umrankten Esche geschaffen, und in Strophe 19 wird nun auf die Weltesche hingewiesen. Somit ist indirekt etwas gesagt, was mythologisch absolut richtig ist: Die Menschen wurden aus der Weltesche geschaffen und mit dem Baum gleichgesetzt. Am Ende der Zeiten werden wiederum zwei Menschen aus dem Stamme der Weltesche kommen, um ein neues Menschengeschlecht zu begründen. Es ist das gleiche Bild nur einen Kreislauf weiter.

»Yggdrasill« bedeutet »Träger (oder Roß als Träger) des Yggr«, »Yggr« (der »Schrecker«) ist ein Beiname Óðins. Die Weltesche wird also danach benannt, weil sie einst Träger Óðins war, nämlich als dieser sich in einem Einweihungsritus an sie hing, um die Geheimnisse der Runen zu erfahren (siehe Kapitel 6, Hávamál ab Strohe 138).

Die Weltesche symbolisiert die Lebenskraft, die den ganzen Himmel, ja den ganzen Kosmos durchdringt. Das wird in dieser Strophe angedeutet, indem der Baum mit dem Tau in Beziehung gebracht wird, der ja scheinbar vom Himmel fällt. Der Baum ist immergrün, denn es ist ein kosmischer Baum, der nicht irdischen Jahreszeiten unterliegt. Man hat die Weltesche auch als Symbol des einheitlichen und organisch gegliederten Weltalls gedeutet, doch trifft diese Deutung eher auf die Irminsul, als die Weltesche zu.

Auch in den Heiligtümern scheint man Bäume gehabt zu haben, die den Weltbaum symbolsieren, wie etwa heute noch Weihnachts- oder Maibäume. Adam von Bremen erzählt vom Heiligtum in Upsala, und ein Scholiast hat später noch folgendes dazu notiert[25]:

> »Nahe bei diesem Tempel steht ein sehr großer Baum, der seine Zweige weithin ausbreitet und im Winter wie im Sommer immer grün ist. Welcher Art derselbe ist, weiß niemand.«

Vorschnelle Deuter haben diesen Baum gleich als Eibe bezeichnet, weil diese ja immergrün sei. Aber eine Eibe hätten wohl auch die Schweden der heidnischen Zeit leicht erkannt, und Eiben breiten auch ihre Zweige nicht sonderlich weit aus. Ich gehe hier von einer sehr alten Esche aus (vielleicht auch eine Traueresche mit kuppelförmig herabhängenden Zweigen), die vollstänig von einer immergrünen Ranke umwachsen wurde und so das Bild des Weltbaumes sehr gut verkörperte. Sicher hätte man auch eine Esche erkannt, aber eben nicht unbedingt eine umrankte, insbesondere im Winter, wenn die Eschenblätter fehlen und nur die grüne Ranke zu sehen ist.

Die Vorstellung des Weltbaumes ist sogar noch in der Bibel erhalten, und auf Grund der zwei verschiedenen Quellen der Genesis, nämlich die Quellen J und E, also die Jachvisten und Elohisten (deswegen ja auch die zwei Menschenschöpfungsberichte) kommen dort sogar zwei Weltbäume vor: Ein Baum der Erkenntnis von Gut und Böse sowie ein Baum des Lebens. Diese waren natürlich ursprünglich identisch.

Den heidnischen Bezug des biblischen Lebensbaumes verdeutlicht ein Vers in der geheimen Offenbarung des Johannes (Apocalypsis 22, 2):

»Auf beiden Seiten des Stromes mitten auf der Gasse ein Baum des Lebens, der trägt zwölfmal Früchte und bringt seine Früchte alle Monate und die Blätter des Baumes dienen zur Gesundheit der Heiden.«

Ähnlich werden die Früchte des Weltbaumes auch im Eddalied Fjǫllsvinnzmál als geburtserleichternd erwähnt.

Übrigens hat die Weltesche neun Äste (Vǫluspá 2), und drei Wurzeln (Grimnismál 31), zusammen also 12. Diese Zahl korrespondiert mit den 12 Monaten, auf die der Apocalypsis-Vers bezug nimmt.

20. Davon kommen Jungfrauen, vielwissende,
Drei aus dem See dort unterm Baume.
Urðr heißt die eine, die andre Verðandi,
Sie schnitten Stäbe; Skuld heißt die dritte.
Sie legten Lose, das Leben erkoren sie
Allen Gebornen, das Ørlǫg verkündend.

Urðr ist die älteste der drei Nornen (Schicksalsfrauen), ihr Brunnen befindet sich bei einer Wurzel des Weltbaumes. Dort sitzen die Schicksalsfrauen und erlosen das Schicksal, welches die Götter den Sterblichen bestimmt haben. Die Nornen teilen es dann zu. Die Götter versammeln sich auf ihrem Götterþing unter der Weltesche, ganz in der

Nähe der Nornen. Die Namen der Nornen bedeuten: Urðr = Gewordenes, Verðandi = Werdendes, Skuld = Zukunft (oder: das Geschuldete, Gesollte). Die älteste Norne kommt auch im Heliand als »Wurt« und in altenglischen Dichtungen als »Wyrd« vor, personifiziert dort aber das Schicksal allein. Drei Schicksalsfrauen kommen allerdings auch schon bei den Griechen (drei Moiren) und Römern (drei Faten oder Parcen) vor, die Dreizahl der Nornen ist also uralt. Der »See« aus dem die Nornen kommen, kann auch – je nach Handschrift – ein »Saal« sein.

Die drei Nornen unter der Weltesche, die auch »Mimameiðr« (»Mimirs Baum«) heißt, kommen auch noch in einem deutschen Kinderlied aus Hessen vor[26]:

> »Mimameide steht auf der Heide,
> Hat ein grün Röckel an, sitzen drei Jungfern dran;
> Die eine guckt nach vorne, die andre in den Wind.
> Das Weibsbild an dem Borne hat viele, viele Kind.«

> *21. Sie erinnert sich des ersten Kriegs in der Welt,*
> *Da sie mit Geren Gullveig stießen,*
> *Und in Hárs Halle sie brannten.*
> *Dreimal verbrannt, dreimal geboren,*
> *Oft, unselten, doch ist sie am Leben.*

»Sie« meint die erzählende Vǫlva. Diese Strophe ist dunkel und wird sehr unterschiedlich gedeutet. Ihr Zusammenhang zu der Nornenstrophe ergibt sich durch den Krieg und das Schicksal selbst. Aber wer ist »Gullveig«? Gullveig wurde als Göttin Freyja gedeutet, aber auch als Hexe. So wollte man den heidnischen Germanen gar noch die Hexenverbrennungen anhängen.

»Gullveig« bedeutet »Gold-Wiege«. »Wiege« kann sowohl »Gewicht, Masse«, als auch »Getränk, Rausch, Stärke« bedeuten. K. Müllenhoff und H. v. Wolzogen sahen in diesem Vers den Beginn der Goldverarbeitung (dreimalges Schmelzen) und die damit verbundenen negativen Folgen: Die Goldgier und der Kampf um das Gold. Müllenhoff deutete Gullveig zugleich als Hypostase der Göttin Freyja. Damit wird den Ásengöttern unterstellt, sie hätten die Vanengöttin Freyja verbrennen wollen, was aber – wegen Freyjas Zauberkünsten – mißlang. Dies soll dann der Auslöser für den Ásen-Vanenkrieg gewesen sein. Oder man sieht Gullveig als (böse) Hexe und bezieht auch die nächste Strophe auf sie, obwohl dort ein anderer Name genannt wird. Demnach wäre

Gullveig mit Heiðr, der erzählenden Vǫlva, identisch. Doch paßt dieser Name gar nicht für Heiðr, da die Vǫlva in ihren Strophen ja das Gold als verderblich ansieht und somit nicht selbst danach benannt sein kann.

Ich halte diese Deutungen für falsch und auch unlogisch. Um Gullveig zu deuten, müssen wir weitere Quellen heranziehen. Schon 1859 hatte Friedrich Schönwerth eine alte Sage aus der Oberpfalz veröffentlicht, die uns Aufschlüsse über Gullveig gibt, nämlich die Sage von den Eisriesen. Er schreibt[27]:

>»Am Eismeere auf einer Insel hausen die Eismänner, ihrer zwölf an der Zahl, Riesen an fünfzig Ellen lang; sie leben gleich den Meerfräulein von Meeräpfeln, die wachsgelb wie Citronen an der Insel wachsen und süsser als Zucker sind; das Laub davon ist dreyspitz, aussen grün, innen goldgelb. Dort ist nämlich kein Eis, nur Wasser, und ein milder Himmel bringt die kostbare Frucht zur Reife. Ausserdem sind die Riesen reich an Schätzen.
>
>Der Mond ist der Eisriesen Sonne. Ihr König hat einmal die Sonne gestohlen, um sie im Feuer zu verbrennen; denn die Riesen, von Farbe dunkel, sind böse und wollen nur Nacht; in dieser herrschen sie. Vom Eismeer geht auch alle Finsterniß aus. Da aber die Sonne heisser ist als Feuer, schadete es ihr nicht. Die Riesen, welche mit ihrem Könige gegen die Sonne stürmten, sind alle im Kampfe gefallen, bis auf jene zwölf, welche noch immer gegen die Sonne Haß tragen. Von ihnen kommt das Gift der Sonnenfinsterniß: sie sind das Gift der Natur. Dem Monde aber ward nunmehr genommen, auch bey Tage zu scheinen, neben der Sonne. Darum hat er jetzt noch seinen Schein bey Nacht.
>
>Seitdem ist auch der Mond der Sonne Feind, und nähme sie gerne ein; er will immer Herr werden über sie und ist stark, weil der höchste unter den Riesen, der Anstifter alles Krieges, selbst voll Gift; darum schläft auch Mensch und Vieh bey Nacht, und geht nur am Tage zur Arbeit. So hat es U(nsere) L(iebe) Frau festgesetzt; sie sitzt in der Sonne, in der Hand ein blaues Kreuz oder Schwert; durch einen Nadelstich im Papiere sieht man das Frauenbild, das in der Sonne herrscht.

Aber auch zwischen Riesen und Mond herrscht nun Feindschaft. Bey ihnen ist der Eiswolf; dieser steigt zeitweise als zweyköpfiger Drache, Feuer speyend, aus dem Eismeere auf und bedroht den Mond oft so, daß dieser ganz finster wird und der Schnee so roth wie helles Feuer. Er will zwar auch oft die Sonne verschlingen, dann, wenn sie verfinstert wird. Sie aber kämpft ihn immer wieder hinunter.

Diese zwölf Eismänner nun bleiben bis zum Ende der Welt, und müssen da den anderen Riesen, von denen sie allein noch übrig verblieben, Zeugniß geben dessen, was ihnen einst gesagt worden von ihrem König, ohne daß sie es vollbrachten.

Sie sind die weisesten unter den Riesen, für diese dasselbe, was Sibylla Weis den Menschen; davon heissen sie auch Weismänner.«

Über die Herkunft der Sage schreibt Friedrich Schönwerth[28]:

»Die erste Sage, so merkwürdig in ihrem Inhalte, daß nahezu jedes Wort von Bedeutung, wurde mir von einem Manne zu Waldkirch, der alte Götz genannt und seit vierzig Jahren Rottmeister der Holzbauer in den Königlichen Forsten dort, zum öfteren und stets in derselben Weise erzählt.«

Ich habe diese Sage vollständig zitiert, weil sie interessante Aufschlüsse über unsere Mythen gibt. Die 12 Weismänner sind natürlich die 12 Götter, ihr König ist Óðinn. In der Sage aber sind sie mit Hrímþursen, also bösen Riesen, verschmolzen, so daß es schwer wird, beide wieder zu trennen.

Jedenfalls versuchten Sie auf Anstiften ihres Königs, die Sonne zu verbrennen, was aber mißlang. In der Vǫluspá hingegen versuchen die Ásen in Óðins Saal (also wohl auch mit Óðins Genehmigung) dreimal, Gullveig zu verbrennen, was gleichfalls mißlang. Mithin muß Gullveig die Sonne sein, was zugleich ihren Bezug zum Golde erklärt, ihr Verbrennen ist der feuerrote Sonnenuntergang. Da die Asen in den Mythen als Lichtgötter (Tag), die Vanen aber als Dunkelgötter (Nacht) erscheinen, wäre deses Feuer auch der symbolische Krieg zwischen Tag und Nacht.

Die Ungeheuer in der Sage entsprechen den Wölfen im Mythos, die die Gestirne verfolgen. Interessant, daß die Sonne ihren Verfolger auch teils erfolgreich bekämpft; ein Zug, der im Mythos nicht erwähnt wird; aber die Göttin Sól (Sonne) ist auch Göttin des Sieges.

Friedrich Schönwerth kommentiert die Sage so[29]:

>»Die Zahl der Eisriesen spielt auf zwölf Priester, hinter diesen auf zwölf Götter an. So mögen sie der durch den Asen- und Vanendienst gekürzten älteren Götterdynastie angehören. Jedenfalls haben wir es hier mit einem Religionskrieg zu thun. Der Riesen Weisheit ist auch in der Edda berühmt.
>
>Der riesige Eiswolf steht der Weltschlange Jörmungandr – zugleich dem Mondverschlingenden Mánagarmr zur Seite. Beyde sind riesigen Geschlechtes aus Locki, selbst ein Riese und Feind der Asen, und dem Riesenweibe Angurboda in Jötunheimr, der Riesenwelt.
>
>Man möchte versucht seyn zu rathen, daß die Riesen einst für den Monddienst gewonnen wurden, sich aber, als dieser mit dem Sonnendienste in Kampf gerieth, wieder frey davon machten.«

Eine vorzeitliche Auseinandersetzung zwischen Sonnen- und Mondkult und Riesen und Göttern? Vielleicht. Aber noch etwas anderes sollte berücksichtigt werden: Gullveig wurde »mit Geeren« (Speeren) gestoßen. Was bedeutet das? Es ist ein Bild, daß wir auch im Mythos von Óðins Runenlied finden (siehe zu Hávamál ab 138): Dort ist Óðinn als Sonnengott aufgefaßt, der sich bei seinem Untergang auf seinem eigenen Speer aufspießt und trotzdem nicht stirbt. Dieser Speer ist Bild für den Sonnenstrahl. Und hier in der Gullveig-Episode ist nun Gullveig die Sonne, und auch Sie spießt sich bei Ihrem Untergange auf Speeren (Ihren eigenen Sonnenstrahlen) auf und stirbt nicht. Es ist also ein fast gleiches mythisches Bild. In Óðins Runenlied geht es dabei um eine Initiation; ich vermute, daß es auch im Gullveig-Mythos ursprünglich um eine Initiation (der Sonnengöttin) ging.

> *22. Heið hieß man sie, wo sie zum Hause kam,*
> *Die wohlspähende Vǫlva, sie wußte Gandr;*
> *Seiðr konnte sie, mit Seiðr sie (den Sinn) betörte;*
> *Immer war sie die Wonne leidiger Weiber.*

Diese Strophe bildet nach meiner Deutung einen Einschub, es ist eine Strophe der Rahmenhandlung. Heiðr ist demnach die Vǫlva, die die ganze Vǫluspá erzählt, denn es hätte hier keinen Sinn, wenn die Vǫlva von einer ganz anderen Vǫlva erzählen würde. Auch die Gleichsetzung von Heiðr mit Gullveig ist unlogisch, da der Name einundderselben mythischen Person nicht in zwei zusammenstehenden Strophen unterschiedlich lauten kann. Die eingeklammerten Worte dieser Strophe stammen aus der jüngeren Handschrift der Hauksbók und sie zeigen, daß hier die Vǫlva schon mehr negativ gesehen wird, was ich im Originaltext des Konungsbók Eddukvæði (der Haupthandschrift) nicht unbedingt, oder bestenfalls andeutungsweise, erkenne.

Auch in der Hrólfs saga kráka 3 wird eine Vǫlva namens Heiðr genannt. Es heißt dort[30]:

> »Nun war eine Vǫlva gekommen namens Heiðr; König Fróði bat sie, ihre Geschicklichkeit zu gebrauchen und anzuzeigen, was sie in betreff der Knaben sagen könnte; er richtete eine treffliche Mahlzeit für sie an und setzte sie auf einen hohen Zaubersessel. Der König fragte, was sie für Neuigkeit gewahr würde.«

Diese Vǫlva lebte also zur Zeit König Fróðis. Wann das gewesen ist, erfahren wir aus der jüngeren Edda (Skáldskaparmál 42):

> »Fridleifs Sohn hieß Fróði. Dieser erbte das Königreich (Dänemark) von seinem Vater zu der Zeit, als Kaiser Augustus über alle Welt Frieden verbreitete.«

Also ungefähr vor 2000 Jahren lebte die Vǫlva Heiðr. Nach meiner Deutung ist diese Heiðr bei König Fróði mit der Vǫlva, die uns die Vǫluspá offenbarte, identisch; Indiz dafür ist aber nur der gleiche Name Heiðr, der ja nicht sehr häufig ist. Er begegnet uns erst in späteren Jahren in zwei Quellen erneut, in der Örvar-Odds saga 2 und in den Landnámabók, III. Buch 2 (S. 179, H 145). Offenbar war die Seherin der Vǫluspá so berühmt, daß man auch spätere Seherinnen so bezeichnete, zumindest in den Sagas. Man hat vermutet, der Name Heiðr könne ein titelähnlicher Beiname für Zauberinnen gewesen sein (altnord. heiðr = »Ruhm«, adj. »hell, strahlend«, vgl. dt. »heiter«), doch reichen für diese Mußmaßung die drei Erwähnungen der Heiðr außerhalb der Vǫluspá sicher nicht aus, die nicht einmal andeutungsweise einen Hinweis auf einen kultischen Seherinnentitel enthalten. Vielmehr nährt sich diese Spekulation von der unzulässigen Gleichsetzung von Heiðr mit Gullveig; wenn Gullveig der eigentliche Name ist, aber Gullveig auch Heiðr genannt wird, dann könnte Heiðr als Titel mißverstanden werden. Aber Gullveig ist eben nicht mit Heiðr identisch. Wenn man hingegen die Heiðr der Vǫluspá mit der Heiðr der Hrólfs saga kráka gleichsetzt, dann kann man auch den Ort, wo die Vǫlva Heiðr ihre Prophezeihung - nämlich die Vǫluspá - gab, vermuten: Die Heide von Jellinge (siehe Abbildung 4). Sie spielt im Fróði-Mythos eine Rolle und hier befand sich ein wichtiger Þing- und Kultplatz, der später mit zwei schönen Runensteinen versehen wurde. Dieser Ort wird damals das wichtigste Kultzentrum in Dänemark und Königsitz von König Fróði gewesen sein. Daß sich hinter König Fróði auch der Gott Freyr verbirgt, tut dieser Deutung keinen Abbruch; die Heide von Jellinge kann Kultort dieses Gottes gewesen sein, und ein realer König den Beinamen Freys geführt haben.

»Gandr« ist der Zauber mit dem großen Zauberstab, auch wohl der Schamanenritt »Gandreið«, »Seiðr« hingegen bezeichnet ursprünglich den Sudzauber oder einen Bindezauber. Später nahm man den Ausdruck »Seiðr« zur Bezeichnung für jeglichen Zauber.

Abbildung 4: Ansicht des Heiligtums von Jellinge, Dänemark, aus dem Jahre 1591, mit Hügelgräbern, Kirche und Runensteinen.

»Leidige« Weiber können sowohl kranke, wie auch unliebsame Weiber sein. Hier wird vielleicht auf die Vǫlva als Heilerin hingewiesen.

23. Da gingen die Reginn zu den Richterstühlen,
Hochheilige Götter und hielten Rat,
Ob die Ásen sollten Abgabe zahlen,
Oder alle Götter Gaben empfangen.

Nachdem in der Str. 22 die Erzählung durch die Erwähnung der Vǫlva Heiðr unterbrochen wurde, greift nun Str. 23 die Handlung wieder auf. In Str. 21 war ja der erste Krieg, der Ásen-Vanenkrieg erwähnt worden, nun geht es um die Forderung, ob die Vanen Tribut von den Ásen bekommen sollten oder ob künftig alle Götter Opfergaben (der Menschen) empfangen sollten, was eine Aufnahme der Vanen in den Kreis der Ásen bedeutete. Dieses letztere ward offenbar beschlossen. Deswegen wird der Krieg der beiden Göttersippen gerne auch auf die Auseinandersetzung zweier Volksstämme (z. B. der ansässigen Megalithleute und der einwandernden Indogermanen) bezogen. Doch ist diese Deutung nicht befriedigend, denn auch z. B. in der griechischen Mythologie kennen wir den Kampf zweier Göttergeschlechter: Der Titanen und der olympischen Götter. Die Titanen entsprechen hierbei nicht den Riesen der germanischen Mythologie, sondern den Vanen, während die Riesen mit den Giganten zu identifizieren sind. Einer der Titanen ist Saturn, und er ist ein Gott, der ursprünglich ein Gott der Fruchtbarkeit und des Ackers ist. Auch die heidnischen Römer opferten ihm Eber zur Wintersonnenwende. Wir können also Saturn in seiner älteren Sichtweise ohne weiteres mit dem Vanengott Freyr gleichsetzen. Diese Gleichsetzung finden wir bereits in der altnordischen Trójumanna saga[31]:

> »In den Tagen Josuas, der nach dem Tod des Moses gemäß dem Willen Gottes Anführer des jüdischen Volkes in Jorsalaland war, wurde im Jordanischen Meer auf einer Insel namens Kreta ein Mann namens Saturn geboren, den wir jedoch Freyr nennen.«

Später heißt es über Saturn-Freyr in der Saga[32]:

> »Er flieht bis nach Italien und unterweist dort zunächst die Leute im Ackerbau.«

Gegen diese Theorie einer vom Indogermanentum verdrängten Urreligion spricht auch, daß einige Forscher die Herkunft der Indogermanen gerade aus dem Gebiet zwischen Mecklenburg und Böhmen herleiten. Demnach hat hier dann gar keine Einwanderung stattgefunden, sondern nur eine Auswanderung.

24. Geschleudert hatte Óðinn übers Heer das Geschoß,
Da wurde Krieg in der Welt zuerst;
Gebrochen war die Bordwand in der Burg der Ásen,
Konnten die kampfspähenden Vanen das Feld betreten.

Hier wird rückblickend der Beginn des Krieges und das Ende, nämlich der Teilsieg der Vanen, erwähnt. Das Schleudern eines Speeres über das gegnerische Heer war ein Ritus, der vor dem eigentlichen Kampfe stattfand und mit dem man sich Óðins Beistand und Sieg erwirkte. Vielleicht weihte man so die Gegner dem Óðinn, d. h. verhieß, sie zu dem Gott nach Valhǫll zu schicken.

> 25. *Da gingen die Reginn zu den Richterstühlen,*
> *Hochheilge Götter hielten Rat,*
> *Wer mit Unheil hätte die Luft erfüllt,*
> *Und dem Jǫtenvolk Óðs Maid gegeben.*

Eben wurde noch der Burgwall der Götter erwähnt, nun geht es darum, wer den Riesen die Braut Óðrs, nämlich Freyja gegeben oder überlassen (wohl: versprochen) hätte. Der Riese, der den Burgwall errichtete, verlangte ja als Lohn Sól, Máni und Freyja. Es ist also eine rückblickende Strophe, die eingeschoben wurde, weil der Burgwall gebrochen war und nun nach den Ursachen dieses Bruches und des ganzen Burgwalls gefragt wird. Die Götter sahen, daß der Burgwall in der verabredeten Zeit fertig werden würde, und sie berieten darüber, wer ihnen den schlechten Rat gegeben hatte, sich auf diesen Handel (Burgwall im Austausch gegen Sól, Máni und Freyja) einzulassen. Diese Beratung wird auch in der jüngeren Edda (Gylfaginning 47) erwähnt:

> »Da setzten sich die Götter auf ihre Richterstühle und hielten Rat und einer fragte den andern, wer dazu geraten hätte, Freyja nach Jǫtunheim zu vergeben und Luft und Himmel so zu verderben, daß Sól und Máni hinweggenommen und den Jǫten gegeben werden sollten. Da kamen sie alle überein, daß der dazu geraten haben werde, der zu allem Übeln rate: Loki, der Laufey Sohn.«

Es sind einige Sagen von riesischen Baumeistern erhalten, die in einer bestimmten Zeit z. B. eine Kirche fertigstellen müssen. Durch das Erraten ihres Namens bekommt der Mensch aber Macht über sie und sie können so seine Seele oder sein Leben als Lohn nicht erringen. Von den Externsteinen erzählt eine Sage, daß der Teufel hier in einer bestimmten Zeit einen gewaltigen heidnischen Felsentempel errichtete, unter der Bedingung, daß die Menschen beim Glauben der Väter bleiben sollten.

26. Þórr, von Zorn bezwungen, zögerte nicht,

Er bleibt selten sitzen, wo er solches erfährt;
Da schwanden die Eide, Wort und Schwüre,
Alle festen Verträge jüngst trefflich erdacht.

Auch die Strophe 26 bezieht sich rückblickend auf den Mythos, wie der Burgwall der Götter errichtet wurde. Die Götter hatten dem Baumeister Eide geschworen, ihn nicht zu vernichten. Es heißt in der Gylfaginning 47:

>»Der Kauf aber war mit vielen Zeugen und starken Eiden bekräftigt worden, denn ohne solchen Frieden häten sich die Jǫten bei den Ásen nicht sicher geglaubt, wenn Þórr heimkäme, der damals nach Osten gezogen war, Unholde zu schlagen.«

Der Baumeister aber hatte die Götter betrogen, denn er hatte ihnen nicht gesagt, daß er ein Riese war (und somit natürlich über riesische Kräfte verfügte). Als der Riese erkannte, daß er das Werk nicht termingerecht fertigbekommen würde,

>»da geriet er in Riesenzorn. Die Asen aber, die nun für gewiß erkannten, daß es ein Bergriese war, der zu ihnen gekommen, achteten ihre Eide nicht mehr und riefen zu Þórr, und im Augenblick kam er.«

Die Götter mußten, da sie betrogen waren, nicht mehr ihre Eide beachten; sie hatten wahrscheinlich sowieso nur geschworen, ihn nicht zu verletzen oder zu töten. Þórr aber war beim Schließen dieser Eide nicht zugegen gewesen und nach germanischem Recht deswegen nicht an diese Eide gebunden. Denn ein Eid bindet immer nur denjenigen, der ihn schwört, nicht einen Dritten, Unbeteiligten. Þórr konnte auch noch gar nicht wissen, daß überhaupt Eide geschlossen worden waren. Er hört die Ásen rufen, kommt, sieht den Feind (Riesen) in der Götterburg im Riesenzorn stehen und natürlich erschlägt Þórr ihn. Hier fand also eindeutig kein Eidbruch der Götter statt.

27. Sie weiß Heimdalls Horn verborgen
Unter dem heiter-vanischen heiligen Baum.
Sie sieht einen feuchten Strom sich ergießen
Aus Valfǫðrs Pfand: wißt ihr, was das bedeutet?

Diese Strophe schließt inhaltlich an Str. 20 an; der Erzählfaden wurde durch den Einschub des Vanenkrieges und die Burgwall-Episode sowie der Rahmenstrophen ja unterbrochen. Wir sind also wieder am Weltbaum, und nun geht es um Mímir und seinen Brunnen. Nach einer Deutung sind Mímirs Horn und Heimdalls Horn identisch. Heimdallr ist Mondgott, Mímir ist ein Zwerg bzw. Riese, der mondmythische Züge hat. Er entspricht in deutschen Überlieferungen dem zwergischen Schmied »Mime«, der ein Schwert »Mimming« schmiedet. Auch Saxo Grammaticus kennt ihn als Mimingus. Wenn Heimdallr also sein Horn – die Mondsichel – nicht benutzt, liegt es zu Füßen des Weltbaumes und ist dort Mímirs Horn. Die Abbildung 5 zeigt links eine Gemme aus Kreta, wo ein Horn unter einem Baume liegt, rechts einen deutschen Zeugdruck des 13.-14. Jhs. mit dem Horn unter dem Weltbaum. Der Begriff »heiðvanir« kann verschieden übersetzt werden, er kann sich auf die Göttersippe der Vanen beziehen, aber auch mit vanir = strahlend übersetzt werden. Der erste Teil heið kann »hell, strahlend, heiter« aber auch »ruhm« bedeuten.

Abbildung 5: Links: Gemme von Kreta. Rechts: Deutscher Zeugdruck 13.-14. Jh.

Valfǫður (»Walvater« d. i. »Vater der Auswahl«, Óðinn) gab sein eines Auge zum Pfand um Weisheit und durfte dafür aus dem Brunnen der Weisheit, den Mímir bewacht, trinken. Óðins Auge liegt also in Mímirs Brunnen. Darauf spielen die letzten Zeilen der Strophe an, die gleichzeitig ähnlich einer Rahmenstrophe die Vǫlva selbst wieder erwähnt. Der Mythos, daß der Gott Óðinn (Wodan) einäugig ist, war auch hier bei uns bekannt; so existiert an der Kirche zu Königslutter eine Darstellung des Gesichtes Wodans, die einäugig ist. Ein nebenbei dargestellter Stier trägt den Namen Wuotanesstier. Óðins Auge, welches Er Mímir verpfändet, ist im Naturmythos die Sonne. Das mythische Bild wurde auf den Untergang der Sonne im Meere gedeutet, aber die Sonne wurde auch als goldene Schale des Himmelsgottes aufgefaßt, die Mímir mit dem heiligen Wasser seiner Quelle füllt, um den Weltbaum zu begießen, also durch seine weise Fürsorge die Lebenskraft der Welt zu sichern. Óðins Augen bedeuten Sonne und Mond, und das Geben des einen Auges an den Mondheros Mímir kann natürlich auch auf das Mondauge gedeutet werden.

Dem germanischen Gott Wodan entspricht der indische Gott Rudra (Shiva), der auch einäugig ist. Selbst der biblische Gott Jachveh wird in der Symbolik einäugig (ein Auge im Dreieck) dargestellt, desgleichen ist der ägyptische Horus einäugig. Der Mythos des einäugigen obersten Gottes muß also uralt sein.

> *28. Allein saß sie außen, da hinein der Alte kam,*
> *Yggjungr, der Áse, und ihr ins Auge sah.*
> *Wer fragt mich? Warum prüfst du mich?*
> *Alles weiß ich, Óðinn, wo du dein Auge bargst:*
> *In des mächtigen Mímirs Brunnen.*
> *Met trinkt Mímir allmorgendlich*
> *Aus Valfǫðrs Pfand! Wißt ihr, was das bedeutet?*

Hier sind wir wieder bei einer Rahmenstrophe: Die Situation, in der sich die Vǫlva Heiðr befindet, wird erläutert. »Yggjungr« bedeutet »Áse aus dem Geschlecht des Yggr« was etwas unlogisch erscheint, da Yggr ja Óðinn selbst ist. Wahrscheinlich ist damit gemeint, daß Óðinn als erster Áse und höchster und ältester Gott Sich aus Sich selbst heraus geschaffen hat. Er war also schon immer da, schuf Sich aber dennoch selbst, ähnlich wie Er es in den Grímnismál 54 sagt. Die Frage »Warum prüfst du mich?« zeigt, daß Óðinn die Vǫlva und ihr Zukunftswissen überprüft und sie dazu veranlassen will, dies laut zu äußern, damit die umherstehenden Menschen es erfahren. Die Vǫlva antwortet richtig und besteht diese Prüfung. Óðinn selbst stellt Fragen und sorgt so dafür, daß die Vǫlva das ihr Sichtbare für alle erzählt, so daß es gelernt und weitererzählt werden kann. Somit muß auch dieses Eddalied als eine göttliche Offenbarung – verkündet durch die Vǫlva Heiðr – gelten. Denn Óðinn selbst kennt ja die Geschichten, die sich ereignet haben und bräuchte nicht eine Vǫlva zu befragen.

Mímir, deutsch Mime (»Der Erinnerer«), ist der Zwerg, der den Weisheitsbrunnen bewacht. Óðinn gab ihm ein Auge als Gabe für den Weisheitstrunk. Die Erwähnung dieses Mythos hier geht auf die Herkunft von Óðins Weisheit ein und ist die Prüfung für die Vǫlva.

> 29. Ihr gab Herfǫðr Ringe und Halsband
> Für kluge Sprüche und Spähgandr;
> Denn weit und breit sah sie über die Welten all.

Die Vǫlva wird für ihre Vision bezahlt. Daß hier »Halsband« und »Ringe«, nicht aber »fé« (Geld, Gold, Besitz) steht, ist wiederum ein Hinweis auf das hohe Alter des Textes, denn damals wurde mit Schmuck, nicht Geld oder Besitz bezahlt. Vǫlven waren hochgeachtet und erhielten natürlich auch eine Bezahlung, die hier von Heervater, also Óðinn, kommt. »Spähgandr« ist »Spähzauber«, also die Zukunfts- oder Vergangenheitsschau der Vǫlva.

> 30. Ich sah Valkyren weither kommen,
> Gerüstet zu reiten zum Göttervolk.
> Skuld hielt den Schild, und Skǫgol die andre,
> Gunnr, Hildr, Gǫndul und Geirskǫgul.
> Hier nun habt ihr Herjans Mädchen,
> Valkyren, die ganz den Grund durchreiten.

Valkyren (»Wahl-Erkürerinnen«) sind Geistfrauen, die die Seelen der Toten empfangen und ins Totenreich, also zu den Göttern, geleiten. Der Begriff »Göttervolk« (Goðþjóðar) wird zuweilen auch als »Gotenvolk« übersetzt, was aber nicht dem Originaltext entspricht, da dort eindeutig nicht »Gotþjóð« steht; man müßte also von einem Schreibfehler ausgehen, wenn man »Volk der Goten« lesen will. Die Goten hier zu erwähnen, wäre allerdings unlogisch und unpassend, denn die Valkyren reiten zu den Göttern um die Seelen der Gefallenen dorthin zu bringen, nicht speziell zum Volk der Goten. Einige der auch aus andern Quellen bekannten Valkyrennamen entsprechen direkten Beinamen Óðins, z. B. Gǫndul und Gǫndlir, Svipull und Svipall oder Valþogn und Valþognir.

Unsere Strophe bezieht sich auf den Krieg (Str. 20) und den Beginn des großen Weltkampfes und schließt inhaltlich an Str. 26 an, nach der ja die Einschübe folgten.

Die Valkyre Skuld ist zugleich auch die dritte der Nornen, die Todesnorne. Die Namen der Valkyren bedeuten: Skuld = Schuld, Zukunft,

Skǫgul = Kampf, Gunnr = Kampf, Hildr = Kampf, Gǫndul = die Zaubernde, Geirskǫgul = Speerkampf. Herjan (»Heerscher, Heerfürst«) ist ein Name Óðins.

31. Ich sah den Baldr dem blutigem Opfer,
Óðins Sohne, das Ørlǫg ereilen.
Gewachsen war über die Ebenen hoch,
Schlank und sehr schön, der Mistelzweig.

Baldr ist nach meiner Deutung Gott des Lichts und des Tages (indogerm. *bhel = weiß). Sein Sinken in das Totenreich ist auch das Ende des Tages (oder auf das Jahr bezogen: Des Sommers). Ørlǫg ist das Schicksal, Karma. Baldrs Tod ist also eine karmische Folge früheren Handelns: Seiner Geburt. Die Sonne geht auf und damit entsteht das Karma, daß sie auch wieder untergehen muß.

32. Von diesem Holz kam, so dauchte mich
Häßlicher Harmflug, da Hǫðr schoß.
Baldurs Bruder ward bald geboren,
Als Óðins Sohn einnächtig zum Kampf ging.

Durch den Dunkelgott Hǫðr (der Name ist mit griech. Hades verwandt und bedeutet »Hader« oder »der Hadernde«, also »Krieg« oder »der Kämpfer«) wird Baldr mithilfe eines Mistelzweiges erschossen. Die Mistel ist eine dem Monde geweihte Pflanze und bedeutet hier im Mythos die am Abend sichtbare Mondsichel. Baldrs Tod wird durch Váli, dem Sohne Óðins und der Rind, gerächt. Er ist »einnächtig«, d. h. erst eine Nacht alt, als er Baldr rächt. Denn Váli gehört mit Víðarr zu den göttlichen Brüdern, die Tacitus bereits in seiner Germania 43 als »Alcen« (= Hirsche, Elche) erwähnt. Sie bedeuten im Naturmythos die Morgenröte (oder/und die Abendröte). D. h. das Erscheinen der Morgenröte (Váli) nach der Nacht (Hǫðr) (oder des Sommers nach dem Winter) verkündet den neuen Tag (Baldrs Rückkehr).

Der Mythos von Baldrs Tod ist uralt. Karl Hauck hat dargelegt, daß bereits auf völkerwanderungszeitlichen Brakteaten, die überwiegend Óðinn gewidmet sind, auch schon der Mythos von Baldr dargestellt ist: Der Zweig (Mistelzweig), mit dem Baldr getötet wird, der Ring Draupnir, den Óðinn Baldr gab oder Baldrs Ankunft bei Hel sind auf den Drei-Götter-Amuletten dargestellt. Die um das Jahr 986 verfaßte Húsdrápa des Skalden Úlf Uggason beschreibt die geschnitzten Bilder in der Festhalle von Ólafr Pás und erwähnt dabei Baldrs Begräbnis.

Offenbar war also der Baldr-Mythos in den Schnitzereien dargestellt. In recht kurzer Form begegnet uns der Mythos dann im angelsächsischen Beowulfepos. Beowulf erzählt darin (Verse 2431-2443):

> »...im Leben war ich ihm nicht weniger lieb
> in seinem Saal als die eigenen Söhne,
> Herebeald, Hæðcyn und mein Hygelak.
> Dem ältesten Erbwart ward Unheil schwer
> durch des Magen (Sohnes) Tat, das Mordbett, bestellt,
> als Hæðcyn Herebeald vom Hornbogen
> traf mit dem Pfeil, den teuren Gesippen,
> und, verfehlend das Ziel, den Gefreundten erschoß,
> der Bruder den Bruder, mit blutigem Ger.
> Unsühnbar war die Tat, sündhafter Frevel,
> mutbedrückend. Es mußte dennoch
> ungerächt der Edle von der Erde scheiden.«

Hier verbirgt sich Baldr hinter Herebeald, Hǫðr aber hinter Hæðcyn. Der Mythos findet sich natürlich auch in den beiden Eddas und ausführlich bei Saxo Grammaticus, der sich auf eine nicht erhaltene »Hotherus Saga« beruft. Erhalten ist aber eine Hromundars saga, die aus dem 13. Jh. stammt, aber nur in einer Handschrift des 17. Jh. existiert. Hier ist Baldr bereits als böse dargestellt. Er stirbt in einer Schlacht. Sein Gegner Hromundar kämpft zwar mit einem Zauberschwert mit dem Namen »Mistelzweig«, trifft aber mit Baldr direkt nicht zusammen. Aus einer nordschleswiger Sage, die im 17. Jh. aufgezeichnet wurde, ergibt sich, daß der Mythos auch in Deutschland bekannt war[33]:

> »Bei Boldersleben sieht man auf einer Anhöhe noch die Spuren eines Schlosses. Da hat früher ein König Bolder gesessen und dem Ort den Namen gegeben. Er geriet mit einem König Hother in Streit und erschlug ihn. Bolder liegt in Boldershöi begraben; vor mehreren Jahren pflügte man Knochen aus, die von ihm herrührten.«

Boldersleben liegt im Kreis Apenrade. In einer Sagenvariante ist es auch Hother, der Bolder tötet.

Der Mythos findet sich auch im finnischen Kalevala (Lemminkäinens Tod) oder bei den Osseten (Tod Soslans), ich sehe ihn auch hinter der Geschichte von Kain und Abel.

Es ist jedenfalls der uralte Mythos vom Sieg der Finsternis (Hǫðr) über das Licht (Baldr), des Winters über den Sommer oder der Nacht über den Tag. Baldr ist aber auch der Gott der Gerechtigkeit, Reinheit und Unschuld, der Erleuchtung.

33. Die Hände nicht wusch er, das Haar nicht kämmt er,
Eh er Baldrs Feind zur Brandstätte brachte.
Und Frigg beweint in Fensalir
Valhǫlls Verlust: Wißt ihr, was das bedeutet?

Der Brauch, sich nicht zu waschen und zu kämmen, bis man eine mutige Tat getan hat, wird bereits bei Tacitus erwähnt, später finden wir das auch bei König Hárald hárfagri. Er ließ sich sein Haar erst schneiden und kämmen, als er ganz Norwegen erobert hatte. Der Sinn ist, durch Verwilderung mit den Geistermächten zusammenzukommen, eins zu werden, um so die Kraft für die geplante Großtat zu bekommen. Tacitus schrieb in der »Germania« über die Chatten[34]:

>»Ein Brauch, der auch bei anderen germanischen Stämmen vorkommt, jedoch selten und als Beweis vereinzelten Wagemuts, ist bei den Chatten allgemein üblich geworden: Mit dem Eintrit in das Mannesalter lassen sie Haupthaar und Bart wachsen, und erst, wenn sie einen Feind erschlagen haben, beseitigen sie diesen der Tapferkeit geweihten und verpfändeten Zustand ihres Gesichtes. Über dem Blut und der Waffenbeute enthüllen sie ihre Stirn und glauben, erst jetzt die Schuld ihres Daseins entrichtet zu haben und des Vaterlandes sowie ihrer Eltern würdig zu sein. Die Feigen und Kriegsscheuen behalten ihren Wust.«

Leider ist die Erklärung von Tacitus für diesen Brauch nicht ganz überzeugend. Im Orient aber kennt man die sog. »Nasiräer« (hebr. »nazir« = ausgesondert, geweiht), also Männer, die sich in gleicher Weise nicht frisierten. Einer der bekanntesten ist Samson, der mit übernatürlicher Kraft ausgestattet war. Auf die Frage seiner Geliebten, Delila, gibt er die Erklärung für seine große Kraft (Judicum 16, 17):

>»Und sagte ihr sein ganzes Herz, und sprach zu ihr: Es ist nie ein Schermesser auf mein Haupt gekommen; denn ich bin ein Verlobter Gottes von Mutterleib an. Wenn man mich schöre, so wiche meine Kraft von mir, daß ich schwach würde und wie alle andere Menschen.«

Es geht also um eine mythische Bindung an die Gottheit, und die langen Haare gelten als Antennen für die Verbindung mit dem spirituellen

Wesen, von dem der Krieger die Kraft bekommt. Aus diesem Grunde tragen Priester der Ostkirche lange Bärte oder langes Haupthaar, und auch das Märchen vom Bärenhäuter, der sich sieben Jahre verwildern lassen mußte, wird so verständlich. Óðinn als Gott des Zaubers und mit besonderer magischer Kraft hat daher einen langen Bart.

Fensalir bedeutet »Moor-Säle« und ist ein Beleg dafür, daß Frigg auch Göttin der Erde ist; nach altem Glauben geht der Zugang in die Unterwelt durch tiefe Brunnen, Seen und Moore.

Die Strophe ähnelt der Strophe 11 der Vegtamsqviða.

(34. *Da kann Váli das Todesband winden,*
Eine sehr feste Fessel aus Därmen.)

Diese Strophe findet sich nur in der Handschrift der Hauksbók. Sie behandelt die Geschichte der Fesselung von Loki mit den Därmen seines Sohnes Narfi oder Nari. Um Narfi zu töten, verwandelten die Ásen Lokis andern Sohn Váli oder Áli (nicht mit Váli, dem Sohn Óðins zu verwechseln) in einen Wolf, da zerriß er Narfi. Die Geschichte in der Gylfaginning 50 ist im Mythos ein Bild für den Winter: Die Namen der beiden Söhne lassen sich auf den Tod deuten, Narfi/Nari zu altnord. nár, gotisch naus = Leiche; Váli als »Gefallen« (der Gefallene). Der Darm des Sohnes »Leiche« schnürt Loki, die Sommerhitze, zu. Und – diese Strophe deutet es an – Váli selbst hilft offenbar dabei und ist in Wolfsgestalt, der Erscheinung des Winters. Der Name Narfi/Nari findet sich bereits im Ynglingatal (Str. 7) des Skalden Þjóðólfr ór Hvíni aus dem 9. Jh., ist also in heidnischer Zeit belegt. Daß die Götter den Sohn Lokis in Wolfsgestalt wandeln, ist eine Bestrafung, weil er offenbar genauso böse wie Loki selbst war; bei bösen Leuten sprach man auch von »Wölfen« (etwa wenn ein Geächteter ein Heiligtum betrat: »Wolf im Heiligtum«) oder »wölfischer Gesinnung«. Die Götter haben also keinen unschuldigen Sohn verwandelt, sondern das Böse seiner Gesinnung durch diese Wolfsgestalt sichtbar gemacht. Daß er böse war, zeigt sich daran, daß er sogar seinen (gleichfalls bösen) Bruder tötete.

35. In Haft sah sie liegen unterm Hverahaine
Die unheilgierige Gestalt, dem Loki ähnelnd.
Da sitzt auch Sigyn, doch nicht ist sie um ihren
Manne wohl erfreut: wißt ihr, was das bedeutet?

Der »Hverahain« (»Quellhain«) kann hier den Brunnen Hvergelmir meinen, der in der untersten Unterwelt liegt. Sigyn (vielleicht: »Sieg-Freundin«) ist Lokis Frau und wird bereits bei Þjóðólfr ór Hvíni im 9.

Jh. erwähnt (Haustlöng 7). Als »Sigune« kommt sie auch in Wolfram von Eschenbachs Parzivalepos vor.

Der Mythos vom gefesselten Unhold, sei es Loki, sei es der Fenris-wolf, ist gleichfalls recht alt. In der Apocalypsis wird der gefesselte Satan erwähnt. Aber nicht die Edda ist von der Bibel beeinflußt, sondern es handelt sich um einen uralten Mythos, dessen Spuren in Edda wie Bibel zu finden sind.

Loki (»Schließer, Beender«) ist der Feuerhalbgott; nach germanischem Glauben führt das Feuer das Ende aller Dinge herbei. Er wurde gebunden und über ihm eine gifttropfende Schlange angebracht, die ihm das Gift ins Gesicht spuckt. Waren die Götter so rachsüchtig, daß Sie Loki auf diese Weise quälen mußten? Nein, Loki erleidet nur genau das, was auch jeder andere Verbrecher in der Unterwelt erleiden muß (siehe Str. 38), denn böse Menschen kommn bei Hel in einen Saal, wo Schlangen ihr Gift auf sie spucken. Die Götter geben also dem riesenentstammten Halbgott Loki genau das, was auch jeder andere Verbrecher erleiden muß. Das zeigt die göttliche Gerechtigkeit.

Die Strophen 31 bis 35 behandeln also Baldrs Tötung und die Fesselung Lokis in der Unterwelt. Str. 36 leitet nun über zu weiteren Unterwelten.

36. Ein Strom wälzt ostwärts durch Eitertäler,
Saxe und Schwerter, der Slíðr heißt.

Der Unterweltsstrom Slíðr (»Gefährlich«) trennt das Totenreich der Hel von der Welt der Lebenden. In diesem Strom schwimmen Saxe (Kurzschwerter, Messer) und Schwerter, im Naturmythos ein Bild für die schneidende Kälte. Auch Saxo Grammaticus erwähnt diesen Strom. Das vollständige Bild ist, daß die Seelen der Verstorbenen über eine Brücke müssen, um in das Reich der Hel zu gelangen. Sind sie zu sehr schuldbeladen, bebt die Bücke und läßt die Seele in diesen Strom stürzen, der sie zu den Straforten treibt. Oder der Höllenhund Garmr stößt die bösen Seelen hinab. Parallelen zu diesem Bild finden sich bereits in den Veden und der persischen Avesta[35]. Die Schwerter sollen die Seelen bereits auf ihrem Wege zu dem Strafort peinigen.

37. Nördlich stand an den Niðavǫllir,
Ein Saal aus Gold für Sindris Geschlecht.
Ein andrer stand auf Ókólnir
Des Jǫten Biersaal, Brimir genannt.

Niðavǫllir oder Niðafjǫll bedeutet »dunkle Berge« und ist ein Jenseitsort. Dort findet sich ein goldener Saal, Sindri (»Funkensprüher«) genannt; Sindri ist aber auch der Zwerg, der den Göttern die Wunderdinge wie z. B. den Eber Gullinbursti schafft. Es handelt sich also um einen Saal der Álfen (Zwerge), aber gleichzeitig ist es ein Saal für gute und rechtschaffende Menschen, wie in Gylfaginning 52 zu lesen ist. In der ältesten Vorstellung waren die Jenseitsreiche Helheim und Valhǫll identisch, später wurden sie genauer differenziert; Sindri hingegen scheint noch die ältere allgemeinere Bedeutung zu haben. Das sieht man auch daran, daß die Milchstraße als Bild für die Jenseitsbrücke in deutschen Überlieferungen Namen wie »Nierenbergerphat« (»Pfad zum Niðafjǫll, zum Totenberg«), oder »Hellweg« (»Weg zur Hel«), aber auch »Fruneldenstraat« (»Frau Hildes Straße«, Hilde ist eine Valkyre) führt.

Der Saal Brimir (siehe zu Str. 9) ist für diejenigen Verstorbenen, die gerne trinken. Ókólnir bedeutet »der unkalte Ort«. Auch dieser Saal scheint allgemein für Verstorbene (und Alben, Riesen) zu sein. Man darf dabei nicht vergessen, daß die Jenseitsorte sich nach der jeweiligen Entwicklung der Seele richten. Ein Trinker wird also nach Brimir kommen und dort glücklich sein (weil er weiter trinken kann), eine höhere Seele würde diesen Ort dagegen als Bestrafung empfinden.

Man hat vermutet, daß ein Überlieferer der jüngeren Edda diese Strophe mißverstanden hatte; ich gehe aber nicht davon aus, daß in der jüngeren Edda (Gylfaginning 52) Riesenname und Saalname verwechselt wurden.

38. Einen Saal sah sie stehen, der Sól fern
In Nástrǫnd, die Türen sind nordwärts gekehrt.
Eitertropfen fallen durch die Dachöffnungen nieder;
Mit Schlangenrücken ist der Saal gedeckt.

Dies ist der Strafort für die bösen Seelen, und sie erleiden das, was auch Loki als Bestrafung für seinen Mord an Baldr erleiden muß (Str. 35). Der Saal liegt der Sonne fern, also im Dunkel, in dem Ort, der Nástrǫnd (Leichenstrand) heißt und mit nordwärts gerichteten Türen. Üblicherweise liegen die Türen in germanischen Häusern im Süden, so daß man mit Blick gen Norden, der heidnischen Gebetsrichtung, das Haus betreten kann. Hier ist es nun genau umgekehrt, so daß man nicht einmal die üblicherweise im Süden stehende Sonne sehen kann.

39. Sie sah dort waten schwer durch den Strome
Meineidige Menschen und Mordgesellen
Und die, die verführten des anderen Ohrraunerin,
Da saugt Níðhǫggr der Verstorbenen Leichen,
Reißt Männer der Wolf: wißt ihr, was das bedeutet?

Das schlimmste Schicksal droht also den Meineidigen, Mördern und Ehebrechern (»Ohrraunerin« bedeutet Ehefrau). Diese Vergehen galten den Germanen als die schwersten Verbrechen. Ganz ähnlich werden sie auch in den Sigrdrífumál 23 und 32 erwähnt. Níðhǫggr bedeutet »Neid-Hauer« oder »Dunkel-Hauer«; es ist ein Drache in der Unterwelt, der die Seelen peinigt. Im Naturmythos symbolisiert er das verwesende Prinzip, stellt also die Kräfte dar, die die in der Erde ruhenden Körper der Toten zersetzen. Im Mittelalter waren »Helletrache« (Höllen-Drache) und »Hellewolf« Bezeichnungen des Teufels. Man könnte nun auf den Gedanken kommen, daß das Bild eines Drachens in der Unterwelt christliche Vorstellungen eines drachengestaltigen Teufels in der Hölle übernommen hätte. Richtig ist aber vielmehr, daß die biblische Vorstellung des Drachens (Drájkon, Tannin), der in der Apokalypsis (z. B. 12, 3) erwähnt wird, ein heidnischer griechischer Mythos ist. Es ist der Mythos von der schwangeren Leto, die von dem schlangenförmigen Drachen Typhon (Python) verfolgt wurde. Dieser Drache, den Apollon später tötet, symbolisiert die zerstörerischen Naturkäfte und den Vulkanismus.

In diesen beiden Strophen wollte K. Weinhold christlichen Einfluß sehen, da hier christliche Höllenstrafen vorhanden seien. Dem hatte Dietrich widersprochen, der anführte, daß das Durchwaten schlimmer Ströme, das Aussaugen der Leichen durch Níðhǫggr usw. nicht biblisch sei, und mit der christlichen Feuerhölle nichts zu tun hätte- Die Strafleiden seien vielmehr aus dem wirklichen Leben des Nordens auf das Totenreich übertragen worden, da dort bis auf den heutige Tag das Durchwaten der vielen Flüsse eine gefährliche Mühe ist. Dietrich datierte das Lied in die erste Hälfte des 8. Jhs.

Die Strophe beginnt in der 3. Person: »Sie sah dort waten...«. Wie sollte das gehen, wo doch die Vǫlva selbst das Lied vorträgt? Nun, die Vǫlva hatte die Vision und erzählte sie, andere aber schrieben das Lied auf oder lernten es auswendig. Und dadurch kann es einem der Überlieferer schon einmal passieren, daß er von der Ich-Form aus der Sicht der Vǫlva in die Sie-Form aus seiner eigenen Sicht fällt.

40. Östlich saß die Alte im Járnviðr,
Und fütterte dort Fenrirs Kinder.
Von ihnen allen wird vor allem einer werden
Des Gestirns Schlinger in Troll-Gestalt.

Járnviðr ist der »Eisenwald«, ein uralter Wald von unvergänglicher Dauer. So hieß noch im 11. Jh. ein Wald in Holstein Jarnwith (oder dt. Isarnho), und die Stadt Iserlohn ist gleichfalls nach solch einem Walde benannt. Die Alte dort ist die Riesin Járnviðja (»die aus dem Eisenwald«); sie wird auch beim Skálden Eyvindr Skáldaspillir im Haleygjatal 3 (10. Jh.) erwähnt. Möglicherweise besteht eine Verbindung zwischen járn bzw. isarn (Eisen) und is (Eis), daß also bei der langen Überlieferung aus »eisig« ein »eisern« wurde; der Wald ist aber wohl in jedem Falle auf den Winter zu deuten. Fenrir ist der gewaltige Todeswolf, seine Kinder sind Wölfe, die im Mythos das Dunkel und den Winter symbolisieren. Zwei Wölfe (einer davon Fenrir selbst) jagen ja den Gestirnen Sól (Sonne) und Máni (Mond) hinterher, und der den Mond verfolgende Wolf wird in dieser Strophe genannt. Sie kann sowohl auf den Mond, als auch die Sonne bezogen werden, denn im Original steht nur »Gestirn« (tungl). Beim großen Endgericht der Götter werden beide Gestirne von den Wölfen verschlungen. Die Sól und Máni verfolgenden beiden Wölfe sind auch altgermanische Bilder für die beiden Mondknoten (Schnittpunkte von Mondbahn mit Ekliptik); bei den Indern heißen sie Rahu und Ketu und werden als Kopf und Schwanz eines Ungeheuers vorgestellt. Im Mittelalter sprach man von Drachenkopf und Drachenschwanz, und schon in der zu Strophe 21 zitierten Sage wurde ja auch ein Drache erwähnt, der dem Mond bzw. der Sonne nachjagt. Bei den Germanen endsprechen den indischen Rahu und Ketu die Wölfe Háti (»Haß«), der den Mond verschlingen wird, ein Sohn des Fenriswolfes, sowie Skǫll (»Spott«), der Wolf, der die Sonne fressen wird, und der mit dem Fenriswolf identisch ist.

Man hat diese Wölfe auch als Bilder für Nebensonnen gedeutet, da Nebensonnen in den nordischen Sprachen als »Sonnenwolf« (norweg. solvarg, schwed. soluly) bezeichnet werden.

Der Eisenwald mit den dortigen gleichnamigen Riesinnen wurde auch auf eine Zeit gedeutet, in der das Eisen herrscht, also viel Kampf und Krieg stattfindet, oder auf eine Zeit mit viel Technik aus Eisen, wie es heute ist. Diese Zeit leitet den Beginn des Weltgerichts ein.

41. Ihn füllt die Lebenskraft Todverfallenener,
Den Sitzraum der Reginn räumt rotes Blut.
Schwarz wird der Sól Schein in kommenden Sommern,
Alle Wetter wüten: wißt ihr, was das bedeutet?

Der Wolf, der den Mond verschlingen wird (Hati), der auch zuwei-
len Mánagarmr (= Mond-Garm, Mondhund) genannt wird, wird also
von der Lebenskraft der Todverfallenen genährt. Die »Todverfallenen«
verstehe ich als böse Menschen. Mit ihrem Tode wächst zugleich dieses
Ungeheuer an. Es nährt sich sozusagen vom Bösen und wenn es stark
genug ist, wird es den Mond verschlingen. Der Mond aber gilt seit
ältester Zeit als Tor in das Jenseitsreich, durch das alle Seelen gehen
werden. Mit dem Verschlingen des Mondes wäre dieses Tor versperrt,
und mit dem Blute wird sogar der Sitz der Reginn (Götter) besudelt.
Man hat die Mahnung, die Toten zu bestatten (siehe Sigrdrífumál 33)
auch damit begründet, daß man diesen Wolf sonst mästen würde.

42. Da saß am Hügel und schlug die Harfe
Der Riesin Hüter, der heitre Eggþér.
Vor ihm sang gellend im Gaglviðr,
Der herrlich rote Hahn, geheißen Fjalarr.

Eggþér (»Schwertknecht«, vielleicht auch: »der mit Schneiden be-
waffnete Diener hat«) ist der Mann einer Riesin und offenbar riesischer
Wächter, ähnlich wie Heimdall bei den Göttern wacht. Im Beowulfepos
finden wir den Namen als Namen des Vaters Beowulfs, Ecgthéow.
Auch als Personenname (ahd. Eggideo, Eckideo, altnord. Egðir) taucht
er in den Überlieferungen auf.

Gaglviðr bedeutet »Vogelwald«, wurde auch als Name der Welt-
esche oder als Opferhain mit aufgehängten Menschen gedeutet. Hier
sitzt einer der mythischen Hähne, nämlich der hellrote Fjalarr (»der
Späher«).

43. Den Ásen gellend sang Gullinkambi,
Weckte die Helden bei Herjafǫðr,
Ein andrer sang gellend unter der Jǫrð,
Der rußrote Hahn in den Sälen Hels.

Hier werden nun die Hähne Gullinkambi (»Goldkamm«), der Hahn
der Götter und der rußrote Hahn unter der Jǫrð (Erde), also bei Hel er-
wähnt. Hähne kommen im Mythos als Sonnenherbeirufer vor; Hähne
wurden auch zu den Sonnenfesten (Sonnenwenden, Tagnachtgleichen)

geopfert. Die drei Hähne könnten also auch für die drei Sonnenpunkte Frühling (Tagnachtgleiche), Sommersonnenwende und Herbst (Herbstgleiche) stehen. Herjafǫðr (»Heervater«) ist Óðinn.

44. Gräßlich heult Garm vor der Gnipahellir,
Die Fessel reißt und Freki rennt.
Viel weiß die Erfahrene, weit seh ich voraus
Das Ragnarǫk, der Sieggötter Kraft.

Diese Strophe ist eine mehrfach wiederkehrende Strophe, die zumindest in ihrem 2. Teil auf die Rahmenhandlung Bezug nimmt. »Die Erfahrene« ist natürlich die Vǫlva selbst, die das ganze Lied singt.

Garmr (»Hund«, aber wohl aus dem Eigennamen dieses besonderen Hundes gebildet) ist der Hund, der vor dem Totenreich wacht und der einstmals den Gott Týr töten wird. Der Mythos von diesem Wachhund ist uralt und bis zu den Indogermanen gut zu verfolgen (siehe meinen Kommentar zu Vegtamsqviða Str. 6). Freki (»der Gefräßige«) ist hier eine Bezeichnung für den gefesselten und sich nun losreißenden Fenriswolf. Auch dieser Mythos erweist sein hohes Alter z. B. dadurch, daß auch in der Apocalypsis der Drache gefesselt wird. Es gibt auch kaukasische Sagen vom gefesselten Riesen. Man hat Garmr mit Fenrir gleichgesetzt, doch widerspricht dem die jüngere Edda.

»Ragnarǫk« wird meist mit »Schicksal der Götter«, die handschriftliche Variante in der jüngeren Edda, »ragnarǫkr« hingegen mit »Morgendämmerung der Götter« übersetzt. Man bringt unser rǫk mit dem althochdeutschen rahha zusammen, doch letzteres bedeutet nur »Darlegung«, oder man leitet rǫk von rǫkr, got. riqis (»Dunkelheit«) ab. Auch mit altnord. »róg«, »Streit, Zwist« kann man das Wort zusammenbringen. Alle diese Übersetzungen halte ich für falsch. Wie ich schon zu Str. 6 ausführte, bedeutet »rǫk« in diesem Liede »Richter« und somit muß Ragnarǫk »Göttergericht« bedeuten. Das ergibt sich auch aus Alternativbezeichnungen wie etwa »regindomr« (»Götterurteil, Göttergericht«) in Str. 65. Und am Ende der Strophe wird ja gerade der »Sieggötter Kraft« erwähnt, was bei einem Götteruntergang unlogisch wäre.

45. Brüder werden sich befehden und einander fällen,
Geschwisterte werden die Sippe vernichten;
Hart ist es in der Welt, groß die Hurerei,
Beilalter, Schwertalter, wo Schilde krachen,

Windzeit, Wolfszeit, eh die Welt zerstürzt.
Der eine wird des anderen nicht schonen.

Es wurde ja bereits gesagt, daß die Untiere durch den Tod der Bösen gestärkt würden. Deswegen bekommt Fenrir Kraft und kann an seinen Ketten reißen. In Str. 45 werden nun die Ursachen für diese Geschehnisse angesprochen: Das Böse bei den Menschen. Daß selbst Brüder sich gegenseitig töten werden, ist nach germanischer Anschauung besonders frevelhaft. Geschwister brechen die Sippe, töten also ihre eigenen Angehörigen; an Inzucht ist wohl nicht zu denken, da sie u. a. bei den Vanen ja erlaubt war. Hurerei wird herrschen, es ist eine Zeit des Kampfes mit vielen Kriegen und überhaupt Wolfszeit, d. h. überall zeigt sich »wölfische Gesinnung« (siehe meinen Kommentar zu Str. 34), man hat kein Erbarmen mit den Unterlegenen. Die Strophe verwendet die grammatikalische Zukunft.

> 46. *Mímirs Söhne spielen, und Mjǫtuðr erfüllt sich*
> *Beim Ruf des alten Gjallarhorns;*
> *Laut bläst Heimdallr, das Horn ist in der Luft,*
> *Óðinn murmelt mit Mímirs Haupt.*

Mímirs Söhne kann allgemein die Zwerge oder Riesen meinen. Im Naturmythos hat man sie auch auf die in unruhige Bewegung geratenen Gewässer gedeutet. Mjǫtuðr, altengl. meotod bedeutet »Messen« und ist Name des Schicksals (die zumessende, schicksalsbestimmende, schaffende Macht). Das Schicksal erfüllt sich also in dem Augenblick, wo Heimdall der Mondgott das Gjallarhorn (»gellendes Horn«) bläst, was im Naturmythos das Sichtbarwerden der Mondsichel am Abendhimmel bedeutet. Das Horn hängt auch mit der Brücke in das Totenreich »Gjallarbrú« und dem Totenfluß »Gjǫll« zusammen. Heimdall bläst es, um die Götter zum Þing (Gericht) zusammenzurufen, welches in Str. 48 erwähnt wird.

Óðinn berät sich derweil mit Mímirs Haupt. Mímir war ja von den Vanen enthauptet worden, doch Óðinn brachte sein Haupt durch Zauber zum Sprechen.

> 47. *Yggdrasil bebt, die Esche, die feststehende,*
> *Es erdröhnt der alte Baum als der Jǫte los wird.*
> *(Sie fürchten sich alle vor den Pfaden der Hel,*
> *Bevor Surtrs Versippter sie verschlingt.)*

Der Jǫte, der frei wird, ist der Fenriswolf, der sich nun von seinen Fesseln losreißt. Man hat aber auch den gefesselten Loki hier vermutet. Der eingeklammerte Strophenteil findet sich nur in der Hauksbók. Der Verwandte des Feuerriesen Surtr ist wohl das Feuer, welches alle verschlingen wird. Man hat aber diese Stelle auch auf den Fenriswolf gedeutet, der alle verschlingen würde, was angesichts der Tatsache, daß Víðarr ihn tötet, nicht ganz überzeugt.

48. Was ist mit den Ásen? Was ist mit den Álfen?
All Jǫtunheim dröhnt, die Ásen halten Þing.
Die Zwerge stöhnen vor steinernen Türen,
Der Felswände Weisende: Wißt ihr, was das bedeutet?

Die Götter gehen zum Þing (Gericht). Hier werden Sie die Schlechtigkeit der Welt feststellen und Gericht über die Bösen halten und Urteile fällen, die die Bösen natürlich nicht einhalten wollen, was sie dann zum großen Kampf gegen die Götter veranlaßt. Bisher ist ja außer daß Fenrir sich befreien konnte, noch nichts weiter geschehen. Heimdall hatte das Gjallarhorn geblasen, um die Götter zum Þing zusammenzurufen.

Den Zwergen ist der Weg (in die oder aus der Erde) versperrt; das ist wiederum im Naturmythos ein Bild für den beginnenden Winter, die Erde ist gefroren, die Wachstumsgeister können nichts ausrichten.

49. Gräßlich heult Garm vor der Gnipahellir,
Die Fessel reißt und Freki rennt.
Viel weiß die Erfahrene, weit seh ich voraus
Das Ragnarǫk, der Sieggötter Kraft.

Wiederholung der Strophe 44, die nun die eigentlichen Kampfhandlungen einleitet.

50. Hrýmr fährt von Osten und hebt den Schild,
Jǫrmungandr windet sich sich im Jǫtunmute.
Der Wurm durchschlägt die Woge, und der Adler schreit,
Schlitzt Leichen der Nasenbleiche, los wird Naglfar.

Der Riese Hrýmr kommt offenbar (siehe Str. 51) in dem Schiff Naglfar (»Nagelschiff«, »Totenschiff«, also vielleicht: »Schiff aus den Nägeln der Toten«). Das Schiff aus den Nägeln der Toten bietet aber noch weitere Deutungsmöglichkeiten. So ist nach nordischem Volksglauben auf den Nägeln der Menschen deren Schicksal verzeichnet (nórnaspor = Nornenspuren). Diese Nägel zusammengenommen als Schiff Naglfar bedeutet also, daß dieses Schiff aus den Schicksalen aller zur Hel

Abbildung 6: Der Gott Loki mit an Flammen erinnernde Kappe. Edda-
handschrift des Ólaf Brynjólfsson von 1760.

verstorbener Menschen entstanden ist. Auch hier also wiederum ein ähnliches Bild wie beim Wolf Mánagarmr: Die Untaten der Menschen mästen diesen Wolf und erschaffen das Schiff, welches gegen die Götter steuert. Totenschiffe finden wir auf nordischen Bildsteinen dargestellt, aber üblicherweise wird mit solch einem Totenschiff die Seele eines Verstorbenen und seines Gefolges abgeholt ins Jenseits. Nun aber geht es umgekehrt, das Schiff bringt Wesen herbei, nämlich böse Tote, Wiedergänger, vor denen man sich fürchtet. Im Naturmythos ist das Schiff mit den Toten auch ein Bild für die schiffsartig erscheinende Mondsichel.

Der Name »Hrýmr« ist unklar, Hugo Gering übersetzt »der Erschöpfte, Kraftlose« (weil er wie sein ganzes Geschlecht dem Untergange verfallen ist). Ich bringe ihn dagegen mit altnord. hrím (= Reif, Raureif) zusammen und deute ihn als einen der typischen Vertreter des Winters. »Hrím« kann aber auch »Ruß« bedeuten und wäre dann ein Bild auch für die rußdunkle Nacht. Der Jahresmythos (Winter) ist ja zugleich immer ein Tagesmythos (Nacht). Er kommt von Osten, weil aus dem Osten (wenn die Sonne im Westen versinkt) die Nacht kommt und weil die Welt der Riesen im Osten liegt.

Jǫrmungandr (wörtlich: »gewaltiger Zauber«, aber wohl »gewaltiges Ungeheuer« bedeutend) ist die im Meere liegende, alles umgürtende Miðgarðschlange. In der Deutung sah man hinter ihr nicht nur das Meer, sondern auch den (luftleeren) Raum um die Erde. Diese Schlange windet sich im Riesenzorne und entfacht gewaltige Flutwellen, die die Erde versinken lassen.

Der leichenfressende Adler ist der Riese Hræsvelgr (»Leichenfresser«), der am Ende der Welt sitzt und die Stürme erzeugt; er ist wohl auch der »Nasenbleiche«, also Bleichschnäblige.

51. Der Kiel fährt von Osten, da werden kommen Muspellz
Leute über die See, und Loki steuert.
Es fährt des Unholds Abkunft mit allen Fressern,
Mit ihnen kommt Býleipts Bruder gefahren.

Noch einmal wird dieses Schiff genannt, das Loki (siehe Abb. 6) steuert und in dem auch Muspellz Leute, also Flammenriesen wie Surtr, sind. Im Naturmythos ist es die Mondsichel im roten Abendhimmel. Im Schiff befindet sich auch die Brut des Fenriswolfes, der hier »Unhold« genannt wird.

Das Wort Muspel begegnet uns auch in dem altbayerischen Gedicht Muspili (9. Jh.), ahd. muspelle, altengl. mutspelli, (Heliand: »Mut-

spelli cumit an thiustrea naht al so thiof ferid darno mid is dadiun.«
- »Mutspelli kommt in düstrer Nacht wie ein Dieb...«), mudspelles
(Heliand: »mudspelles megin obar man ferid« - »Mudspelles Macht
fährt über die Menschen«) und anord. muspell. Die erste Silbe »mu«
ist wahrscheinlich gleichbedeutend mit altengl. »mut, mott« = »Er-
de, Torf, Rasen« und »mu« = »Erdhaufen« (zu finden in »Maulwurf«,
»Erdhügel-Aufwerfer«, altengl. »muwa«). »Spell« bedeutet im altnor-
dischen »Schaden, Bruch«, ahd. »spilden« = »verderben, zerstören«, ae.
»spillan, spildan«. Muspel wäre demnach das »Verderben der Erde«.
Gleichzeitig wurde spilden auch als poetische Umschreibung für »mit
Feuer verderben« benutzt. Somit ist Muspel das Verderben der Erde
durch Feuer, der große Weltenbrand, dessen Herr Surtr ist.

Býleiptr (oder Býleistr) ist ungeklärt, man versuchte, es mit »Sturm-
Blitz« oder »Sturmauslöser« zu übersetzen. Jedenfalls ist »Býleipts
Bruder« der Halbgott Loki; vermutlich ist Býleiptr also ein Beiname
des Gottes Hœnir.

> *52. Surtr fährt von Süden mit dem Unheil der Zweige,*
> *Von seinem Schwert scheint die Sól der Valgötter.*
> *Steinberge stürzen, Unholdinnen straucheln,*
> *Helden treten den Helweg; der Himmel klafft.*

Surtr ist der Feuerriese; sein Name ist ungeklärt, die Ableitung von
altnord. »svartr« (»Schwarz«) setzt den Wechsel von u und v voraus,
den es nur in der lateinischen Schrift gibt und der hier also nicht paßt.
Vielleicht hängt er mit einem Begriff wie »Versehren« (Verbrennen) zu-
sammen. Das »Unheil der Zweige« ist wohl das zweigeverbrennende
Feuer, was dieser Riese mitbringt, sein flammendes Schwert leuch-
tet wie die Sól (Sonne) und bietet auch das Licht für den Kampf, da
nach der Überlieferung die Sonne ja von dem Fenriswolf verschlungen
wurde. Zu dieser Strophe ist eine Melodie erhalten.

Im Naturmythos ist dieser Kampf mit dem Feuer immer noch die
Abendröte.

Den »Helweg treten« oder »gehen« bedeutet: Sterben.

> *53. Da geschieht Hlíns anderer Harm,*
> *Da Óðinn fährt wider den Wolf,*
> *und Belis Töter, der Weiße, tritt wider Surtr;*
> *Da wird Friggs Wonne fallen.*

Hlín (»Schützerin«) ist eine Dienerin der Göttin Frigg; der Name kommt schon in Skáldenstrophen des 10. Jhs. vor. Sie sorgt sich wie ihre Herrin Frigg wegen des Kampfes Óðins mit dem Fenriswolf.

»Belis Töter« ist der Gott Freyr; er hatte einst den Riesen Beli mit einem Hirschhorn erschlagen. Im Naturmythos war das das Töten des Winterriesen in der Zeit, wo die Tiere ihre Geweihe abwerfen, nämlich im Hornung (Februar), wo ja auch ein wichtiges Fest des Freyr gefeiert wurde (das Frøblót-Fasnacht). Beli bedeutet »Beller« und charakterisiert diesen Riesen als bellenden Winterwolf. Freyr ist Gott der Sonne, des Sonnenfeuers, und der Fruchtbarkeit, und dieser Bezug zu Sonne und Licht bringt ihn in Gegnerschaft zu dem feurigen Surtur.

»Friggs Wonne« ist Ihr Gemahl Óðinn, der nun vom Fenriswolf verschlungen wird.

(54. Gräßlich heult Garm vor der Gnipahellir,
Die Fessel reißt und Freki rennt.
Viel weiß die Erfahrene, weit seh ich voraus
Das Ragnarǫk, der Sieggötter Kraft.)

Die sich mehrfach wiederholende Stefstrophe folgt hier (als Str. 47) nur in der Hauksbók.

55. Da kommt Sigfǫðrs mächtiger Sohn,
Víðarr, zu kämpfen wider das Valstatt-Tier:
Er läßt den Hveðrungssohn mit der Hand das Schwert
Ins Herz stoßen, so rächt er den Vater.

Sigfǫðr (»Siegvater«) ist Óðinn, der Gott Víðarr (»der weithin Herrschende«) gehört mit Váli zu den Götterbrüdern, den »Alcen« (»Schützern«), deren Kult Tacitus bereits in seiner Germania beschrieben hat. Hveðrungr (»Brüller«) ist ein Beiname Lokis, »Hveðrungssohn« ist also Lokis Sohn, der Fenriswolf, »Hveðrungsmær« im Ynglingatal 32 ist ein Name für Lokis Tochter, die Riesin Hel. Der Gott Víðarr rächt also Seinen Vater Óðinn, indem Er den Wolf mit dem Schwert tötet.

(55 H. Es gähnt in die Luft der Jǫrð Gürtel,
Gaffen schrecklich der Schlange Kiefer in die Höhe;
Da wird Óðins Sohn dem Wurm entgegentreten,
Víðars Verwandter, den Würger zu töten.)

Diese Strophe findet sich nur in der Handschrift der Hauksbók. Sie behandelt den Kampf von Óðins erstem Sohn, dem Gott Þórr gegen die Miðgarðschlange, den »Erdumgürter«; ihre Kiefern klaffen in die Höhe. »Víðars Verwandter« ist der Gott Þórr.

> *56. Da kommt der mächtige Mage Hlódyns,*
> *Geht Óðins Sohn wider den Wolf,*
> *Kämpft er mutig, Miðgarðs Véor;*
> *Alle Helden werden die Weltstatt räumen.*
> *Es geht neun Fuß Fjǫrgyns Sohn*
> *Knapp weg von der Schlange, der Schande frei.*

Auch hier geht es um Þórs Kampf gegen die Miðgarðschlange. Der »Mage (Nachkomme) Hlódyns« ist Þórr. »Hlódyn« ist ein Name der Jǫrð (Erde), also Þórs Mutter. Als »Hludana« findet sich dieser Name bereits auf fünf lateinischen Inschriften vom Niederrhein (2./3. Jh.). Der Name kann von althochdt. »helan« (»verbergen, verhehlen«) abgeleitet sein und die Erde als Verbergerin der Verstorbenen bezeichnen. Aber auch eine Buchstabenverdrehung kommt in Frage, so daß Hludana auf älteres Huldana/Hulda/Holda zurückgeht und die Göttin als die »Holde« (Gute, Schöne) bezeichnet wäre. Die spätere »Frau Holle« wäre demnach ebensowohl mit Jǫrð, als auch mit Frigg (Burchard von Worms schreibt: »friga-holda«) identisch. Die Jǫrð heißt auch Fjǫrgyn (»Eichengottheit«), »Fjǫrgyns Sohn« ist wie »Miðgarðs Véor« der Gott Þórr. »Véorr« kann entweder verkürzt sein aus »Weihe-Þórr« oder es bedeutet »Heiligtums-Schützer«.

Interessant ist, daß hier nicht gesagt wird, daß der Gott Þórr falle. Wir wissen, daß Gottheiten nicht sterben können, das ist einer der wesentlichen Unterschiede zwischen Göttern und Menschen. Lediglich im Mythos sterben auch Götter, allerdings ist dieses Sterben im Falle etwa des Gottes Baldr lediglich ein Wechsel des Wohnortes; Baldr kommt zur Hel. Wenn Gottheiten im Kampfe sterben, müßten Sie auch nach Valhǫll kommen, wo Sie Sich ja sowieso aufhalten, oder zur Hel, die ihre Macht aber gerade von den Göttern erhalten hat. Nur im Naturmythos können Gottheiten sterben (um dann im nächsten Jahr oder am nächsten Tag wieder aufzustehen). Þórr stribt also gar nicht, sondern fällt – vom Gift des Wurmes betäubt – in einen Schlaf – im Winter gibt es keine Gewitter. In der neuen Welt, im Frühjahr wird Er wieder erwachen bzw. zurückkehren, denn natürlich gibt es auch im nächsten Jahre Gewitter. In der Zwischenzeit übernehmen die Nachkommen der Gottheiten die Aufgaben ihrer Eltern.

57. Schwarz wird die Sól, die Fold sinkt ins Meer,
Vom Himmel schwinden die heitern Sterne.
Rauch und Lebensnährer rasen umher,
Die große Hitze hebt sich zum Himmel.

Die Sól (Sonne) verfinstert sich, sie wird vom Fenriswolf gefressen, bekommt aber rechtzeitig vorher eine Tochter – das Sonnenkind, dessen Geburt als weibliches Christkind man noch heute zu Weihnachten (Wintersonnenwende) feiert.

Fold, altsächsisch Folda ist die Erde, die nun in der Flut versinkt. Die Sterne sind wegen des Rauches nicht mehr zu sehen. Der »Lebensnährer« ist das Feuer.

Diese Strophe findet sich auch in der Þorfinnsdrápa des christlichen Skálden Arnórr Þórðarson jarlaskáld, die dieser auf den Orkadenjarl Þorfinnr Sigurðarson nach dessen Tod 1064 gedichtet hat. Die Strophe lautet in der ungenauen Übersetzung von Walter Baetke[36]:

> »Leucht'nde Sonn' wird lichtlos
> Leichter, Erd' ins Meer sinkt,
> Einbricht Austris Tracht eh',
> All' Gebirg' Flutenschwall deckt,
> Eh wächst auf den Inseln
> Ein Vormann wie Þorfinn
> Stattlich hier. Gott hüte
> Herr'n wohl des Gefolges.«

Austri (»Osten«) ist einer der vier Zwerge, die den Himmel tragen, der also einbricht.

58. Gräßlich heult Garm vor der Gnipahellir,
Die Fessel reißt und Freki rennt.
Viel weiß die Erfahrene, weit seh ich voraus
Das Ragnarǫk, der Sieggötter Kraft.

Die Stefstrophe unterbricht nun den Kampf und leitet die Schilderung der neuen Welt ein.

Der Ragnarǫk-Kampf ist zuerst ein Jahresmythos; es fällt auf, daß Licht- oder Sonnengottheiten auf Winterwölfe treffen: Óðinn wird vom Fenriswolf verschlungen, dieser Wolf (Fenrir/Skǫll) frißt auch die Sól, der Hund Garmr kämpft mit Týr. Immer ist es also der Kampf von Licht/ Sonne/ Leben gegen Dunkel/ Nacht/ Winter/ Tod. Wie ein roter Faden zieht sich dieser Gedanke durch unsere Mythologie. Der

Mensch steht dabei nicht außerhalb, sondern muß Stellung beziehen: Für oder gegen die Götter, für oder gegen das Licht, das Gute, das Richtige, das Schöne.

59. Da sieht sie auftauchen zum andernmale
Aus dem Wasser die Jǫrð und wieder grünen.
Die Fluten fallen, darüber fliegt der Aar,
Der auf dem Felsen nach Fischen weidet.

Die Fluten gehen zurück; es ist eine ähnliche Flut wie die in der Urzeit, als die Riesen in des Urriesen Blut ertranken (siehe zu Strophe 4). Der Aar (Adler) ist hier Symbol für Óðinn, dem der Adler geweiht ist. Wie die göttliche Kraft Allvaters schwebt der Aar über der Welt. Und er ernährt sich von Fischen, da es jetzt keine Leichen mehr gibt.

60. Die Ásen finden sich auf dem Iðavellir ein,
Über die mächtige Erdenschlange zu urteilen,
Sich erinnernd an das große Urteil
Und an Fimbultýrs Vorzeit-Runen.

Diese Strophe der neuen Welt erwähnt wie Str. 7 das Iðavellir; es ist der Neubeginn eines Zyklus auf anderer Ebene. Die Götter urteilen und erinnern Sich an Ihre Urteile; das darf man nicht überlesen, es waren die Götter, die das Ragnarǫk ausgelöst haben und die bösen Wesen verurteilten.

Fimbultýr (»gewaltiger Týr«, »gewaltiger Gott«) ist ein Beiname Óðins, den manche als eine Art Übergott über Óðinn deuten wollen. Aber gerade die Verbindung mit den Runen ist Indiz dafür, daß Fimbultýr ein Name Óðins ist. Óðins Vorzeitrunen sind vielleicht die Schöpfungsgeheimnisse des Gottes oder die in Runen vorhandenen Aufzeichnungen der Götter über das Vorzeitgeschehen (vgl. Vafþrúðnismál 42f).

61. Danach werden sich die wundersamen
Goldenen Tafeln im Grase finden,
Die in Urtagen die Geschlechter hatten.

Die wunderbaren goldenen Tafeln sind die in Str. 8 erwähnten Tafeln des Brettspieles. Dieses Spielbrett, es kommen die Spiele »Wurfzabel« oder »Glocke und Hammer« in betracht (siehe zu Strophe 8), ist ein Abbild für die Welt. Im Spiel schaffen die Götter zugleich eine Welt und Realität, die Menschen sind sozusagen die Spielfiguren im großen Spiel des Lebens. Es können auch Tafeln mit runischen Aufzeichnungen gemeint sein.

> *62. Da werden unbesät die Äcker tragen,*
> *Alles Böse bessert sich, Baldr wird kommen.*
> *Da bewohnen Hǫðr und Baldr Hropts Siegessaal,*
> *Der Valstatt Götter. Wißt ihr, was das bedeutet?*

Es wird eine Zeit so großer Fruchtbarkeit sein, daß man auf den Äckern ohne zu säen dennoch ausreichend ernten kann. Wichtig ist die nächste Zeile, denn darum ging es den Göttern mit Ihrem Gericht: »Alles Böse bessert sich« und folglich kehrt Baldr, der Lichteste, Reinste und Strahlendste der Götter, zurück von der Hel. Wie schon gesagt, Gottheiten können nicht wirklich sterben. Im Jahresmythos ist das ein neuer Frühling, ab der Frühlingsgleiche sind die Tage länger als die Nächte und herrscht somit Sonne und Licht (Baldr). Selbst Hǫðr kommt wieder, denn natürlich gibt es in dieser Zeit auch Tag und Nacht noch.

Hroptr (»Sprecher, Rufer« der Götter) ist Óðinn. Der Ausdruck »Hropts Siegessaal« deutet darauf hin, daß Óðinn bzw. die Götter gesiegt haben.

> *63. Da kann Hœnir seinen Loszweig kiesen,*
> *Und beide bewohnen, Tveggis Brüder*
> *Das weite Windheim. Wißt ihr, was das bedeutet?*

Hœnir kann sein Schicksal selbst bestimmen. In der alten Welt wurde Er ja an die Vanen als Geisel gegeben.

Die zweite Zeile ist unklar; Tveggi (»Zwiefacher«) ist ein Name Óðins, der schon in Tacitus Germania 2 als »Tvisco« (Tuisco) erwähnt wird. Tveggis Brüder sind also wohl Hœnir und Loðurr (Loki). Wir finden also die alte Götterdreiheit des Anfangs (Str. 17f) hier wieder vor. »Windheim« ist ein Ausdruck für den Himmel.

> *64. Einen Saal sieht sie stehen, schön wie Sól,*
> *Mit Gold bedeckt auf Gimlé;*
> *Da sollen bewährte Krieger wohnen*
> *Und alle Tage des Glücks sich erfreuen.*

Gimlé (»Edelsteindach« oder »der vor Feuer geschützte Ort«) ist der Saal der guten Menschen und bleibt im Kampfe des Ragnarǫk verschont. In Gylfaginning 3 wird Gimlé mit Vingolf, dem Saal der

Göttinnen, gleichgesetzt, die Sich hier vielleicht aufhalten. Außer der Sól sind die Göttinnen vom Ragnarǫk-Kampf nicht betroffen, es wird nirgends berichtet, daß Göttinnen gestorben seien.

> (65. *Da kommt der Reiche zum Regin-Gericht,*
> *Stark, von oben, der über alles entscheidet;*
> *[Er spricht Urteile, schlichtet Streite,*
> *Setzt heiliges Schicksal, wie es sein soll.])*

Über diese Strophe wurde viel spekuliert. Den meisten Forschern gilt sie als christlicher Einschub, zumal sie sich nur in der Handschrift der Hauksbók findet, nicht im Codex Regius. Ihre zweite Hälfte fehlt auch in der Hauksbók und steht nur in jüngeren Papierhandschriften der Edda. Wahrscheinlich haben hier spätere Überlieferer die Halbstrophe zu einer vollen Strophe ergänzt.

Ich gehe davon aus, daß diese Strophe kein christlicher Einschub ist. Das kann man an Hand der Parallelüberlieferung der Hyndluljóð erkennen. Dieses Lied ist uns in der Handschrift der Flateyjarbók überliefert, einzelne Strophen aber werden auch in der jüngeren Edda angeführt. Die Strophen 29 bis 44 der Hyndluljóð werden in der jüngeren Edda als »Vǫluspá in skamma« (»kurze Vǫluspá«) bezeichnet. Diese kurze Vǫluspá behandelt auch Vorgänge des Weltunterganges und hat am Ende (Str. 43, 44) unser Strophe entsprechende Textstellen. Es heißt da:

> 43. Allen überhehr ward einer geboren;
> Dem Sohn mehrte die Jǫrð die Macht.
> Ihn rühmt man der Herrscher Größten -
> Den Gesippen der Síf - der gesamten Völker.

> 44. Einst kommt ein andrer, Mächtiger;
> Doch ihn zu nennen wage ich nicht.
> Wenige werden weiter blicken,
> Als bis Óðinn den Wolf angreift.

Hier wird also von der Wiederkehr des Gottes Þórr gesprochen und der Wiederkehr eines weiteren, noch größeren Gottes. Dieser ist unzweifelhaft Óðinn. Auf eine Wiederkehr von Christus lassen sich diese Strophen eindeutig nicht beziehen, weil Christus allein (nicht mit einem anderen zusammen) kommen soll. Logischerweise muß die Strophe in der Vǫluspá auch auf einen heidnischen Gott bezogen werden, und nach meiner Deutung ist dieser Gott Óðinn. Daß die Rückkehr des

Gottes Þórr hier nicht erwähnt wird, liegt auch daran, daß ja gar nicht gesagt wurde, daß Þórr überhaupt gestorben sei.

Nun bleibt die Frage, warum die Strophe im Codex Regius fehlt. Es ist möglich, daß dies ohne besonderen Grund geschah, wie ja auch andere Strophen (z. B. Str. 55H) nur in einer der Handschriften überliefert sind. Es ist aber auch möglich, daß die Wiederkehr des heidnischen Schöpfergottes von Christen weggelassen wurde. Die christliche Censur bestand dann also nicht darin, eine Strophe frei zu erfinden und in den Text hineinzusetzen, sondern eine zu heidnische Strophe ganz herauszunehmen. Aber das bleibt reine Spekulation.

In der Strophe findet sich die Formulierung »regindómr«, die man mit »Götter-Gericht« oder »Götter-Urteil« übersetzt. Gerade diese andere Formulierung für die gleiche Sache ist Beweis, daß das »Ragnarǫk« als ein »Göttergericht« (über die Welt) verstanden wurde, nicht als ein »Götterschicksal« oder eine »Götterdämmerung«. Der Zusatz in den Papierhandschriften bestätigt das, wenn dort von gesprochenen Urteilen die Rede ist.

Óðinn selbst, der »Reiche« spricht die Urteile und setzt heiliges Schicksal (»véskǫp«) für die neue Welt fest. Auch solche Stellen beweisen, daß uns die Nornen keineswegs das Schicksal schaffen, sondern die Götter sind es.

66. Nun kommt der dunkle Drache geflogen,
Die Natter hernieder aus den Niðafjǫllr;
Auf den Flügeln trägt, das Feld überfliegend,
Níðhǫggr Leichen – nun sinkt sie nieder.

In der neuen Welt gibt es keine Verbrechen mehr und nichts Böses, auch keinen Tod. Deswegen ist des Drachen Níðhǫggrs Aufgabe erfüllt. Er erhebt sich mit den Leibern der letzten Bösen und fliegt davon. Gemeint ist vielleicht, daß auch diese Seelen nun geläutert sind und deswegen die Straforte bei Hel geräumt werden können. In Str. 62 wurde ja schon gesagt, daß sich »alles« Böse bessert.

Die letzte Halbzeile »nun sinkt sie nieder« bezieht sich nicht auf diesen Drachen (der ja nicht weiblich ist), sondern auf die Vǫlva selbst, die ihre Schau beendet hat und sich nun erschöpft niedersenkt.

Damit ist die Vǫluspá beendet. Es ist eine sicher schwierig zu verstehende Vision, die wir hier kennengelernt haben, aber der Grundgedanke des zyklischen Weltbildes ist klar zu erkennen; er zieht sich von der Entstehung der Welt (Schöpfung) über das Sein der Welt und das Vergehen zu einem Neuentstehen. Im Naturmythos umfaßt das den Frühling, dann Sommer und Herbst, schließlich Winter und einen neuen Frühling eines neuen Jahres.

Kapitel 3

Grímnismál

D̄as Eddalied Grímnismál (»Grímnirs Merklied«; Grímnir ist
Óðinn) beginnt mit einer langen Einleitung in Prosa mit eige-
ner Überschrift. Erst die danach folgenden Strophen tragen
die Überschrift »Grímnismál«. 21 der Strophen finden sich
auch in der Gylfaginning der jüngeren Edda, teilweise leicht abgewan-
delt.

Wir wollen uns also zunächst mit dieser Einleitung genauer befassen.
Es geht um die Söhne des gotischen Königs Hrauðungr. Die Goten
saßen ursprünglich in Süd- und Mittelschweden. Ein Teil der Goten
wanderte in den ersten Jahrhunderten unserer Zeitrechnung nach Sü-
den und Osten aus. Ich gehe davon aus, daß wir uns hier noch in der
Zeit vor der gotischen Auswanderung befinden und somit in Skan-
dinavien sind. Das entnehme ich bestimmten Einzelheiten, wie z. B.
daß sich die Söhne an der Meeresküste befinden wo sie Fische fangen.
Doch zunächst der Text. Der eingeklammerte Satz findet sich nur im
Eddabruchstück des Codex Arnamagnæanus 748.

Von den Söhnen König Hrauðungs

König Hrauðungr hatte zwei Söhne: der eine hieß Agnarr, der andere Geirrǫðr. Agnarr war zehn Winter, Geirrǫðr acht Winter alt. Da ruderten beide auf einem Boot mit ihren Angeln zum Kleinfischfang. Der Wind trieb sie in die See hinaus. Sie scheiterten in dunkler Nacht an einem Strand, stiegen hinauf und fanden einen Hüttenbewohner, bei dem sie überwinterten. Die Frau pflegte Agnars, der Mann Geirrǫðs (und lehrte ihn schlauen Rat). Im Frühjahr gab ihnen der Bauer ein Schiff, und als er sie mit der Frau an den Strand begleitete, sprach er mit Geirrǫðr allein. Sie hatten guten Wind und kamen zu dem Wohnsitz ihres Vaters. Geirrǫðr, der vorn im Schiffe war, sprang ans Land, stieß das Schiff zurück und sprach: Fahr dahin, wo dich die Unholde haben. Das Schiff trieb in die See, aber Geirrǫðr ging hinauf in die Burg und ward da wohl empfangen. Sein Vater war eben gestorben, Geirrǫðr ward also zum König eingesetzt und gewann große Macht.

Óðinn und Frigg saßen auf Hliðskiálf und überschauten die Welt. Da sprach Óðinn:»Siehst du Agnarr, deinen Pflegling, wie er in der Höhle mit einem Riesenweibe Kinder zeugt; aber Geirrǫðr, mein Pflegling, ist König und beherrscht sein Land«. Frigg sprach:»Er ist aber solch ein Neiding, daß er seine Gäste quält, weil er fürchtet, es möchten zu viele kommen«. Óðinn sagte, das sei eine große Lüge; da wetteten die beiden hierüber. Frigg sandte ihr Schmuckmädchen Fulla zu Geirrǫðr und trug ihr auf, den König zu warnen, daß er sich vor einem Zauberer hüte, der in sein Land gekommen sei, und gab zum Wahrzeichen an, daß kein Hund so böse sei, daß er ihn angreifen möge. Es war aber eine große Unwahrheit, daß König Geirrǫðr seine Gäste so ungern speise; doch ließ er Hand an den Mann legen, den die Hunde nicht angreifen wollten. Er trug einen blauen Mantel und nannte sich Grímnir, sagte aber nicht mehr von sich, auch wenn man ihn fragte. Der König ließ ihn zur Rede peinigen und setzte ihn zwischen zwei Feuer, und da saß er acht Nächte. König Geirrǫðr hatte einen Sohn, der zehn Winter alt war und Agnarr hieß nach des Königs Bruder. Agnarr ging zu Grímnir, gab ihm ein volles Horn zu trinken, und sagte, der König täte übel, daß er ihn schuldlos peinigen ließe. Grímnir trank es aus; da war das Feuer so weit gekommen, daß Grímnirs Mantel brannte. Er sprach:

Es folgen nun die eigentlichen Strophen der Grímnismál, und nachdem Óðinn Sich davon überzeugt hat, daß Geirrǫðr ein schlechter Mensch ist, läßt der Gott ihn in sein Schwert stürzen und Agnarr II wird König. Um die Vorgeschichte bzw. Rahmenhandlung verstehen zu können, muß man wissen, daß Agnarr I, Geirroðs Bruder, gestorben ist. Darauf deutet die Formulierung, er zeuge in einer Höhle mt einem Riesenweibe Kinder. Das bedeutet, er befindet sich in der jenseitigen Unterwelt der Riesen, der Materie und des Todes. Agnarr II, Geirrǫðs Sohn, ist nun aber wiederum der wiedergeborene Agnarr I. Das ergibt sich eindeutig aus den gleichen Vornamen und es wird ja auch gesagt, er heiße nach des Königs Bruder. Der Wiedergeburtsglaube bei den Germanen ist gut bezeugt und er wird insbesondere an der Verwendung von Namen verstorbener Vorfahren deutlich.

Sowohl Frigg, als auch Óðinn erwählen Sich jeweils einen Schützling und unterrichten ihn. Frigg bringt Ihrem Schützling (Agnarr I) die weiblichen Tugenden bei, also Gutherzigkeit, Liebe, Vertrauen, Gefühl, Intuition. Óðinn lehrt seinem Schützling hingegen die männlichen Tugenden wie Durchsetzungskraft, Wille, Herrschsucht, Verstand. Beide Gottheiten wollen sehen, welche Eigenschaften für das Leben und Überleben besser geeignet sind. Es ist also die Frage, was nützlicher ist, das männliche oder das weibliche Prinzip, Yin oder Yang. »Óðinn sprach mit Geirrǫðr allein« bedeutet, daß Óðinn vielleicht den Rat gab, etwas rücksichtsloser gegen Agnarr vorzugehen, um sich durchzusetzen und damit den Sieg des männlichen Prinzips zu erringen. Dies könnte man als einen unzulässigen Eingriff in den Wettstreit (zwischen dem Gott und der Göttin bzw. Geirrǫðr und Agnarr) verstehen, aber Frigg tut es ebenso, indem Sie Ihre Dienerin zu Geirrǫðr sendet und ihn nun gleichfalls zu einem nicht richtigen Tun überredet. Beide Anstiftungen sind bereits Prüfungen, Geirrǫðr hätte nicht so rücksichtslos gegen seinen Bruder handeln und den reisenden Gast nicht so ungastfreundlich behandeln dürfen. Unsere Prüfung als Menschen besteht also gerade darin, trotz der Verlockung richtig zu handeln. Geirrǫðr hatte seinen Bruder ermordet (oder doch dem Tode ausgeliefert), damit hat er eindeutig gegen die Gebote der Götter verstoßen. Und nun handelt er auch nicht nach den Geboten der Gastfreundschaft, indem er Grímnir (Óðinn) peinigen läßt.

Geirrǫðr steht im Zusammenhang mit den Feuern, also dem männlichen Element, Agnarr aber reicht dem Gott den Trank und zeigt damit seine Nähe zum Wasser, dem weiblichen Element.

Die Antwort unseres Liedes ist nun, daß Frigg erkennt, daß sein Schützling, der nur mit dem weiblichen Prinzip erzogen wurde, sich in der harten Welt der Krieger nicht durchsetzen kann, und Óðinn erkennt, daß ein Schützling, der nur das männliche Prinzip beinhaltet, letztendlich skrupellos und böse wird. Beide können oder dürfen nicht herrschen.

Die Lösung stellt dieses Lied vor: Der Gott geht zu dem bislang nur von Frigg unterwiesenen Agnarr und gibt ihm nun noch zusätzlich Seine (Óðins) Unterweisungen: Die Lehren, die die Strophen des Liedes enthalten. Nun erst ist Agnarr ganzheitlich mit beiden Energien versehen und nun kann er König werden und herrschen. Gleichzeitig macht Óðinn so den durch Seinen Schützling erfolgten Mord an Agnarr wieder gut, indem er Agnarr in dessen zweiten Leben belohnt. Das ist die Grundaussage unseres Liedes. Es setzt übrigens voraus, daß die Unterweisung durch Frigg an Agnarr I bei Agnarr II noch voll vorhanden ist, mithin aus der vorherigen Inkarnation mitgenommen wurde. Deswegen erbarmt sich Agnarr II ja für den Gott, er ist noch von Friggs Tugenden erfüllt.

Im Naturmythos wurden die Grímnismál so gedeutet, daß Geirrøðr (»Ger-rot«, der »Rotspeer«) als Blitzdämon aufgefaßt wurde. Óðinn als Sonnengott wird vom Blitzdämon Geirrøðr gebunden, d. h. die Sonne ist hinter blitzenden Wolken (Feuer und Kessel) gefangen. Sein Mantel – der Himmel – brennt, d. h. es befinden sich feurige Blitze am Himmel. Agnarr allein gibt den erlösenden Labetrunk, den Regenguß. Doch am Schluß verendet das Gewitter an seinem letzten Blitz (Geirrøðr stürzt in sein eigenes Schwert) und die Sonnenmacht (Óðinn) wird befreit.

Man hat Geirrøðr auch als Winterriesen verstanden, da in Skirnisfọr 18 Geirrøðr ein Herrscher im Totenreich ist. Die Hunde in seinem Hofe sind die Totenhunde, sie bellen den sich selbst winterlich verkappten Gott nicht an. Die Feuer sind die winterlichen Totenfeuer.

Der Name »Grímnir« bedeutet »der Maskierte« (vgl. Grimasse = jemand der sein Gesicht verzieht und damit entstellt, Creme = Substanz zum maskieren, Ergrimmen = sein Gesicht verziehen).

Zu dieser Einleitung gibt es einige teils alte Parallelen. In der Hálfdanar saga svarta Kap. 8f findet sich diese Schilderung[37]:

> »König Hálfdan weite während der Julzeit in Hadeland.
> Da ereignete sich ein Wunder am Julabend. Als die Männer
> zu Tisch gegangen waren und sich in großer Zahl eingefunden hatten, da verschwand plötzlich alle Speise und aller
> Trunk von den Tischen. Der König blieb voll Unmuts allein
> sitzen, und alle andern schlichen sich heim. Da aber der

König wissen wollte, was an diesem Vorgange schuld wäre, ließ er einen Lappen greifen, einen sehr zauberkundigen Mann. Er wollte ihn zwingen, ihm die Sache aufzuklären und ließ ihn martern, doch er bekam nichts aus ihm heraus. Der Lappe aber schrie immer um Hilfe zu dem Königssohn Háraldr, und dieser bat für ihn um Schonung, erreichte aber nichts. Da schaffte Háraldr ihn doch fort, gegen den Willen des Königs, und er folgte dem Befreiten selber. Sie kamen nun auf ihrer Wanderung zu einem Ort, wo ein Häuptling ein großes Gelage abhielt, und sie wurden dort offensichtlich freundlich empfangen. Als sie nun dort bis zum Frühjahr verweilt hatten, sprach der Häuptling eines Tages zu Háraldr: „Viel Wesens macht dein Vater von seinem Verlust, als ich ihm im letzten Winter ein wenig Speise wegnahm. Das will ich dir mit einer frohen Kunde wettmachen. Dein Vater ist jetzt tot, und du sollst jetzt heimziehen. Du wirst nun das ganze Reich beherrschen, das deines Vaters war, und überdies sollst du Gebieter über ganz Norwegen werden".«

Der König Hálfdan war daran gestorben, daß er im Eis einbrach. Hier ist Hálfdan an die Stelle von Geirrǫðr getreten, Háraldr vertritt Agnarr. Der Gott (der Häuptling) und der Zauberer (ein Lappe) sind schon zwei verschiedene Personen. Daß der Häuptling aber der Gott Óðinn ist, ergibt sich nicht nur daraus, daß Er vorherweiß, was geschieht, sondern daß Er verantwortlich dafür war, daß die Speise zum Julfest verschwand. Man sieht hier übrigens den Nachhall eines Speiseopfers: Zum Julfest wurden Speisen für Götter und Ahnen aufgestellt, und hier nimmt die Gottheit (Óðinn, der Häuptling) sie.

Im Codex Flateyjarbók (1380) gibt es eine abweichende Schilderung, wonach König Hálfdan den Riesen Dovre, der in sein Schatzhaus eingebrochen war, in einer Falle fing. Der fünfjährige Sohn König Hálfdans, Háraldr ließ den Riesen frei, ging mit ihm mit und wurde von ihm erzogen. Diese Szene zeigt auch eine Miniatur der isländischen Flateyjarbók (Abb. 7).

Den Brudermord um die Königswürde finden wir auch in der Hervarar saga ok Heiðreks konungs, die ganze Rahmenhandlung lebt außerdem noch in norwegischen und lappischen Volksmärchen fort.

Abbildung 7: Háraldr befreit den Riesen Dovre. Flateyjarbók um 1350.

Daß der Mythos nicht nur skandinavisch ist, beweist unser Märchen »Der Wilde Mann« (J. Grimm, KHM Nr. 136), das bekannter unter dem Namen »Der Eisenhans« ist. Hier ist es der Wilde Mann oder Eisenhans, der beim König gefangen wird und dem allein des Königs Sohn hilft.

Die ältesten Fassungen finden sich in der griechischen Mythologie in der Geschichte von König Midas. Das Motiv des Wettstreites oder Täuschens der Gottheiten begegnet uns im 14. Gesang der Ilias, wo Hera den Zeus täuscht. In der Langobardengeschichte des Paulus Diaconus täuscht oder überlistet Frea (Frigg) Ihren Gemahl Guodan (Óðinn).

Und Agnarr selbst treffen wir auch noch in einem anderen Eddalied, den Sigrdrífumál. Hier tritt Sigrdrífa (Brynhild) für ihren Schützling, Agnarr, Audas Bruder ein, indem sie eigenmächtig den Tod des Feindes Hialmgunnar, welchem Óðinn den Sieg verheißen hatte, herbeiführt. Hier steht Sigrdrifa also für Frigg.

Geirrøðr kommt auch in weiteren Mythen vor, wenn etwa Þórr zu Geirrøðr fährt. Auch Saxo Grammaticus erwähnt ihn. Möglicherweise ist der Name ein austauschbarer Name eines Königs, oder es sind andere Mythen von diesem Blitzdämonen.

Das Peinigen von Fremden oder Zauberern kommt häufig vor und ist ein alter Brauch aus dem Schamanismus. Es war ursprünglich eine religiöse Prüfung auf ekstatische Veranlagung; diese wurde dann später zu einer Mut- und Standhaftigkeitsprobe. Der Fremde ist recht- und schutzlos und muß daher erst eine Reihe von Aufnahmeriten durchmachen und sich so bewähren. Ähnlich müssen Þórr und Seine Begleiter bei Utgarðloki Prüfungen bestehen.

In der Hrólfs saga kraka wird die Feuerprobe von Hrólfs Berserkern erzählt. In der Halle von König Adils durchspringt Hrólf das Feuer, mit dem der König ihn quälen läßt mit dem Spruch: »Wer das Feuer durchschreitet, fürchtet es nicht«. In der Hálfssaga ok Halfsrekka wird Hjørleifr an seinen Schuhriemen (Beinwickler) zwischen zwei Feuern aufgehängt. In der Ála saga flekks (Kap. 17) wird die Hlaðgerð zwischen zwei Feuer auf einen Stuhl gesetzt. Auch die Lappen plagten Fremde am Feuer, wie Detter-Heinzel berichtet.

Im altfranzösischen lateinischen »Roman de Dolopathos« aus dem 15. Jh. wird Ritter Rudolf von Schlüsselberg aus dem Frankenland von seiner treulosen Frau im Schlafgemach des Liebhabers an eine Säule gebunden und unter ihn glühende Kohlen gesetzt.

Der Bologneser Jurist Boncompano erzählt in seinem Formelbuch »Boncompagnus« um 1270 vom tuskischen Herzog Widoguerra und wie dieser Spielleute behandelte:

> »Einen setzte er nackt zwischen zwei Feuer, wobei sein Körper mit Schweinefett eingerieben wurde. Zudringliche Bittsteller ließ er auf einem Scheiterhaufen so lange stehen, bis ihre Kleider Feuer fingen und ihre Bärte und Haare versengt waren«.

Doch nun kommen wir zu den eigentlichen Merkstrophen, die Óðinn durch diese Peinigung sieht und dem Agnarr mitteilt. Erst hier findet sich auch die Überschrift »Grímnismál«, die diese Strophen als Offenbarungen des Gottes erweisen.

Grímnismál

1. Heiß bist du, Hastender, zuviel ist der Glut:
Laß uns scheiden, Lohe!
Schon brennt der Zipfel, zieh ich ihn gleich empor,
Feuer fängt der Mantel.

Hier also die Rahmensituation. Óðinn schildert Seinen Zustand zwischen den Feuern (»Hastender« = Feuer). Der brennende Mantel ist in der naturmythologischen Deutung der Blitz am Himmel, da Óðins blauer Mantel den Himmel symbolisiert, das Feuer aber das Feuer des Blitzes.

2. Acht Nächte fanden mich zwischen Feuern hier,
Daß mir niemand Nahrung bot
Als Agnarr allein; allein soll auch herrschen
Geirrǫðs Sohn über der Goten Land.

Óðinn gibt eine erste Prophezeihung: Agnarr allein soll König im Lande der Goten werden. Als Gott weiß Er, was sich ereignen wird. Hier ist die Bezeichnung »Gotna landi« nicht auf das »Land der Götter«, sondern tatsächlich auf die Goten zu beziehen. Die »acht Nächte« bedeuten, daß Óðinn nun kurz davor ist, den Zustand zu beenden, denn mit der Neun ist die Phase abgeschlossen, ähnlich wie Óðinn neun Nächte am Weltbaum hängt.

3. Heil dir, Agnarr, da Heil dir erwünscht
Der, der Veratyr ist.
Für einen Trunk mag kein andrer dir
Beßre Gabe bieten.

Óðinn begrüßt Agnarr und nennt Sich »Veratyr« (»Gott der Menschen«). Agnarr ist es, der durch seine von Frigg stammende Güte und Intuition dem hohen Gast hilft und Ihm ein Horn mit kühlendem Trank reicht, nachdem er Ihm ja schon zuvor Nahrung gegeben hatte (Str. 2).

Óðinn beginnt nun mit Seiner Schau; die durch die Feuerprobe unterstützte Vision des Gottes. Daß sich die in den folgenden 12 Strophen aufgezählten 13 Himmelsburgen auf die Monate und Tierkreiszeichen beziehen, hat die ältere Forschung angenommen. Finn Magnusen war der erste Wissenschaftler, der Anfang des 19. Jhs. in den Himmelsburgen die Zeichen eines altnordischen Tierkreises sah. Bei ihm sind die zwölf Asen Monats- oder Zeitgötter, ihre Wohnungen die Tierkreiszeichen. F. J. Mone[38] befaßte sich 1822 damit und C. A. Vulpius[39] erwähnt gleichfalls die Himmelswohnungen als Tierkreis- und Monatszeichen. Auch Wilhelm Wägener[40] schreibt, daß hinter den Himmelsburgen sehr wahrscheinlich Tierkreiszeichen stecken, gibt aber keine Zuordnung. G. A. B. Schierenberg[41] vertrat eine andere Zuordnung, die auch Guido List übernahm und die mit Þruðheimr = Steinbock beginnt.

Die übliche Zuordnung der Zeichen zu den Götterburgen, die in dem Kreis der Berliner »Heidnischen Gemeinschaft« etwa 1983 wiederentschlüsselt wurde, und die mit dem Zeichen Widder beginnt, findet sich heute auch in einer Dauerausstellung über die Isländische Geschichte, die im staatlichen Isländischen Museum Þjóðmenningarhús in Reykjavík zu sehen ist. Hier ist ein Modell des Kosmos der Víkinger dargestellt mit Tierkreis und den Welten. Neben den Tierkreiszeichen stehen die Namen der Götterburgen der Grímnismál. Der Verantwortliche für diese Ausstellung, Gísli Sigurdsson, folgte hier den Ausarbeitungen von Bjorn Jonsson[42] sowie dem Isländer Einar Pálsson. Und der dänische Forscher Gudmund Schütte fand sogar auf einzelnen bronzezeitlichen schwedischen Felsbildern deutliche Darstellungen der Tierkreisbilder[43] (siehe Abb. 8)

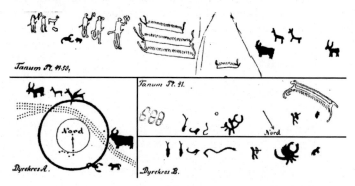

Abbildung 8: Oben u. Mitte: Tierkreisbilder auf schwedischen Felsbildern (Tanum). Unten und Links: Systematische Zusammenstellung der Tierkreisbilder.

Die zwölf Himmelsburgen mit ihren Gottheiten kann man also einfach mit den 12 Tierkreiszeichen zusammenbringen, wobei weder die

Strophen umgestellt, noch die Tierkreiszeichen verändert werden dürfen. Die Himmelsburgen stimmen dann auch zu den sternkundlichen zwölf Himmelshäusern; diese Analogie (Himmelsburg, Himmelshaus) liegt schon von der Bezeichnung her nahe. Im folgenden werde ich zu jeder Strophe die Tierkreiszeichenzuordnung beifügen und erläutern, warum diese Zuordnung passend ist.

4. (♈- Widder)
Heilig ist das Land, das ich liegen sehe
Den Ásen nah und Álfen.
Dort in Þrúðheimr soll Þórr wohnen
Bis die Reginn vergehen.

Zur ersten Strophe der ersten Himmelsburg gehört das erste Zeichen des Tierkreises, der Widder, sowie das erste sternkundliche Haus oder Feld. Dem Zeichen Widder entspricht der Gott Þórr, der mit dem Widderzeichen seinen Wirkungsbeginn hat, da er ja - nach dem Eddalied Þrymsqviða (und nach finnischem Glauben) - im Winter schläft; im Winter gibt es keinen Regen und keine Gewitter. Die Regen- und Gewitterzeit beginnt nach der Frühlingsgleiche, genauso wie die Zeit der Arbeit des Bauern; Þórr ist auch Bauerngott. Im Brauchtum des jetzt gefeierten Várblót bzw. Osterfestes finden wir tatsächlich noch Reste eines Þórrkultes, z. B. in der Ackerkrönung, wo man um Abwendung des erntebedrohenden Hagels für das ganze Jahr bittet. Þórr erschlägt die Winterriesen mit seinem Hammer, um den Wachstumskräften Platz zu schaffen. Seine Gemahlin ist die Wachstumsgöttin Sif, deren Haar das Gras und das Feld symbolisiert. Þórs Hammer Mjǫllnir dagegen bedeutet den feurigen Blitz; er stimmt damit mit dem Element des Zeichens Widder, dem Feuer, überein, wenngleich Þórr in erster Linie Regen- und Kraftgott ist. Gerade im Osterkult wird aber das heilige Osterwasser schweigend aus den Quellen geschöpft, die Erde ist feucht vom Schmelzwasser. Widder-Geborene sind wie der Gott Þórr kämpferisch, aufbrausend und jähzornig, aber auch triebhaft. Die Agressivität des Zeichens wird auch durch Þórs Ziegenböcke, Tanngrisnir und Tanngnjostr (Zähneknirscher und Zähnefletscher) ausgedrückt, da bekanntlich Böcke allgemein zur Agressivität neigen. Das Symbol der klassischen Sternkunde zeigt hier daher auch den Widderkopf, der noch im christlichen Osterlamm fortlebt.

Das erste Haus der Sternkunde, »der Aufgang«, gibt über Geburt und Schicksal Auskunft, insbesondere auch über Temperament, Körper, Umwelt und paßt gut zum temperamentvollen und köperlich präsenten Gott Þórr.

Der Planetenherrscher des Zeichens ist Mars, der schon von Tacitus und bei den lateinischen und germanischen Wochentagsnamen eindeutig mit dem Kriegsgott Tius (nordisch Týr) identifiziert wird. Týr aber unternimmt mit Þórr zusammen eine Fahrt zum Riesen Hymir (= Meer), um dessen Kessel zu erlangen, hinter welchem man die Regenwolke sieht (Hymisqviða). Der Name des Zeichens, Þruðheimr, »Kraftheim« (in der jüngeren Edda auch Þruðvangr = Kraftfeld) paßt hervorragend zum Kraft- und Gewittergott Þórr.

Den Beweis für die Richtigkeit dieser Zuordnung liefern alte nordische Monatsnamen des Monats März: Altdänisch heißt er »Þordmaaned«, »Þormaaned« oder nur »Þor«, altschwedisch heißt er »Þurmanad«, also Þórs Monat.

Die letzte Zeile der Strophe enthält eine Formulierung, die man auch übersetzen könnte:»Bis zerstören die Götter«; gemeint ist das Weltende, nicht das Ragnarǫk, welches die Götter ja überleben werden. Eigentlich also ist da gesagt: Solange es Götter geben wird, also: In Ewigkeit.

5. (♉- Stier)
Ýdalir heißt es, wo Uller hat
Den Saal sich erbaut.
Álfheim gaben dem Freyr die Götter im Anfang
Der Zeiten als Zahngebinde.

Ýdalir, d. i.»Eibentäler«, ist die Himmelsburg des Wintergottes Ullr; sie wird hier nicht berücksichtigt. Im Text finden wir in 12 Strophen 13 Himmelsburgen, die wahrscheinlich mit dem alle 2 bis 3 Jahre wiederkehrenden Dreizehnmonatsjahr zusammenhängen. Der dreizehnte Mondmonat wurde nach einer bestimmten Schaltregel im Sommer eingeschoben. Gerade diese zusätzliche Himmelsburg steht mit einer anderen, Álfheimr, in einer Strophe, während sonst jeweils eine Himmelsburg in einer Strophe steht. Die Himmelsburg Ýdalir wird außerdem nicht mitgezählt; in der 3. Strophe ist auch von der 3. Himmelsburg die Rede, obwohl ja schon drei Himmelsburgen aufgezählt waren und nun die vierte ansteht. Allein das Vorhandensein einer 13. Himmelsburg beweist, daß dieses Lied zu einer Zeit überliefert wurde, wo man noch das Dreizehnmonatsjahr kannte. Die Himmelsburgen in den Grímnismál sind also eindeutig keine bloße Übernahme von

100

klassischen Tierkreisvorstellungen aus dem Süden, sondern Zeugnisse einer ganz eigenen, germanischen Tierkreistradition, die sich von klassischen astrologischen Vorstellungen unterscheidet. Wären die Grímnismál erst im 11. Jh. entstanden und ihre Himmelsburgen nur eine gelehrte Übernahme antiker Tierkreisvorstellungen in die nordische Mythologie, dann dürften wir nur 12 Himmelsburgen finden, die noch viel eindeutiger zu den klassischen Tierkreiszeichen passen müßten.

Ullrs Himmelsburg hat aber auch den richtigen Platz in der Reihenfolge, nach Þórs Palast, weil Ullr ja Þórs Stiefsohn ist. Saxo Grammaticus hat uns einen Ullr-Mythos bewahrt, wonach Ullr versuchte, Óðinn zu verdrängen. Vielleicht ist es nur ein Hinweis auf den Wetterwechsel im Wandelmond (April). Die Germanen konnten die Horoskope nicht nach den Mondmonaten berechnen, weil diese zu den Tierkreiszeichen beweglich waren. Sie mußten also von den Sonnenwenden und Tag- und Nachtgleichen aus zählen. Bei unseren heutigen festen (feststehenden) Monaten können wir die Tierkreiszeichen wie gewohnt berechnen; dann aber müssen wir Ýdalir wegfallen lassen. Diese Himmelsburg hat nur im Dreizehnmonatsjahr Bedeutung.

Dem Sternzeichen Stier aber entspricht die Himmelsburg des Gottes Freyr, Álfheimr (»Welt der Álfen«). Die Álfen sind ja auch wachstumsfördernde Geistwesen und daher zum Fruchtbarkeitsgott Freyr passend. Freyr lebt hier zusammen mit der Göttin Gerðr, seiner Gemahlin. Sie ist natürlich eine Erdgöttin, die Tochter Gymirs (= Hymirs), wie auch ihr Name belegt: Altnordisch »garðr« = Gürtel (Erdgürtel), vgl. »Erda« oder »Erce« (Erde). Das Tierkreiszeichen Stier ist passend ein Erdzeichen. In der Zeit des Stiers wird das Maifest gefeiert, in welchem gerade auch ein Stier geopfert wurde. In der Bezeichnung »Pfingstochse« lebt eine Erinnerung an dieses Opfertier fort. Von daher erklärt sich auch die Symbolik des Stiers als Tierkreiszeichen.

Der Stier-Geborene hat viel Sinn für das materielle Wohlleben, für Sinnengenuß und Erotik. Gerade aber diese Eigenschaften ordnen wir dem Gott Freyr zu; Freyr ist ein Fruchtbarkeitsgott, er wurde im Tempel von Upsala mit aufgerichtetem Zeugungsglied dargestellt. Und in den Bräuchen des Maifestes finden wir immer wieder Anklänge an die heilige Hochzeit, Paarbildungen (Mai-Lehen) und rituelle Beilager. Diese Bräuche hängen aber auch mit der Planetenherrscherin des Zeichens zusammen, der Venus. Ohne Zweifel entspricht die römische Venus der germanischen vanischen Liebesgöttin Freyja. Forscher gehen sogar von einer etymologischen Verwandtschaft der Bezeichnungen »Vanen« und »Venus« aus. Freyja ist die Schwester Freys, möglicherweise war sie in Vanaheim sogar die Gattin Freys (Geschwisterehe). Neben dem Aspekt der Morgenröte verkörpert sie auch die Frühlingserde, das Blühen der Natur, welches im Mai beginnt. In einigen Sagas sowie in der Gylfaginning wird der Gott Freyr »arguð ok fé-gjafi«, also »Erntegott und Vieh- (d. h. Reichtums-) Geber« genannt. Damit paßt er gut zum zweiten Haus der Sternkunde, dem »unteren Tor«, welches über Geld, Besitz, Erworbenes, Vermögen und die Hoffnung dazu, Auskunft gibt. Der Stier ist auch das Tier des Bauern, der ihn für seine Feldarbeit nutzt, um so der Erde Früchte abzugewinnen. Freyr und Freyja sind Vanengötter, sie gehören also jener Götterfamilie der alten Fruchtbarkeitsgötter an, die wir mit den Begriffen Erde und Wasser verbinden, im Gegensatz zu den Asengöttern des Intellektes. Freyja heißt auch Gefn (= die Gebende), sie ist identisch mit der Göttin Gefjon. Mit vier Stieren pflügt Gefjon ein Land um, so daß die Insel Seeland entsteht. Auch hier steht die Göttin also in Beziehung zum Stier.

Von Álfheimr ist zu unterscheiden Ljósálfarheimr, Dökkálfarheimr und Svartálfarheimr (Lichtelbenheim, Dunkelelbenheim und Schwarzelbenheim). Álfheimr wird auch als Name der Erde gebraucht, während jene anderen drei Heime Welten der Álfen, der Naturgeister (Zwerge, Elben) sind. Dabei wird Ljósálfarheimr als Welt der lichtesten Geister, der Sonne nahe, beschrieben. Freyr aber ist auch Feuer- und Sonnengott im Aspekt der Fruchtbarkeit. Darauf deutet noch sein Beiname Yngvi (Indisch Agni, lat. Ignis, indogermanisch Ingneq = Feuer, Brennen).

> 6. (♊- Zwillinge)
> *Die dritte Halle hebt sich, wo die heitern Reginn*
> *Den Saal mit Silber deckten.*
> *Válaskjálfr, heißt sie, die sich erwählte*
> *Der Ás in alter Zeit.*

Für dieses Zeichen nennt uns Óðinn keine Gottheit, mit »dem Asen« ist vielleicht Óðinn selbst gemeint. Aber die Zwillinge werden in der klassischen Astrologie mit Castor und Pollux gleichgesetzt, die wiederum - nach Tacitus - den germanischen Götterbrüdern, den Alcen, entsprechen. Die Alcen aber sind eindeutig die Götter Víðarr und Váli. Váli und Válaskjálfr aber hängen zusammen, daher ist hier Vális Himmelsburg zu suchen. Die Götter Víðarr und Váli spielen besonders in der Zeit nach dem Ragnarǫk eine Rolle, wenn sie - nach der Vǫluspá - das neue Heiligtum wahren oder uns im Mittwinterkult als zwei feuerquirlende Burschen begegnen; Mittwinter ist das Ende des Ragnarǫk. Im Naturmythos symbolisieren sie Morgenrot und/oder Abendrot, nach indischen und lettischen Mythen freien sie zusammen um die Sonnentöchter. Víðars und Vális Vater ist Óðinn, der hier im Planetenherrscher Merkur zu sehen ist; Merkur wurde von den Römern dem germanischen Gott Wodan (Óðinn) gleichgesetzt. Das dritte Haus der Sternkunde, »die Göttin«, gibt passend über Brüder, Freunde, Geschwister und nahe Verwandte Auskunft. Der Name Válaskjálfr (Válís Turm oder Gerüst) bezieht sich auch auf Óðins Hochsitz Hliðskjálfr, dem sommerlichen Höchststand der Sonne. Válaskjálfr ist das mittlere der fünf Sommerzeichen (Widder bis Löwe), damit hier völlig richtig zum Sonnenhöchststand stehend. Die Sonne wird als Sól oder Óðinn personifiziert. Der Turm oder das Gerüst (-skjálfr) ragt in die Luft, dem Element des Zeichens Zwillinge. Am Ende dieses Zeichens wird das Fest der Sommersonnenwende begangen, in welchem der Sonnen- und Lichtgott Baldr auf seinem Höhepunkt getötet wird. Váli wird ihn rächen, wenn er den Dunkelgott Hǫðr tötet. Die Bezeichnung »heiter« im Eddavers gemahnt an die heitere Wesensart der Zwilling-Geborenen.

7. (♋- Krebs)
Sǫkqvabekkr heißt die vierte, kühle Flut
Überrauscht sie immer;
Óðinn und Sága trinken alle Tage
Da selig aus goldnen Schalen.

Weil der Krebs ein Wassertier ist, wird das Element Wasser des Zeichens im Vers erwähnt, wenn vom »Rauschen« oder von »Sǫkqvabekkr« (= Sinkebach, Schatzbach, auch als Sinke- oder Schatzbank gedeutet), die Rede ist. Der Krebs ist ein Mondzeichen, und nur hier nennt uns Óðinn zwei Gottheiten, Sága (auch Laga) und sich selbst. Das Symbol des Krebses zeigt zwei stilisierte Krebse, die sich wie im bekannten Yin-Yang-Zeichen gegenüberstehen. Darum nannte uns Óðinn also zwei Gottheiten und deren trautes Familienleben. Das vierte Haus der Sternkunde, »die Himmelstiefe« gibt nämlich gerade über die Familie, Eltern, Vaterhaus Auskunft, aber auch über Vererbung. Sága als Hüterin des Wissens der Ahnen, der Sage und Überlieferung und auch Óðinn als Gott des Wissens sind daher sehr passend. Krebs-Geborene leben nach innen in Abgeschlossenheit und in innerseelischer Harmonie, versuchen Konflikte zu vermeiden. Im Eddavers wird daher ein trautes Trinken aus goldenen Schalen, die vielleicht die Mondsicheln und den Mond als Planetenherrscher symbolisieren, beschrieben. Óðins Tochter Sága als Göttin der Sagen wird auch Laga (Handschriftliche Variante) genannt und als eine Göttin der Quellen und Gewässer gedeutet.

> 8. (♌- Löwe)
> *Glaðsheimr heißt die fünfte, wo golden schimmert*
> *Valhǫlls weite Halle:*
> *Da kiest sich Hroptr alle Tage*
> *Waffentote Männer.*

Glaðsheimr bedeutet »Freudenheim«, weil hier auch Valhǫll, die freudige Sphäre der Verstorbenen liegt, aber man übersetzt auch mit »Glanzheim«, weil Planetenherrscher des Löwen die Sonne ist. Schon die Römer ordneten dem Sonnengott Jupiter den Löwen zu, weil seine Mähne und seine goldgelbe Farbe auf die Sonne deuten, desgleichen ihn seine starke Kraft zum König der Tiere macht, wie Jupiter der König der Götter ist. Dem Jupiter entspricht von der Funktion her der germanische Óðinn, der hier als »Hroptr« (Sprecher, Rufer der Götter) genannt wird; in der Mythologie der Edda ist Er der Himmels- und Sonnengott, der Herrscher in Valhǫll und im Götterreich überhaupt. Auch das Götterpaar Bragi und Iðunn sind hier zu suchen; Bragi wird in der jüngeren Edda im Liede Bragarœðður als Erzähler und Skálde in Ásgarðr (Valhǫll) genannt, wo die Helden natürlich durch erlesenen Skáldengesang unterhalten werden (Bragr = das Haupt, vgl. engl. brain = Gehirn). Er empfängt die Verstorbenen in Valhǫll, wie es die Lieder Hákonarmál 14 und Eiriksmál 3 erzählen und wird »Bänkehüter« (die Bänke Valhǫlls) in der Lokasenna (Str. 15) genannt. Iðunn als Göttin, die die Äpfel der ewigen Jugend und den Dichtermet bewahrt, muß natürlich gleichfalls bei allen Göttern sein. Wie Óðinn (als Sonnengott) hier herrscht, zusammen mit den verstorbenen Kämpfern, den Einherjern, so ist auch ein Löwe-Geborener ein Herrscher und Kämpfer, er hat ein starkes Selbstbewußtsein und setzt sich oft an die Spitze. Element ist das Feuer, welches wir in der Sonne (als Sonnenfeuer) und im Namen der Burg, »Glanzheim«, finden. Óðinn ist hier Sonnengott, sonst aber auch Nacht- oder Dunkelgott, seine beiden Augen symbolisieren Sonne und Mond. Das fünfte Haus der Sternkunde, »das gute Glück« gibt über Sport, Spekulation, Erotik und Vergnügen Auskunft. Wir denken hier an die Kampfspiele der Helden in Valhǫll, an die Valkyren und an die fröhlichen Gelage. Aber auch über Kinder gibt das fünfte Haus Auskunft, die als Óðins Wunschsöhne, die Einherjer, im Mythos präsent sind. Auch die Feiern des in dieser Jahreszeit begangenen Mittsommerfestes werden mit angesprochen, wenn das fünfte Haus über Vergnügen Auskunft gibt.

> 9. *Leicht erkennen können, die zu Óðinn kommen,*
> *Den Saal, wenn sie ihn sehen:*
> *Aus Schäften ist das Dach gefügt und mit Schilden bedeckt,*
> *Mit Brünnen die Bänke bestreut.*

Die zwei Strophen 9 und 10 bilden eine Cäsur in der Aufzählung der Himmelsburgen. Sie beziehen sich noch auf die Himmelsburg Valhǫll und sind somit als Ergänzungsstrophen anzusehen. In Str. 9 werden die Waffen in Valhǫll genannt. Es sind die Waffen, die die Angehörigen ihren verstorbenen Kriegern mit ins Grab geben und die diese nun in Valhǫll haben werden.

> 10. *Leicht erkennen können, die zu Óðinn kommen,*
> *Den Saal, wenn sie ihn sehen:*
> *Ein Wolf hängt vor dem westlichen Tor,*
> *Über ihm dräut ein Aar.*

Das Ende dieser Strophe erwähnt nach einer Deutung den den Himmel bedrohenden Fenriswolf, der seinen Rachen weit aufsperrt, dann aber durch ein Schwert am Zuschnappen gehindert wird (Gaumensperre). Dieses Schwert ist die Weltachse, analog zur Irminsul oder Weltsäule. Daß der Aar, der Adler über ihm hängt, deutet auf die über alles herrschende Sonne, der der Aar geweiht ist, mithin also auf Óðinn selbst. Mit der Richtung »westlich« ist dann die Seite des Sonnenunterganges gemeint.

Die Unterteilung der Himmelsburgen in fünf und sieben, die mit den zwei eingeschobenen Strophen erreicht wird, finden wir auch schon bei den Babyloniern; sie unterteilten das Jahr in fünf Sommerzeichen und sieben Winterzeichen. Diese setzten sie mit den Hyaden (Fünfgestirn, Sternbild Stier), jene mit den Plejaden (Siebengestirn) gleich.

Mit den fünf Sommerzeichen sind die Zeichen Þruðheimr (welches mit der Tag- und Nachtgleiche den Sommer einläutet) bis Glaðsheimr gemeint, in der Mitte steht das Zeichen Válaskjálfr mit dem Sonnenhöchststand Hliðskjálfr. Die sieben Winterzeichen beginnen mit Þrym-

heimr (ursprünglich die Burg des Riesen Þjassi) und gehen bis Land-
viði. Darum wurde die Zahl 7 auch zuweilen als Winter- und damit
Unglückszahl angesehen.

11. (♍- *Jungfrau*)
Þrymheimr heißt die sechste, wo Þjassi hauste,
Jener mächtige Jǫte.
Nun bewohnt Skaði, die strahlende Götterbraut
Des Vaters alte Veste.

Die Jungfrau ist ein Erdzeichen. Ursprünglich zeigt die klassische
Jungfrau-Glyphe zwei griechische Buchstaben (p, r), die für den Begriff
»parthenos« (die Jungfräuliche) stehen; es ist ein Beiname der Diana.
Der Jagdgöttin Diana entspricht natürlich die Göttin Skaði, nach der
auch Skandinavien benannt ist und die als mit dem Bogen jagende
Göttin in der Edda dargestellt wird. Als Riesentochter ist sie dem
Erdelement zuzuordnen. Daß diese Göttin keineswegs allein in Skan-
dinavien verehrt wurde, beweist der entsprechende celtische Name
Skathach. Skaðis Vater ist der Riese Þjassi oder Þjazi; dessen Name
ist ungeklärt. Er wurde von den Göttern getötet, weswegen man die
Himmelsburg Þrymheimr (»Þryms Heim« oder »Lärmheim«) auch
Skaðisfjǫll (»Skaðis Berg«) nennt. Zur Buße für den Totschlag mußten
die Ásen Skaði zum Lachen bringen, was Loki schließlich vollbrachte.
Außerdem suchte sie sich einen Gemahl unter den Ásen, sie durfte aber
nur nach den Füßen wählen, und so erhielt sie statt des gewünschten
Baldr den Gott Njǫrðr zum Manne. Diese Verbindung geht auseinander,
weil sie nicht am Meere, Njǫrðr aber nicht in den Bergen leben wollte.
Nach Saxo heiratet sie dann Óðinn. Der Jungfrau-Geborene setzt den
Verstand über das Gefühl und ist damit eher kaltherzig, passend zu
Skaðis kalter Bergheimat. Diese Berge stehen hier übrigens auch für
das Erdelement des Zeichens. Skaði ist auf sich selbst gestellt, dem
Jungfrau-Charakter entsprechend. Ihre Unentschlossenheit in Bezug
auf den Wohnsitz mit Njǫrðr entspricht voll der Unentschlossenheit
der Jungfrau-Geborenen. Óðinn, ihr späterer Mann, ist im Planeten-
herrscher Merkur symbolisiert, wenn man nicht dem Merkur auch
den Reichtumsgott und Gott der Meeresreisen, Njǫrðr, zuordnen will
(die Sternkunde unterteilt jeden Planeten in aufsteigend und abstei-
gend). Das sechste Haus der Sternkunde, »das böse Glück«, gibt über
Krankheiten und den Gesundheitszustand Auskunft, auch über die

Tätigkeit. Es paßt daher gut zur einstigen Riesin Skaði, deren Name mit »Schädigen« übersetzt wird.

Am Anfang des Zeichens steht der Erntebeginn, Lugnasad, Leinernte oder Schnitterfest. Der Monat Ernting (August) heißt altschwedisch »Skortant«, »Skordomanad«, »Skörde« oder »Skurþar«, in der jüngeren Edda aber »Kornskurdarmanadr« oder »Tvim«, vielleicht vom Namen der Göttin Skaði abgeleitet. »Tvim« deutet dabei auf den Namen der Himmelburg, Þrymheimr, »Kornskurdarmanadr« bedeutet »Kornschnittmonat«.

12. (♎- Waage)
Die siebente ist Breiðablik: da hat Baldr sich
Die Halle erhöht
In jenem Land, wo ich liegen weiß
Die wenigsten Unheilsstäbe.

Breiðablik (»weiter Blick«) deutet schon auf den Licht- und Tagesgott Baldr hin, dessen Licht uns ja erst das Sehen in die Ferne ermöglicht. Hier finden wir den Gott Baldr, dem die Göttin Nanna angetraut ist. Er ist Licht- und Sonnengott im Aspekt des Höhepunkts und Unterganges, Sie deute ich als Göttin der Treue, im Naturmythos aber ist Sie die Abendröte, die der untergehenden Sonne (Baldr) folgt. Darum entspricht Nanna der babylonischen Inanna (Ishtar, Venus). Es heißt von Baldr, daß keines Seiner Urteile bestehen könne (Gylfaginning 22), und daß bei ihm nichts Unreines gefunden würde. Damit drückt er gut den Charakter des Waage-Geborenen aus, der immer nach Harmonie und Ausgleich strebt und deswegen nicht auf seinem Recht beharrt. Das siebente Haus der Sternkunde, »der Untergang«, deutet in seinem Namen noch auf den Untergang der Sonne hin, weil jetzt, nach der Tag- und Nachtgleiche des Herbstes, die Tage kürzer werden als die Nächte, der Sonnengott zur Hel ins Totenreich sinkt. Das Symbol Waage deutet noch die Ausgewogenheit von Tages- und Nachtlänge in dieser Zeit an, gleichzeitig verdeutlicht es den Gedanken, sich nicht zu Gunsten einer Seite zu entscheiden. Das siebente Haus der Sternkunde gibt über den Ehepartner, die Ergänzung Auskunft, passend zur Göttin der Treue, Nanna, gleichzeitig erfährt man in ihm etwas über offene Gegner, Feindschaften. Offener Gegner Baldrs ist der blinde Dunkelgott Hǫðr, der ihn schließlich tötet, Baldrs Feind ist Loki. Herrscherin des Zeichens Waage ist die Venus, diesmal wieder in ihrem zweiten Aspekt, den wir der Göttin Nanna zuordnen können. Sie folgt ihrem

Gemahl freiwillig in den Tod. Möglicherweise kann man hier auch die Göttin Frigg, Baldrs Mutter, der Venus zuordnen.

13. (♏ - Skorpion)
Himinbjörg ist die achte, wo Heimdall, heißt es
Der Weihestatt waltet.
Der Wächter der Götter trinkt in wonnigem Hause
Da selig den süßen Met.

In der »Himmelsburg« (wie der Name übersetzt lautet) oder dem »Himmelsberg« finden wir das Zeichen Skorpion und den Mondgott Heimdallr-Rígr, den Tacitus in seiner »Germania« Mannus nannte. Heimdallr wacht am Eingang zum Götterreich, am Ende der Brücke Bifrǫst oder Árgjǫll, die wiederum identisch mit der Gjǫllbrücke des Totenreiches ist. Darum wird dieses Sternzeichen auch durch das Tier mit dem giftigen Stachel, dem Schlaf- oder Todesdorn, symbolisiert, dem Skorpion. Den Schlaf- oder Todesdorn finden wir in vielen Märchen und Sagen (z. B. Dornröschen) als Symbol des Todes. Das achte Haus der Sternkunde, »das obere Tor«, gibt daher über den Tod Auskunft, auch über Erbschaften und Nachlässe. Sein Name hängt mit dem Tor in das jenseitige Götter- und Todesreich zusammen; außerdem schneidet hier die Milchstraße, die ein Symbol für die Brücke ins Götterreich ist, den Tierkreis. Sie heißt auch Hellweg (Weg zum Reich der Hel) oder Nierenberger-Pfad (Pfad zum Niðafjǫll, dem Götterberg, der indisch Berg Meru heißt). Auf den Mythos der Valkyren, die die Seelen der gefallenen Kämpfer in das Totenreich geleiten, spielt der Name Vroneldesstraet (Frau Hildes Straße, Hild ist eine Valkyre) an.

Der Skorpion-Geborene ist nüchtern und distanziert, unzugänglich und sarkastisch, ein Planer und Drahtzieher. Entsprechend wird Heimdalls Wesen in der Edda geschildert, wenn er Tag und Nacht am Himmelstor wacht, damit kein Unberufener eindringen kann. Außerdem ist Skorpion auch das Zeichen der Einweihung. Darum lehrt Heimdallr unter dem Namen Rígr seinen Nachkommen Runenweisheit (Rígsþula). Die Milchstraße heißt übrigens auch Iringsweg, was man deutet als »Rígs Weg«.

In der medizinischen Astrologie wird das Zeichen Skorpion den Geschlechtsorganen zugeordnet, es symbolisiert das Prinzip der Zeugung. Heimdallr wird in der Rígsþula, Mannus in der Germania als Erzeuger der drei Stände der Germanen bezeichnet, die Menschen werden in der Vǫluspá 1 »Heimdalls Kinder« genannt. Das Element Wasser finden wir im Grímnismál-Vers, wenn vom Genuß des süßen Metes die Rede ist, in der Lokasenna heißt es, Heimdallr wache mit feuchtem Rücken. Im Skorpion ist der Eingang zum Tierkreis. Wie Mars ist auch Heimdallr kriegerisch, wenn er als Wächter oder Richter an der Totenbrücke steht. In der Zeit der Herrschaft des giftigen Skorpions stirbt auch die Natur, die Menschen begehen das Winterbegrüßen, die Riesen stürmen über die Himmelsbrücke in die Götterwelt, der Kampf mit den Ásen beginnt.

14. (♐- Schütze)
Fólkvangr ist die neunte: da hat Freyja Gewalt
Die Sitze zu ordnen im Saal.
Der Valstatt Hälfte wählt sie täglich,
Óðinn hat die andre Hälfte.

In dieser Himmelsburg, Fólkvangr (Völkerfeld), steht Freyja, und zu Ihr gehört natürlich Óðr, Ihr Gemahl. Wie schon ausgeführt, entspricht Óðr dem Hǫðr und Hœnir, Hœnir gehört aber zur Götterdreiheit Óðins. Nun wird verständlich, warum Freyja zuweilen als Geliebte Óðins bezeichnet wird. Sie erhält die Hälfte der Gefallenen, denn sie steht als Val-Freyja (so in der Brennu-Njals saga überliefert) auch den Valkyren vor. Die andere Hälfte der Gefallenen erhält Óðinn, der als Totengott genau gegenüber, im Tierkreiszeichen Válaskjálfr (Vál = Schlacht, Tod, Auswahl, vgl. Valhǫll) Tote erwählt. Man hat verschiedene Mutmaßungen angestellt, wie die Aufteilung der Gefallenen vonstatten gehe. Reuter vermutete, Freyja erhalte die in der Nacht Gefallenen, Óðinn die am Tage Sterbenden. Nur lehnten es die Germanen meist ab, in der Nacht zu kämpfen. Wahrscheinlich ist es eher so, daß Freyja (auch Gefjon genannt) die unvermählt Sterbenden erhält, wie es sowohl die jüngere Edda (Gylfaginning 35) über Gefjon sagt, als auch sich aus einer Schilderung in der Egils saga Skallagrímssonar ergibt. Freyja muß weite Reisen unternehmen, um ihren Gemahl Óðr zu suchen, wie uns die Gylfaginning erzählt. Das neunte Haus der Sternkunde, »der Gott«, gibt uns folgerichtig Auskunft über Reisen und das Ausland, aber auch über Religion und Philosophie, denn Óðr (= Wut, Dichtung, Ekstase) ist auch Gott der Dichter und Skálden, der Wissensgott. Über Freyja heißt es auch, sie liebe den Minnegesang (Gylfaginning). Óðr oder Hǫðr ist aber auch Dunkel- und Toten- oder Jenseitsgott (Sein Name Hǫðr entspricht dem griechischen Hades), passend zu Freyja als

Totenerkürerin. Hǫðr tut den tödlichen Pfeilschuß auf Baldr, er ist der Schütze schlechthin. Im Volkslied heißt es[44]:

>»Der grimmig Tod mit seinem Pfeil
>thut nach dem Leben zielen,
>sein'n Bogen schießt er ab in Eil
>Und läßt mit sich nit spielen«.

Auch Freyja wird zuweilen als bogentragende Valkyrenanführerin gesehen und damit in die Schütze-Symbolik integriert. Die gotischen Frauenkriegerinnen (Amazonen) verehrten die bogentragende Diana (Freyja). Zur Liebesgöttin Freyja paßt Hǫðr-Hœnir auch deswegen, weil altnordisch hœna »lieben« bedeutet. Hœnir ist Vanengott wie Freyja, er ist Herrscher in Vanaheim. Die Vanengötter symbolisieren im Naturmythos die Nacht mit den Sternen (Hœnir hat den Mímir als Berater, die Sternennacht wird vom Mond überstrahlt), Freyja ist Sternen-, Nacht- und Mondgöttin, aber auch Göttin der Morgenröte (die der Nacht folgt).

Symbol des Schützen ist ein Centauer, halb Mensch, halb Pferd. In diesem Pferd können wir Óðins Roß erkennen, dem in der Vorweihnachtszeit Hafer in Schuhen hingestellt wird. Óðinn zieht als Rupprecht (mit diesem Namen ist der altindische Name des Gottes, Rudra, verwandt) durchs Land, seine Krieger ziehen als »Wilde Jagd« durch die Lüfte. Der Planetenherrscher des Zeichens ist Jupiter, den ich hier nicht nur mit Þórr, sondern mit Óðinn gleichsetzen will, wie es schon das altisländische Runenlied machte. Immerhin haben sich in der Vorweihnachtszeit noch Reste des Þórrkultes erhalten, wenn in den letzten drei Donnerstagen vor dem Fest Kinder mit Holzhämmern an die Haustüren klopfen (Klöpfelnächte). Reste des Freyja-Kultes können wir möglicherweise in den Bräuchen des Barbaratages am 4. 12. und in den Berchtenumzügen in der Weihnachtszeit sehen.

Während der Zeit des Schütze-Zeichens herrscht der Kampf der Riesen gegen die Götter und Helden, ab der Wintersonnenwende ist der Kampf entschieden. Dem Kampf ordnen wir das Feuer zu, das Element des Schützen.

Interessant und ein weiterer Beleg für die Richtigkeit dieser Zuordnungen ist der in der jüngeren Edda überlieferte Name für den Nebelung (November), »Frermanadr«, Freyjas Monat.

15. (♑- Steinbock)
Glitnir, ist die zehnte; auf goldnen Säulen ruht
Des Saales Silberdach.
Da thront Forseti den langen Tag
Und schlichtet allen Streit.

In dieser Götterburg, Glitnir, d. i. »Glänzender«, finden wir Forseti, Baldrs Sohn, den Gott des Rechtes, dessen Name mit »Vorsitzer« übersetzt wird. Auf einer alten Karte Helgolands von 1649 findet sich die Bezeichnung »Phosetae« für Forseti. Die Insel heißt eigentlich »Fosites heiliges Land«. Etymologisch geht Phosetae mit Poseidon zusammen, dem griechischen Meeresgott. Hier findet sich nun eine interessante Parallele zum Symbol des Steinbockes, der immer als ein Ziegenfisch, d. h. einen in einem Fischschwanz endenden Ziegenbock, dargestellt wird. Auch diese Symbolik gebraucht also ein Wassertier, welches zum Meeresgott Poseidon paßt. Passend zum Rechtsgott Forseti gibt das zehnte Haus der Sternkunde, »die Himmelshöhe« Auskunft. über Ansehen, Beruf, Charakter, soziale Position, Aufstieg, Ehre und über Leben und Geist. Dem Gott Forseti wurden auf Helgoland heilige Rinder gehalten; Steinbock ist ein Erdzeichen, und die Rinder sind sonst der Erdgöttin heilig. Der Steinbock-Geborene neigt zur treuen Pflichterfüllung, ist nachdenklich und konzentriert, überwindet Probleme leicht, ist ehrgeizig. Forseti schlichtet allen Streit, denn das Zeichen steht nach der Wintersonnenwende, wo die Götterdämmerung zu Ende ist. Er ist quasi einer der Richter, der die Auseinandersetzung zwischen Winterkräften und Sommerkräften schlichtet. Darum ist Saturn der Herrscher des Zeichens, der als strenger Richter gilt. Früher hat man in Saturn das »große Unglück« gesehen, ursprünglich aber entspricht Saturn dem Freyr.

Die »goldenen Säulen« unter »silbernem Dache« deuten auf die Saat unter dem Schnee hin, auf den Schnee und das Eis deutet auch der Name der Himmelsburg »Glitnir«. Möglicherweise wird die goldene Farbe hier auch für die Sonne gebraucht; Forseti ist Sohn Baldrs. Nach uraltem Mythos entsteigt die Sonne dem Meere.

16. (♒- Wassermann)
Nóatún ist die elfte: da hat Njǫrðr
Sich den Saal erbaut.
Ohne Mein und Makel der Männerfürst
Waltet eines hohen Harugs.

Harug, altnord. Hǫrg, ist ein überdachtes Heiligtum. Die germanische Überlieferung kann uns erklären, wer der Wassermann ist: Es ist der Gott Njǫrðr, der in Nóatún (Schiffsstätte, Schiffszaun, das Meer) lebt. In einer isländischen Handschrift der jüngeren Edda (Codex Arnamagnaeanus AM 738, 4°) wird Njǫrðr mit einem Wassergefäß in der Hand dargestellt, wie das Symbol der klassischen Astrologie (siehe Abb. 9 in »Götter, Mythen, Jahresfeste«). Der Wassermann ist aber ein Luftzeichen, scheint daher zu einem Meergott nicht zu passen. In der Gylfaginning aber wird gesagt, daß Njǫrðr den Gang des Windes beherrscht, darum sollen ihn Schiffer anrufen. In dieser Zeit wird auch das Fasnacht-Dísablót gefeiert, und hier fanden früher die Nerthusumzüge statt, von denen Tacitus berichtet. Nerthus ist aber eine Göttin, die für die Erde zuständig ist; wahrscheinlich (die ähnlichen Namen legen das nahe) ist Nerthus die Schwester des Njǫrðr und in der Edda unter dem Namen Njǫrunn zu finden (siehe meinen Kommentar zu Hrafnagaldr Óðins Strophe 15). Etymologisch verwandt ist die Bezeichnung Jǫrð (Erde).

Das gerade angebrochene Wassermann-Zeitalter ist also mit dem Charakter von Njǫrðr und Njǫrunn (Nerthus) zu identifizieren; es wird Reisen über das Meer geben, d. h. die Völker werden enger zusammenwachsen, aber es wird auch eine reiche, fruchtbare Zeit der Erde sein, da Njǫrðr auch Reichtum und Fruchtbarkeit spendet. Er ist als Vanengott zu den Ásengöttern gekommen.

Das elfte Haus der Sternkunde, »der gute Dämon«, gibt über Freunde, Hoffnungen und Wünsche Auskunft, der Wassermann baut ja gerne Luftschlösser. Herrscher des Zeichens ist Saturn, germanisch Loki, den man noch heute im Fasnachtsfest als »Judas« symbolisch verbrennt.

17. (⊁- Fische)
Mit Gesträuch begrünt sich und hohem Grase
Víðars Land Viði.
Da steigt der Sohn auf den Sattel der Mähre
Den Vater zu rächen bereit.

Man kann die zweite Zeile verschieden lesen, als »Víðarsland« oder als »Landviði«, d. i. »Waldland«. Es ist die Himmelsburg des Gottes Víðarr. Man hat von Ortsnamen aus auch auf einen Namen »Víðarsskjálfr« (Víðars Turm) geschlossen. Die Zeit des Zeichens der Fische ist die Zeit nach der Götterdämmerung, in welcher die beiden Götterbrüder, Víðarr und Váli aktiv werden, wenn sie das neue Feuer bringen,

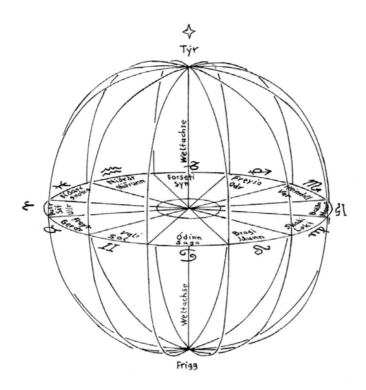

Abbildung 9: Himmelsbild der Edda. Von Miðgarðr (der Menschen-
welt) im Zentrum führt die Weltachse zum Nordstern,
dem Sitz des Gottes Týr. Die Weltachse, um die sich
der Himmel dreht, wird als Irminsul (Allsäule) oder
Stamm der Weltesche aufgefaßt. Um sie sitzen die an-
deren Götterpaare, in den Tierkreiszeichen symbolisiert,
und halten Gericht. Die Zweige der Weltesche bilden die
Himmelskuppel, den Himmelsraum, der zugleich das
himmlische Valhǫll ist. Die untere Himmelskuppel ist
Friggs Reich und die Unterwelt.

113

das neue Heiligtum der Götter schützen. Sie symbolisieren in der Naturmythologie die Morgen- und Abendröte. Im Jahreskreis steht die Morgenröte unmittelbar vor Ostern, wo der eigentliche Sonnenaufgang ist, da nun die Tage länger werden als die Nächte. Im Eddavers wird die Wildnis des Waldes geschildert, denn vor dem Sieg der Götter der warmen Jahreszeit steht die winterliche Wildnis. Der Fische-Geborene geht gern in seiner Arbeit auf, lebt oft auch in Einsamkeit und Abgeschlossenheit, wo er meditiert. Das abgelaufene Fische-Zeitalter steht für das Christentum, und gerade die christlichen Werte entsprechen denen des Fische-Zeichens: Meditation, Einsamkeit, Kasteiung und Arbeit. Auch liegt eine besondere Betonung des Fischemenschen auf dem Innenleben. Víðarr sitzt auf einem Pferd, um den Vater, Óðinn, zu rächen, der ja durch den Wolf stirbt. Erst nach dem Fischezeichen werden die Tage wieder länger als die Nachte, die Dunkelheit ist beendet.

Das zwölfte Haus der Sternkunde, »der böse Dämon« charakterisiert daher gut das Christentum, welches sich ja in heidnischen Kulturen auswirkte: Umweltzerstörung und geistige Unfreiheit waren die Folgen der Missionierung. Daher erfahren wir im zwölften Haus auch etwas über Widerstände, Hemmungen, Feinde, Leiden und Prüfungen. Herrscher der Fische ist Jupiter, der zwar hier dem Óðinn entspricht, der aber als christlicher Hauptgott Jachveh für das christliche Patriarchat steht.

Einige Mythologen haben sich gefragt, warum in den Grímnismál der Edda nicht auch das Heim der Göttin Frigg, Fensalir (»Fenn- oder Moorsaal«) genannt wird. Nun, Frigg ist die göttliche Allmutter und Erdgöttin, um die Erde aber dreht sich der Tierkreis. Die Erde müssen wir also im Zentrum (unten) des Kreises suchen (siehe Abbildung 9).

Desgleichen müssen wir Týr, Tius oder Zius (römisch: [Z]iu-pitar, griech. Zeus) als alten Himmelsgott im Zentrum (Himmelsnordpol, Nordstern) des Tierkreises suchen. In diesem Sinne wird zur Týr-Rune der Nordstern im angelsächsischen Runenlied beschrieben. Um diesen als Himmelsnagel verstandenen Stern dreht sich der ganze Tierkreis, der deswegen in neuheidnischen Kreisen seit etwa 80 Jahren »Tyrkreis« genannt wird.

Nun ist die Aufzählung der germanischen Sternbilder und Himmelsburgen beendet und wir kommen zu anderen Strophen.

18. Andhrímnir läßt in Eldhrímnir
Sæhrímnir sieden,

Das beste Fleisch; doch erfahren wenige,
Was die Einherjer essen.

Andhrímnir (»der dem Ruß Ausgesetzte«) ist der adlergestaltige Koch in Valhǫll. Daß er als Adler erscheint, ergibt sich aus den Nefnaþulur der jüngeren Edda. Da der Adler Óðins heiliges Tier ist, hat dieser Koch etwas mit Óðinn zu tun, zumal in Valhǫll Óðinn Gastgeber ist und Er daher auch die Gäste bewirtet. Dieser Koch läßt im Kessel Eldhrímnir (»der im Feuer Berußte«) den Eber Sæhrímnir sieden. Der Name des Ebers ist nicht überzeugend geklärt, vielleicht bedeutet er »der Schwarzberußte«, vielleicht »See-Tier« oder er ist zu seyðir = Kochgrube zu stellen. Dieser Eber wird täglich gesotten und gegessen und ist laut Gylf. 38 jeden Abend wieder heil. Der Eber ist ein Tier der Sonne (vgl. Freys Eber Gullinbursti = Goldborstig und die Bräuche um den Jul-Eber). Der Eber Sæhrímnir ist also die Sonne, das Sieden und Wiederaufstehen bezieht sich auf Sonnenuntergang und –aufgang. Die Einherjer befinden sich in Valhǫll in einer luftigen, himmlischen Sphäre, wo die Sonne, das Licht, ihnen geistige Speise ist. Man hat Andhrímnir auch als »Gegen-Reif« übersetzt (and = entgegen, hrímnir = der Bereifte) und in ihm also ein gegen den Frost wirkendes Wesen gesehen. »Hrímnir« kann sowohl ruß-, als auch schneebereift bedeuten.

Der Zusammenhang dieser Strophe zu den Tierkreisstrophen davor ergibt sich dadurch, daß sowohl die Himmelsburgen im Himmel liegen, als auch die Speisung der Einherjer im Himmel geschieht.

19. Geri und Freki füttert der krieggewohnte
Herrliche Herjafǫðr,
Da nur von Wein der waffenhehre
Óðinn ewig lebt.

Von der Speisung der Einherjer kommen wir zur Speise des Göttervaters. Er bedarf keiner Speise, denn Er ist höchster Gott und lebt aus Sich selbst heraus. Seinen beiden Wölfen, Geri (»Gierig«) und Freki (»Gefräßig«) gibt er aber Nahrung. Die Wölfe sind Óðins Attribute als Totengott und Gott des Winters, der Er als Allvater auch ist. In der Stefstrophe Vǫluspá 44 ist »Freki« der Name des Fenriswolfes. Das ist keine Verwechselung, sondern ein Mysterium des Göttervaters, der sowohl Licht (Óðinn als Sonnengott), wie auch Dunkelheit (Freki, der Fenriswolf) in Sich vereinigt.

In unserer Strophe steht, Óðinn lebe ewig vom Wein. Es kann damit auch Honigwein, Met gemeint sein, ja selbst Óðrœrir der Dichtermet kann hier verstanden werden.

20. Huginn und Muninn müssen jeden Tag
Über die Erde fliegen.
Ich fürchte, daß Huginn nicht nach Hause kehrt;
Doch sorg ich mehr um Muninn.

Von den beiden Wölfen Óðins geht es zu Seinen weiteren Tieren, den beiden Raben, die Er gezähmt hat und die Er aussendet, Ihm Kunde aus fernen Gegenden zu bringen. Ihre Namen machen deutlich, daß es sich um die Gedanken handelt. Huginn bedeutet »Gedanke, Sinn, Gemüt«, Muninn bedeutet »Erinnerung, Gedächtnis, Interesse, Wille«.

21. Þundr ertönt, wo Þjóðvitnirs
Fisch in der Flut spielt;
Des Stromes Ungestüm dünkt zu stark
Durch Valglaumir zu waten.

Þundr (»der Tosende« oder »die Geschwollene«) ist der Fluß, der um Valhǫll strömt; das ist die Luft des Himmels. Þjóðvitnir (»Volks-Wolf«) ist der Fenriswolf, dessen Fisch ist die Sonne, die er fressen will. Valglaumir wird mit »Lärmer vor Valhǫll« übersetzt und auch auf diesen Fluß bezogen. Doch bedeutet »val« auch Auswahl, »glaumr« aber »laute Freude« Vielleicht ist die laute Freude der auserwählten Toten gemeint, die in den Winden umherziehen (Wilde Jagd) und somit selbst diesen mythischen, tosenden Luftfluß bilden.

22. Valgrind heißt das Gitter, das auf dem Grunde steht
Heilig vor heilgen Türen.
Alt ist das Gitter; doch ahnen wenige
Wie sein Schloß sich schließt.

Valgrind (»Totenpforte, Totenzaun« oder »Zaun der Auserwählten«) ist der mythische Zaun bzw. das Tor um Valhǫll, ganz ähnlich wie Ná-grind oder Helgrind Zaun und Tor von Helheim sind. Nur Verstorbene können diese Tore durchschreiten. In der älteren Vorstellung sind alle diese Tore identisch.

Alle diese Strophen behandeln also die himmlischen Welten und Einzelheiten davon.

116

23. Fünfhundert Türen und viermal zehn
Wähn ich in Valhǫll.
Achthundert Einherjer ziehn aus je einer,
Wenn es dem Wolf zu wehren gilt.

Über diese Zahlen hat Otto Sigfrid Reuter eine längere Abhandlung verfaßt[45]. Zuerst muß man feststellen, daß hier keine germanischen Großhundert (ein Großhundert zählt 120), sondern die normalen Hunderte gemeint sind. Wenn man die Anzahl aller Einherjer errechnet (500 + 4 x 10 x 800) ergibt sich die himmlische Zahl 432.000. Reuter wies diese Zahl für die Chaldäer, Perser, Inder (Weltalterjahre, Silben des Veda) und in der Bibel (Offenbarung) nach.

Die Zahl 432000 ist die Einteilung des Tierkreises in vorbabylonischer Zeit. Sie geht vom 27 tägigen Sternenmonat (Dauer des Mondumlaufes bis er wieder im gleichen Sternbild steht) aus und verbindet sich mit der alten Zählung des Sonnenjahres von 360 Tagen, so daß beide Kreise in der himmlischen Zahl übereinandergelegt erscheinen. 432 ist durch 27 teilbar (16), genauso durch 36 (12) und bildet somit einen Ausgleich zwischen Mondjahr und Sonnenjahr. Im Mythos ist das die Einheit von Sonnen- und Mondgöttern. Die Zahl bezieht sich eindeutig auf den Himmelsumschwung, mithin muß Valhǫll als himmlischer Raum angesehen werden; ja Valhǫll ist die gesamte Himmelskuppel (siehe Abb. 9). Insbesondere die 540 Türen (54) entsprechen genau den 27 Tagen und 27 Nächten des Mondumlaufes (Sternenmonat).

In der Offenbarung (7, 4f; 14, 1f) erscheint eine Zahl von 144.000 Auserwählten, und da die Offenbarung meist von Dritteln spricht, muß diese Zahl mit 3 multipliziert werden. Auch hier kommen wir so auf 432.000 Auserwählte.

Im Nibelungenlied dann taucht diese Zahl als Zahl der Hortgröße wieder auf. Da heißt es in Vers 1137 der Handschrift C:

Nun mögt ihr von dem Horte groß Wunder hören sagen,
Was Lastwagen zwölfe beladen mochten tragen
In vollen vier Tagen vom Berge in das Tal
Und jeder mußte fahren in eines Tages Zeit neun Mal.

Vers 1142 sagt dazu noch:

Doch wär er auch noch größer wohl tausendmal gewesen ...

12 Lastwagen, 4 Tage, 9 Fahrten = 12 x 4 x 9 = 432, und noch 1000 Mal größer = 432.000. Die Handschriften A und B lassen die Wagen

nur jeweils dreimal pro Tag fahren. Der Ausdruck »vom Berge in das Tal« ist hier auf den mythischen Welt- oder Himmelsberg zu beziehen.

24. Fünfhundert Stockwerke und viermal zehn
Weiß ich in Bilskírnirs Bau.
Von allen Häusern, die Dächer haben,
Glaub ich meines Sohns das größte.

Wenn wir uns klarmachen, daß Valhǫll der gesamte Himmelsraum ist (die Sterne darin sind Symbole für die Seelen der Verstorbenen), dann werden wir nun auf eine ähnliche Dimension gelenkt, die für Bilskírnir, Þórs Palast, zutrifft. Bilskírnir soll »der mit Lichtstrahlen Blitzende« bedeuten. »Skírnir« ist der Schein oder Strahl, »Bil« (»Beil« bzw. »Spalten«) aber kann auch mit dem Monde zusammenhängen, da Bil auch eine mythologische Person ist, die dem Monde folgt und das Beil ein altes Mondsymbol ist. Dann wäre »Bilskírnir« der strahlende Mondessaal, also wiederum der Himmel. Aber auch die Deutung als »Augenblicks-Schein«, also »der im Augenblick Aufleuchtende« ist möglich; dann würde sich Þórs Palast auf den durch den Blitz plötzlich erleuchteten Himmel beziehen.

Welchen Zweck hat Þórs großer Palast? Auch er ist für die Seelen der Verstorbenen, denn laut Hárbarðzljóð 24 erhält Óðinn die Jarle, die im Gefecht fallen, Þórr aber der Knechte Geschlecht. Ähnlich wie Óðins Valhǫll als Jenseitsort für den Lehrstand und Wehrstand, ist Þórs Palast Bilskírnir der Jenseitsort für den Nährstand und die Knechte. Beide Orte aber – das erweisen die Zahlenangaben – liegen an einundderselben Stelle, sind im Himmelsraum symbolisiert. Sie unterscheiden sich also nur durch ihre Schwingungszustände. Genauso gilt das Sternbild des großen Bären oder Wagens sowohl als Symbol für Þórs Wagen, als auch als Bild für den Wagen Óðins. Der Jarl, der an den Himmel blickt, erkennt hier Óðins Wagen (in der Schweiz als Name überliefert: »Wodanswagen«), der Knecht sieht das gleiche Sternbild als Wagen Þórs.

25. Heiðrún heißt die Ziege vor Herjafǫðrs Saal,
Die an Læraðs Laube zehrt.
Die Schale soll sie füllen mit schäumendem Met;
Dieses Tranks ermangelt sie nie.

Heiðrún (vielleicht: »Opfermetspenderin«) wird auch in der Gylfaginning 38 und in der Hyndluljóð erwähnt. Abb. 10 zeigt sie über

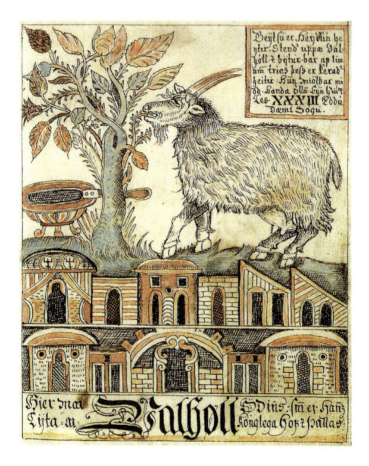

Abbildung 10: Heiðrún über Valhǫll. Aus der Eddahandschrift des Ólaf Brynjólfsson von 1760.

Valhǫll in einer Darstellung von 1760. Die Ziege spendet täglich ein großes Gefäß voll Met für die Einherjer. Im Naturmythos kann das ein Bild für den Nachttau oder Regen sein.

Die Vorstellung der Götterziege ist allgemeingermanisch; so findet sich eine auf einem heiligen Baum stehende Ziege auch in einen altdeutschen Gedicht[46]. Der Wolf sieht eine Geiß in einem Baum und ruft aus:

>»Ich sihe ein obez hangen,
>ez habe hâr ode borste,
>in einem heiligen vorste,
>zu Düringen noch zu Sachsen
>erkunde niht gewahsen
>besser obez ûf rîse.«

In der griechischen Mythologie heißt die Götterziege Amaltheia und ihre Hörner sind Füllhörner. Sie ernährt den Gott Zeus in der Idäischen Höhle. In der vorvedischen indischen Überlieferung gibt es einen himmlischen einfüßigen Ziegenbock (aja ekapād) der auf der Weltsäule steht und mit ihr das Weltall vor dem Zusammenstürzen bewahrt[47]. Er wird als Träger aller Wesenheiten, als Stütze von Himmel und Erde beschrieben. Er scheint mit seinem einen Fuß als Säule gedacht, auf der das Universum ruht.

Læraðr ist ein Name der Weltesche, den man verschieden gedeutet hat (»Schutzspender«, »Feuchtigkeitsspender« oder – weniger passend – »Schaden-bereiter«).

26. Eikþyrnir heißt der Hirsch vor Herjafǫðrs Saal,
Der an Læraðs Laube zehrt.
Von seinem Horngeweih tropft es nach Hvergelmir:
Davon stammen alle Ströme.

Eikþyrnir (»Eichdorn«, »der mit eichenartigem Geweih«) ist ein mythischer Hirsch am Weltbaum. Es gibt noch vier weitere Hirsche an der Weltesche die in Str. 33 erwähnt werden. Diese Hirsche sind Symbole für Gestirne, für Sonne oder Mond. In dieser Bedeutung finden wir den Hirsch z. B. als Begleittier der Diana-Artemis in der griechischen Mythologie. Und bronzezeitliche schwedische Felsbilder zeigen Hirsche im Zusammenhang mit Gestirnen. Der Hirsch Eikþyrnir kann also den Mond oder die Sonne bedeuten. Er ist damit auch Symbol für Lebenskraft und Fruchtbarkeit. Da von seinem Geweih die Wasser kommen, hat man hier auch die Wolken vor der Sonne sehen wollen. Hvergelmir (»der brausende Kessel«) ist der mythische Brunnen der Urzeit, der sich in der Unterwelt befindet.

> 27. *Síð und Víð, Sœkin und Eikin, Svǫll und Gunnþró,*
> *Fjorm und Fimbulþul,*
> *Rín und Rennandi, Gipul und Gǫpul,*
> *Gǫmul und Geirvimul.*
> *Um die Götterwelt wälzen sich Þyn und Vin,*
> *Þǫll und Hǫll, Gráð und Gunnþorin.*

Síð = Langsam; Víð = Breit; Sœkin = Vorwärtsströhmend; Eikin = Wütend; Svǫll = Kühl; Gunnþró = Kampfrinne; Fjorm = Eilig; Fimbulþul = gewaltiger Þulr; Rín = Rhein?; Rennandi = Laufende; Gipul = Klaffend; Gǫpul = Klaffend; Gǫmul = Alt; Geirvimul = Speersprudelnd; Þyn = Brausend; Vin = Dwina?; Þǫll = Föhre; Hǫll = Glatte, Trügerische; Gráð = Gierige; Gunnþorin = Kampflustige.

Die Übersetzungen von Rín mit Rhein oder Vin bzw. Vína mit dem russischen Fluß Dwina sind sicher falsch, denn unter den mythischen Flüssen des Götterreiches können keine irdischen Flüsse vorkommen. Vermutlich wird Rín so etwas wie »rinnend, laufend« bedeuten, und Vin vielleich »windend« oder »freundlich«. Diese Flüsse sind natürlich in den himmlischen Welten zu suchen und mögliche Benennungen irdischer Flüsse sind nach diesen himmlischen Flüssen gemacht, nicht umgekehrt. Der Name Geirvimul zeigt dabei noch, daß dieser Fluß in der alten Vorstellung mit dem Gjǫllfluß, in dem ja Schwerter, Messer und Pfeilspitzen schwimmen, identisch ist.

> 28. *Vína heißt einer, ein anderer Vegsvinn,*
> *Ein dritter Þjóðnuma.*
> *Nyt und Nǫt, Nǫnn und Hrǫnn,*
> *Slíð und Hríð, Sylgr und Ylgr,*
> *Víð und Ván, Vǫnd und Strǫnd,*
> *Gjǫll und Leiptr: diese laufen den Menschen näher*
> *Und von hier zur Hel hinab.*

Vína = Dwina?; Vegsvinn = Reisende; Þjóðnuma = Volksverschlingend; Nyt = Nutzen; Nǫt = Stechende; Nǫnn = Starke; Hrǫnn = Welle; Slíð = Gefährliche; Hríð = Unwetter; Sylgr = Verschlinger; Ylgr = Wolf; Víð = Breite; Ván = Hoffnung; Vǫnd = Schwierige; Strǫnd = Strand; Gjǫll = Gellende; Leiptr = Blitz. Auch unter diesen Namen finden wir

Namen, die mit den Flüssen zwischen Menschenwelt und Totenreich zusammenhängen, etwa Nǫt,»Stechende« (Stechen durch die Messer darin) oder Þjóðnuma,»Volksverschlingende« und Sylgr »Verschlinger«. Es sind Flüsse, in die die bösen Seelen fallen, und natürlich ist hier auch der eigentlichen Totenfluß Gjǫll.

> 29. Kǫrmt und Ǫrmt und beide Kerlaugar
> Watet Þórr täglich,
> Wenn er zum Gericht fährt
> Bei der Esche Yggdrasil;
> Denn die Ásenbrücke steht all in Lohe,
> Heilige Wasser sieden.

Kǫrmt = die Schützende; Ǫrmt = die sich in Arme teilende; Kerlaugar = Gefäßbäder. Wir sind von den himmlischen und unterweltlichen Flüssen nun zu den Flüssen, die Þórr durchwaten muß, um zum Gerichtsplatz der Götter zu gelangen, gekommen. Die Asenbrücke (Bifrǫst, Árgjǫll) wird erwähnt, die Þórr nicht überqueren kann, da sie brennt. Denn Þórr ist auch Regengott. Die Brücke selbst wird als Regenbogen, aber auch als Milchstraße symbolisiert. Das Durchwaten von einem Fluß hat auch einer der christlichen Heiligen, die als Ersatz für den Donnergott eingeführt worden sind, übernommen: Der heilige Christophorus.

Es werden insgesamt 40 Flüsse aufgezählt. Sollte der einzige Zweck dieser Aufzählung sein, für irgendwelche Skálden in ihren Dichtungen verwendbare Flußnamen zu haben, wie uns manche Forscher einreden wollen? Die meisten dieser Namen kommen in keiner Skáldendichtung überhaupt vor. Nein, es geht um tatsächliche Flüsse bzw. die Eigenschaften von Jenseitsflüssen. wenn nicht auch noch Wort- und Buchstabenverschlüsselungen dahinter stehen, die wir bei so Namen wie Gipul und Gǫpul mit gleicher Übersetzung aber unterschiedlicher Schreibweise nur vermuten können.

> 30. Glaðr und Gyllir, Glær und Skeiðbrimir,
> Silfrintoppr und Sinir,
> Gísl und Falhófnir, Gulltoppr und Léttfeti:
> Diese Rosse reiten die Ásen
> Täglich, wenn sie reiten Gericht zu halten
> Bei der Esche Yggdrasil.

Zehn Rosse werden aufgezählt, Sleipnir wird nicht erwähnt und Þórr reitet nicht. Die Pferde der Götter bedeuten den Göttern unterstellte

Hilfskräfte und allegorisieren die strahlenden, lichten Eigenschaften der Götter, auch wohl die Drehung des Himmels (Tierkreises). Leider ist nicht mehr bekannt, welches Pferd von welchem Gott geritten wird, außer bei Gulltoppr (»Goldmähne«), dem Pferd von Heimdallr.

Die andern Namen bedeuten: Glaðr = der Glänzende (nach einer Stelle in den Skáldskaparmál mit Skínfaxi, dem Roß des Tages, identisch); Gyllir = der Goldfarbene; Glær = der Helle; Skeiðbrimir = der im Wettlauf Strahlende; Silfrintoppr = Silbermähne; Sinir = der Strahlende; Falhófnir = der mit falben Hufen; Léttfeti = der Leichtgängige. Der Name Léttfeti fällt aus den üblichen Übersetzungen heraus und ich vermute, er muß anders gedeutet werden. Man könnte ihn z. B. auch von litr = Farbe ableiten.

Die Rösser werden auch in der Gylfaginning 14 und den Nefnaþulur genannt. Wir waren nun bei den Pferden, auf denen die Götter zum Þing reiten, nun kommt der Baum auf diesem Þingplatz, die Weltesche und alles darumherum an die Reihe.

31. Drei Wurzeln strecken sich nach drei Seiten
Unter der Esche Yggdrasil:
Hel wohnt unter einer, unter der andern Hrímþursen,
Aber unter der dritten Menschen.

In der Gylfaginning 15 wird gesagt, daß die eine Wurzel in Niflheimr endet, wo der Brunnen Hvergelmir ist und der Drache Niðhǫggr haust. Das ist kein Widerspruch, denn Niflheimr liegt bei Helheimr, ist sozusagen ein Teil der Hel. Die dritte Wurzel endet nach der Gylfaginning bei den Ásen, nach den Grímnismál aber bei den Menschen. Auch das ist nur scheinbar ein Widerspruch, denn Ásgarðr die Welt der Ásen liegt mitten in Miðgarðr, der Welt der Menschen.

Die Wurzeln wie die Äste der Weltesche symbolisieren die alles verbindende Lebenskraft.

32. Ratatoskr heißt das Eichhorn, das auf und ab rennt
An der Esche Yggdrasil:
Des Adlers Worte oben vernimmt es
Und bringt sie Níðhǫgger nieder.

Auch hier wieder ein schwer zu deutendes, dunkles Bild. Das Eichhörnchen Ratatoskr (»Rat-Tasche« oder »Bohrer-Zahn«?) trägt Zankworte zwischen dem Adler auf der Weltesche und dem Drachen Níðhǫggr an seiner Wurzel hin und her. Ist es ein Bild des Menschen, der zwischen dem göttlichen Prinzip des Lichtes (Sonnen-Adler) und dem riesischen des Dunkels und des Bösen (Níðhǫggr) steht und sich immer wieder für eine Seite entscheiden muß? Oder gibt es nur göttliche Weisungen an die Wesen der Unterwelt?

33. Der Hirsche sind vier, die mit krummem Halse
An der Esche Ausschüssen weiden:
Dáinn und Dvalinn, Duneyrr und Duraþrór.

Diese vier Hirsche deutet man als die vier Jahreszeiten oder die Sonne in den vier Jahreszeiten. Die Namen bedeuten: Dáinn = Gestorben (also der Winter); Dvalinn (in den Nefnaþulur: Dvalarr) = Der Langsame, der Schlafende (der Sommer); Duneyrr = der mit daunigen (baunen) Ohren (der Herbst); Duraþrór = der an die Tür Drängende (Frühling).

34. Mehr Würmer liegen unter den Wurzeln der Esche
Als einer meint der unklugen Affen.
Góinn und Móinn, Grafvitnirs Söhne,
Grábakr und Grafvǫlluðr,
Ofnir und Sváfnir sollen ewig
Von der Wurzeln Zweigen zehren.

In dieser Strophe findet sich tatsächlich das Wort »Affe« (api), ein in Germanien nicht heimisches Tier. Aber der Schöpfer der Welten kennt natürlich alle Tiere, auch diejenigen, die den Menschen hier unbekannt waren.

Die Namen der Würmer oder Schlangen, die unter den Wurzeln, bei Hvergelmir liegen, sind: Góinn = Land-Tier?; Grafvitnir = Gruben-Wolf?; Grábakr = Graurücken; Grafvǫlluðr = der unter dem Feld Grabende; Ofnir = die sich Windende; Sváfnir = der in den Schlaf/Tod versetzt. Ofnir und Sváfnir kommen auch in Str. 54 als Óðinsnamen vor; der Gott hat Sich ja einmal in eine Schlange verwandelt (Bragerœður 4).

Die Würmer symbolisieren hier das Prinzip der Verwesung und Umwandlung.

35. Die Esche Yggdrasil duldet Unbill
Mehr als Menschen wissen.
Der Hirsch weidet oben, faul wird die Seite,
Unten nagt Níðhǫggr.

Hier ist wieder der einzelne Hirsch, Eikþyrnir, gemeint (siehe Strophe 26). Die allesdurchdringende Lebenskraft ist in Gefahr, wird von den verschiedenen Wesen angegriffen.

> *36. Hrist und Mist sollen das Horn mir reichen,*
> *Skeggjǫld und Skǫgul,*
> *Hild und Þrúð, Hlǫkk und Herfjotur,*
> *Gǫll und Geirǫlul;*
> *Randgríð und Ráðgríð und Reginleif*
> *Schenken den Einherjern Äl.*

Óðinn spricht hier Seine Valkyren an, Ihm ein Horn (Trank) zu reichen. Wir sind also von den Visionsbildern wieder zur Rahmensituation gekommen: Óðinn zwischen den Feuern. Doch sofort geht es wieder über in die mythische Schau, wenn nun die Valkyren und ihre Aufgaben genannt werden und wir in der nächsten Strophe uns wieder am Himmel, bei der Sonnengöttin, befinden. Die Namen der dreizehn Valkyren lauten: Hrist = die (Speer-) Erschütternde; Mist = Wolke, Nebel; Skeggjǫld = Axtzeit; Skǫgul = Kampf; Hild =Kampf; Þrúð = Kraft; Hlǫkk = Lärm, Kampf; Herfjotur = Heerfessel (Lähmender Schrecken); Gǫll = Gellend; Geirǫlul = Speervorstürmend; Randgríð = Schildzerstörerin; Ráðgríð = Herrschsüchtige; Reginleif = Tochter der Götter.

Þrúðr ist zugleich auch Þórs Tochter. Die Valkyrennamen entsprechen auch einigen direkten Óðinsbeinamen, z. B. Gǫll und Gǫllnir, Geirǫlul und Geirǫlnir.

Die Valkyren reiten durch die Luft über den Himmel, worauf noch z. B. der Name Mist (Nebel, Wolke) hindeutet. Gleichfalls über den Himmel laufen die Rosse der Sonne, die nun genannt werden:

> *37. Árvakr und Alsviðr sollen immerdar*
> *Schmachtend die Sól führen.*
> *Unter ihren Bugen bargen milde Reginn,*
> *Die Ásen, Eisenkühle.*

Die Namen der Sonnenrosse bedeuten Árvakr = Frühwach und Alsviðr = Allgeschwind. Schon der bronzezeitliche Sonnenwagen, dessen Reste man im Moor von Trundholm gefunden hatte, zeigte ursprünglich zwei Rosse, die die Sonnenscheibe zogen. Nur noch eines ist erhalten (Abb. 11). Einen ähnlichen Sonnenwagen, noch schlechter erhalten, fand man in Tågaborg. Der Mythos der zwei Pferde, die die Sól (Sonne) auf einem Wagen ziehen, und der hier in den Grímnismál erwähnt

Abbildung 11: Der Sonnenwagen von Trundholm (Nationalmuseum Kopenhagen).

wird, ist also seit 4000 Jahren nachweisbar. Es besteht auch zu Óðinn eine Verbindung, denn Óðinn ist auch Sonnengott, hat aber nur ein Roß, welches allerdings acht Füße hat und somit wie zwei Rosse zusammen erscheint. Sollten das die beiden Sonnenrosse sein? Immerhin finden sich die Namen der Sonnenrosse in Verkürzung auch als Óðinsnamen: Vákr (= der Wache) in den Grímnismál 55 und Sviðurr (= Speergott oder Schwedengott) in den Grímnismál 50. Die »Eisenkühle« (ísarnkól) sind Blasebälge, die die Götter dort angebracht haben. Welche Bedeutung dieser Mythos hat, ist unklar, vielleicht ist hier der kühlende Wind gemeint.

> 38. Svalin heißt er, der vor der Sól steht,
> Schild der glänzenden Gottheit.
> Brandung und Berge verbrennten zumal,
> Sänk er von seiner Stelle.

Svalin (oder Sv□l) bedeutet »der Kühle« und ist somit ein Bild für die Wolken. Sv□lnir (= Schildträger) ist ein bei den Skálden bezeugter Óðinsname, der einen Bezug zum Sonnenschild herstellt.

126

39. Skǫll heißt der Wolf, der der scheinenden Gottheit
Folgt in den schützenden Wald;
Hati der andre, Hróðvitnirs Sohn,
Eilt der heiteren Himmelsbraut voraus.

Skǫll (Spott) ist der Wolf, der die Sonne verschlingen wird; da nach Vafþrúðnismál 46f der Fenriswolf die Sonne verschlingen wird, muß Skǫll selbst der Fenriswolf sein. Hati (Haß), der Wolf, der den Mond verschlingen wird und der daher auch Mánagarmr genannt wird, ist Hróðvitnirs (Ruhmwolfes) Sohn, also Sohn des Fenriswolfes bzw. Skǫlls. Ich hatte diese Wölfe schon bei der Betrachtung von Vǫluspá 40 als Bilder der Mondknoten gedeutet.

40. Aus Ymirs, Fleisch ward die Jǫrð geschaffen,
Aus dem Schweiße die See,
Aus dem Gebein die Berge, die Bäume aus dem Haar,
Aus der Hirnschale der Himmel.

Diese Strophe ähnelt sehr der Strophe Vafþrúðnismál 21. Von den riesischen Wölfen geht es zum Urriesen, aus dem alles geschaffen wurde. Es ist das alte Bild »Wie der Makrokosmos, so der Mikrokosmos« oder »Wie unten, so oben«. Die Materie wird also mit dem Körper eines Riesen verglichen. Der Mythos von der Tötung oder Opferung des zweigeschlechtlichen Urriesen Ymir ist uralt. Im indischen und persischen Mythos ist es Yima, der geopfert wird. Im Rigveda heißt es:

»Der Mond wurde aus seinem Geist geschaffen,
aus seinem Auge wurde die Sonne.
Aus seinem Nabel wurde die Luft geschaffen,
aus seinem Kopf entstand der Himmel,
aus seinen Füßen die Erde.
So schufen die Götter die Welt.«

41. Aus den Augenbrauen schufen gütge Rater
Miðgarð den Menschensöhnen;
Aber aus seinem Hirn sind alle hartgemuten
Wolken erschaffen worden.

Die Allegorie Ymirs Augenbrauen oder Wimpern = Miðgarðs Burg ist unklar. Soll damit die Begrenzung der materiell sichtbaren Welt gemeint sein?

42. Ullrs Gunst hat und aller Götter,
Wer zuerst in die Lohe langt,
Denn die Aussicht öffnet sich den Ásensöhnen,
Wenn die Kessel vom Feuer kommen.

Über diese Strophe der Rahmenhandlung wurde viel spekuliert. Man hielt hier den Namen des Gottes Ullr für einen dichterischen Ersatznamen (Heiti), der also für den Namen Óðins steht (oder man deutete den Gott Ullr als winterlichen Óðinn): Óðinn würde demjenigen Seine Gunst zuwenden, der die Feuer, zwischen denen Er sitzt, löscht. Aber Ullr ist eben nicht Óðinn und der Gebrauch eines ganz andern Namens für Óðinn ist in diesen alten Eddaliedern sonst nirgends üblich.

Ullr ist aber Wintergott, Sein Element ist der Schnee. Mithin ist es Ullrs Interesse, daß Feuer gelöscht werden, die den Schnee zum schmelzen bringen könnten. Óðinn möchte, daß die Feuer gelöscht werden, Ullr ist derjenige Gott, der diesen Wunsch am ehesten unterstützt auf Grund Seiner winterlichen Natur.

Die zweite Hälfte der Strophe bezieht sich auf die in den Giebeln germanischer Häuser befindlichen Öffnungen, »Windauge« (engl. Window = Fenster) oder »Uhlenloch« (Eulenloch) genannt, durch die der Rauch der Feuer entweicht und Licht hineinkommt. Die Kessel hingen über den Feuern und konnten hochgezogen werden, so daß sie unter dem Dach hingen und den Blick zu den Feuern freigaben. Óðinn will also, daß in Geirroðs Halle die Kessel hochgezogen werden, damit die Ásen (durch die Dachöffnungen) Ihn sehen und Ihm zu Hilfe kommen könnten.

Naturmythologisch sind die Kessel die Wolken, die Feuer aber die Blitze. Werden die Feuer gelöscht, ist das Gewitter vorbei und es regnet nur noch, kommen die Kessel von den Feuern, sind die Gewitterwolken weg und die Sonne (Óðinn) kann hervorbrechen.

43. Ivaldis Söhne gingen in Urtagen
Skiðblaðnir zu schaffen,
Das beste der Schiffe, für den schimmernden Freyr,
Njǫrðs nützen Sohn,

Das Schiff Skíðblaðnir (»etwas aus dünnen Holzstücken Zusammengesetztes« oder »hölzerne Ruder habend«) greift das naturmythologische Bild der Wolkenkessel auf, denn es symbolisiert auch die Wolke. Gleichzeitig ist es Transportmittel für die Götter, die damit nun also dem Gott Óðinn zu Hilfe kommen könnten. Freyr ist hier als Sonne aufgefaßt: Die Sonne fährt mit dem Wolkenschiff über den Himmel. Mythische Schiffe sind bereits auf schwedischen bronzezeitlichen Felsbildern zu finden und das Schiff, das sowohl über das Wasser, als auch über das Land (und die Luft) fahren kann, begegnet uns häufig in russischen Märchen.

Ivaldi (»in der Eibe waltend«) ist der Vater verschiedener Zwerge, die dieses Zauberschiff erschaffen haben.

44. Die Esche Yggdrasil, ist der Bäume erster,
Skiðblaðnir der Schiffe,
Óðinn der Ásen, aller Rosse Sleipnir,
Bilrǫst der Brücken, Bragi der Skalden,
Hábrók der Habichte, der Hunde Garmr.

Von dem besonderen, besten Schiff ausgehend werden nun auch andere derartige Extreme erwähnt. In der Handschrift finden wir die Form »Bilrǫst« (lichte Wegstrecke) für die Götterbrücke Bifrǫst (bebende Wegstrecke). Bragi ist der Gott der Dichter. Hábrók (Hochhose) ist ein Habicht, der zwischen den Augen des Adlers, der in Str. 32 erwähnt wird, sitzt und der die Eigenschaft der Götter, alles zu sehen, symbolisiert.

Diese Strophe wird in der Gylfaginning (Kap. 41) angeführt mit der Einleitung:

»So heißt es hier mit der Ásen eigenen Worten.«

Das beweist, daß Eddalieder wie z. B. die Grímnismál tatsächlich als direkt von den Ásen stammend, also als heilige, göttliche Lieder angesehen wurden.

45. Mein Antlitz sahen nun der Sieggötter Söhne,
So wird mein Heil erwachen:
Alle Ásen sollen Einzug halten
In Aegirs Saal,
Zu Aegirs Mahl.

Wieder eine Strophe der Rahmenhandlung die Bezug nimmt zu Strophe 42. Die Söhne der Sieggötter, also das Volk der Ásen oder deren Söhne (himmlische Wesen), sahen nun Óðins Situation und konnten Ihm helfen.

Ob im zweiten Teil der Strophe auf das Gelage der Götter bei dem Meerriesen Aegir hingewiesen wird, oder ob hier der Name »Aegir«

im Sinne von »der Wütende« zu übersetzen ist und damit Geirrǫðr gemeint ist, zu dem die Ásen kommen sollen, um Óðinn zu helfen, ist unklar. Möglicherweise denkt Óðinn hier auch an Aegir, weil dieser als Meeresriese das helfende Wasser personifiziert. Jedenfalls steht diese Strophe im Versmaß des Zaubertones, so daß sie wie eine magische Anrufung klingt.

Felix Genzmer übersetzt die Strophe folgendermaßen:

>>Gewendet hab ich mich nun zu den Valgöttern;
Drum ist mir Schutz beschert:
Alle Asen soll es aufrufen
Auf Ägirs Bank,
Bei Ägirs Trank.«

Er schreibt dazu:

>>Sie (die Strophen 42 und 45) klingen wie altertümliche Kultstrophen, die beim Opferfest gesprochen wurden.«

Das ist möglich.

46. Ich heiße Grímr und Gangleri,
Herjan und Hjálmberi,
Þekkr und Þriði, Þundr und Uðr,
Helblindi und Hár.

Die Namen bedeuten: Grímr = Verhüllter, Maskierter; Gangleri = Gangmüder (Óðinn nennt Sich so, wenn Er unerkannt zu den Menschen reist); Herjan = Herrscher (ein sehr früh bezeugter Name des Gottes, der als Hari auf den Stamm oder Kultverband der Harii hinweist); Hjálmberi = Helmträger (Óðinn besitzt den Aegishiálmr, »Schreckenshelm«); Þekkr = der Beliebte; Þriði = der Dritte (ein Hinweis auf Óðinn als dreieinigen Gott); Þundr = der Mächtige (ein Hinweis auf den Fluß um Valhǫll, der Þund heißt), das Eddabruchstück AM 748 hat Þudr; Uðr = Gönner? oder Welle?; Helblindi = der Blinde des Reichs der Hel (ein Hinweis, daß Óðins Totenreich Valhǫll eigentlich nur eine Abteilung im Totenreich der Hel ist); das Eddabruchstück AM 748 hat Herblindr = der das feindliche Heer Blendende (Óðinn als Sonnengott. Nach Ynglinga saga 6 kann Óðinn Seine Feinde in der Schlacht blind und taub werden lassen); Hárr = der Erhabene, Hohe (danach ist auch Sein Lied »Hávamál« benannt).

Mit dieser Strophe beginnt Óðinn Seine Offenbarung. Die Göttersöhne hatten Ihm Kraft gegeben und die neun Tage zwischen den Feuern sind um.

47. Saðr und Svipall und Sanngetall,
Herteitr und Hnikarr,
Bileygr, Báleygr, Bǫlverkr, Fjolnir,
Grímr und Grímnir, Glapsviðr und Fjolsviðr.

Saðr = der Wahre (Hinweis auf den unmaskierten Óðinn oder Óðinn als wahren Gott im Gegensatz zu Mitothyn, der Ihn laut Saxo Grammaticus verdrängen wollte); Svipall = der Veränderliche (Óðins häufig wechselnde Namen und Verkleidungen); Sanngetall = der die Wahrheit Erratende (Óðinn als Gott, der sich im Rätselraten mit anderen mißt); Herteitr = der Heerfrohe (Óðinn als Schlachtengott); Hnikarr = der Aufhetzer (des Meeres; ein Name, den Sich Óðinn im Reginsmál gibt, wo Er die See aufhetzt und stillt. Der heilige Nikolaus trat an die Stelle Hnikars als Heiliger der See); Bileygr = der schlecht Sehende (Óðins eines, blindes Auge, der Mond) oder: »der milde Augen Habende«; Báleygr = der mit flammenden Auge (Óðins strahlendes Sonnenauge); Bǫlverkr = Bösewirker (ein Name, den Sich Óðinn zulegte, als Er den Óðrœrirmet zurückholte); Fjolnir = der viel Wissende (in den Fjǫllsvinnzmál ist Fjǫlnir der Wächter der Erde. In der Ynglinga saga wird ein König Fjǫlnir genannt, der in einem Metfaß ertrank. Darum deutet man den Óðinsnamen auch als »Verberger« des Dichtermetes); Grímr = Verhüllter, Maskierter; Grímnir = Verhüllter, Maskierter (dieser Name taucht also insgesamt in diesen Strophen drei Mal auf); Glapsviðr = geübter Verführer (Óðins Liebesabenteuer mit Gunnlǫð oder Rind); Fjolsviðr = der sehr Weise.

48. Síðhǫttr, Síðskeggr, Sigfǫðr, Hnikuðr,
Alfǫðr, Valfǫðr, Atríðr und Farmatýr;
Eines Namens genüge mir nie
Seit ich unter die Völker fuhr.

Síðhǫttr = Langhut (Óðins Attribut des breiten Hutes, auch eine Anspielung auf die sehr langen kultischen Goldhüte der Bronzezeit, die wohl Priester getragen haben); Síðskeggr = Langbart (der Bart ist Sitz oder Zeichen besonderer magischer Kraft; Óðinn ist Selbst auch Gott des Stammes der Langobarden = Langbärte); Sigfǫðr = Siegvater (Óðinn als Sieg gewährender Gott); Hnikuðr = Aufhetzer (siehe Hnikarr); Alfǫðr = Allvater (Vater aller Götter und Menschen); Valfǫðr = Vater der Auswahl (Óðinn wählt die Menschen für Valhǫll aus); Atríðr = Anreiter (Óðinn als Schlachtengott); Farmatýr = Gott der Last (da der Dichtermet auch »Óðins farmr«, also »Óðins Last« heißt, ist dieser hier wohl gemeint. An Óðinn als Merkur und damit Gott des Handels ist wohl nicht gedacht).

Óðinn sagt außerdem in dieser Strophe, daß Er »unter die Völker fuhr«. Óðinn ist also nach Seinem eigenen Wort ein Gott aller Völker, nicht nur ein Gott für die Germanen. Dies wird auch in der Gylfaginning 20 gesagt, wo die Entstehung der verschiedenen Namen des höchsten Gottes u. a. auf die verschiedenen Sprachen in der Welt zurückgeführt wird. Óðinn ist also derjenige Gott, den Christen als »Gott-Vater« verehren, Moslems als »Allah« anrufen oder Griechen als »Zeus« anbeteten.

> *49. Grímnir hießen sie mich bei Geirrøðr,*
> *Und Jálk bei Ôsmundar;*
> *Aber Kjalar, da ich Schlitten zog;*
> *Þrór dort im Þing;*
> *Viðurr den Widersachern;*
> *Óski und Ómi, Jafnhár und Biflindi,*
> *Gǫndlir und Hárbarðr bei den Göttern.*

Wieder der Name Grímnir (= Verhüllter, Maskierter), diesmal auf die gegenwärtige Lage bei Geirrøðr bezogen, allerdings schreibt das Konungsbók hier Geirraðr. Die weiteren Namen: Jálk = Wallach (hinweis auf das dem Óðinn heilige Pferd; wer Ôsmund ist, ist unklar); Kjalar = Schlittenzieher (man vergleiche dazu die vielen Schlittendarstellungen auf schwedischen bronzezeitlichen Felsbildern, die kultische Bedeutung hatten); Þrór = Angreifer? Gedeihenbringender? Viðurr = Töter? (der gotische Stamm der Wederas oder Weder-Geatas war nach diesem Óðinsnamen benannt); Óski = Wuscherfüller (die Valkyren heißen auch Óskmeyjar = Wunschmaide); Ómi = der Oberste (Óðinn als höchster Gott, auch das asiatische Om, Aum scheint damit zusammenzuhängen); Jafnhár = der Ebenhohe (Óðinn als dreieiniger Gott); Biflindi = der mit dem bemalten Schild. In den verschiedenen Handschriften finden sich hier auch die Formen Biblindi und Blindi. Gǫndlir = Zauberstabträger (Óðinn als Zauberer, der Gand ist der Zauberstab); Hárbarðr = Graubart (wieder ein Hinweis auf die starke magische Kraft des Gottes).

> *50. Sviðurr und Sviðrir hieß ich bei Sǫkkmímir,*
> *Und verbarg das dem alten Jöten,*
> *Als ich Miðviðnirs, des mären Unholds, Sohn*
> *Im Einzelkampf umbrachte.*

Sviðurr = Schwedengott (nach Skáldskaparmál 65 ist Schweden – Sviþjoð – nach diesem Óðinsnamen benannt); Sviðrir = Speergott? Gott, der den Seiðr kocht? Sǫkkmímir bedeutet entweder »Mímir der Tiefe« und meint also den im oder am Brunnen sitzenden Mímir, oder es bedeutet »der streitbare Mímir«. Miðviðnir bedeutet »Wolf der Mitte« oder »Meer-Wolf«. Ein Mythos, nachdem Óðinn den Vater Mímirs im Zweikampf getötet hat, ist nicht erhalten.

> 51. *Toll bist du, Geirrǫðr, hast zuviel getrunken.*
> *Viel verlorst du, meiner Hilfe darbend:*
> *Aller Einherjer und Óðins Huld.*

Óðinn wendet Sich nun direkt an Geirrǫðr und wirft ihm seinen Fehler (nämlich nicht gastfreundlich gehandelt zu haben) vor.

> 52. *Viel sagt ich dir: du schlugst es in den Wind,*
> *Die Vertrauten trogen dich.*
> *Das Schwert seh ich liegen meines Freundes*
> *Vom Blut erblindet.*

Óðinn erinnert ihn noch einmal daran, daß Er ihm viel beigebracht hatte, sicher auch die Regeln der Gastfreundschaft. Er sagt, daß Sein Freund nun sterben wird, weil er auf die falschen Vertrauten gehört hatte.

> 53. *Den schwertmüden Val muß nun Yggr haben,*
> *Dein Leben seh ich dich verlassen;*
> *Abhold sind dir die Dísen, nun magst du Óðinn schauen:*
> *Komm heran, wenn du kannst!*

Der »Val« bedeutet die »Auswahl«, der »Gefallene«, den Óðinn nun mitnimmt nach Valhǫll, wie man vermuten kann. Die Dísen sind die Geistwesen im Dienste der Götter, vielleicht sind sie auch die in Strophe 45 genannten Söhne der Sieggötter. Die Valkyren gehören zu der Gruppe der Dísen, und daß sie nun dem Geirrǫðr nicht mehr hold sind, bedeutet: Sie lassen ihn nun sterben.

> 54. *Óðinn heiß ich nun, Yggr hieß ich eben,*
> *Þundr hab ich geheißen.*
> *Vakr und Skilfingr, Váfuðr und Hroptatýr,*
> *Gautr und Jálkr bei den Göttern,*
> *Ofnir und Sváfnir: deren Ursprung weiß ich*
> *Aller aus mir allein.*

Diese letzte Strophe ist der Höhepunkt der Offenbarung des Gottes, und Sein Hauptname Óðinn steht daher an erster Stelle. Die andern Namen bedeuten: Yggr = der Schrecker, der Schreckliche (Óðinn erscheint Seinen Feinden nach der Ynglinga saga gar schrecklich); Þundr (siehe Str. 46); Vakr = der Wache (ein Hinweis auf kultisches Wachbleiben bei Initiationen. Auch auf dem norwegischen Runenstein von Reistad, der um 500 errichtet wurde, kommt der Name »Wakr« vor); Skilfingr = der auf einm Berg Hausende (gemeint ist der Welt-, Götter- und Totenberg und jedes Hügelgrab als Abbild desselben); Váfuðr = Windgott (Óðinn als Windgott und vielleicht ein Hinweis auf Seine Einweihung, als Er am Weltbaum im Winde hing); Hroptatýr = Sprecher der Götter, Gott der Götter; Gautr = Gote (Óðinn als Hauptgott der Goten; Geirrøðr ist ja gotischer König gewesen. Nach Skáldskaparmál 65 ist Gautland oder Gotland nach diesem Namen des Gottes benannt, der Name muß also zuvor eine andere Bedeutung gehabt haben, nämlich »der zum Opfer Bestimmte oder Geweihte«); Jálkr (siehe Str.49); Ofnir = Streitbarer; Sváfnir = der in den Schlaf oder Tod versetzt (vgl. das Eddalied Sigrdrífumál), oder »Schwabengott«.

Die Strophe folgt einer Art die Namen zu nennen, die wir auch in der Inschrift des schwedischen Runensteins von Järsberg – Anf. 6. Jh. -finden: »Hubar (Haubenvogel) hieß ich, Harabanar (Rabe) heiße ich; ich der Eruler ritzte die Runen«.

Der Nachsatz unser Grímnismál-Strophe ist deswegen beachtenswert, weil hier erneut gesagt wird, daß Óðinn allein aus Sich selbst erstanden ist. Das beantwortet die Frage, ob Óðinn selbst von einem andern Gott geschaffen wurde und ob Er ewig existiert. Dieser wichtige Gedanke steht daher am Ende der von Óðinn selbst gesprochenen Strophen.

König Geirrød saß und hatte das Schwert auf den Knien halb aus der Scheide gezogen. Als er aber vernahm, daß Óðinn gekommen sei, sprang er auf und wollte ihn aus den Feuern führen. Da glitt ihm das Schwert aus den Händen, der Griff nach unten gekehrt. Der König strauchelte und durch das Schwert, das ihm entgegenstand, fand er den Tod. Da verschwand Óðinn und Agnarr war da König lange Zeit.

Kapitel 4

Vafþrúðnismál

Dieses Lied hat keinen Titel, der es uns eindeutig als Lied einer bestimmten Gottheit ausweist, sondern ist nach dem Riesen Vafþrúðnir benannt, der – folgt man der Logik des Textes – sein Leben verloren hat. Er käme als Urheber also nicht in Frage. Aber in dem Lied finden sich Strophen, die Óðinn und Frigg miteinander wechseln; mithin kann kein Mensch diese gehört und aufgeschrieben haben, wenn nicht Gottheiten sie ihm offenbart hätten. Auch dieses Lied ist also durch Offenbarung zu den Menschen gekommen, wobei leider nicht erzählt wird, in welcher Form das geschah. Óðinn selbst zitiert jedenfalls neun Strophen des Liedes in der Gylfaginning der jüngeren Edda.

Die Riesen gelten als weise, weil sie in der materiellen Welt noch vor den Göttern erschienen, und weil diese Welt überhaupt aus dem Körper des getöteten Urriesen Ymir erschaffen wurde und somit zuerst riesisch (materiell) ist. Auch die Vǫlva Heiðr, die uns die Vǫluspá erzählte, rühmt sich ihrer riesischen Abkunft (in Strophe 2). Vafþrúðnir (»der kräftig Verwickelnde« oder der »stark Wabernde« oder nur »Wabe-Kraft«) ist ein Riese, über den sonst nichts mehr bekannt ist. Er wird auch in der jüngeren Edda erwähnt, sowie in den Nefnaþulur, wo er unter vielen weiteren Riesen genannt wird. Er hat offenbar die Initiation eines Þulr durchlaufen, was die Strophen 9 und 43 andeuten, und kennt also alle neun Welten. Deswegen ist dieser Riese für den Gott des Wissens, Óðinn, so interessant.

Jan de Vries datiert dieses Lied auf das Ende der heidnischen Zeit im 10. Jh., auf Grund der darin enthaltenen Kenntnis heidnischer mythologischer Dinge, die in späteren Zeiten so nicht mehr vorhanden gewesen wäre und auf Grund des Sprachstils. Genausogut kann das

Lied allerdings auch viel älter sein, da diese Kenntnisse in den älteren heidnischen Zeiten erst recht vorhanden waren, während sich der Sprachstil immer nach der Zeit der letzten mündlichen Weitergabe richtet. Man macht aber einen Fehler, wenn man dieses Lied als reine Aufzählung mythologischer Dinge aus der Hand irgendeines unbekannten Skálden ansieht; derartige Dinge hätte ein Skálde auch viel einfacher in kurzen Merkversen unterbringen können. Bloße Wissensdichtung in ein mythisches Gewand einzukleiden und ohne weiteren Sinn aufzuzählen war nicht für die Entstehung des Liedes entscheidend. Vielmehr ist auch in diesem Lied ein alter Mythos enthalten, der den eigentlichen Inhalt ausmacht.

Da Baldrs Tod in Strophe 54 bereits als geschehen erwähnt wird, muß dieses Lied im Naturmythos nach der Sommersonnenwende (Baldrs Tod) kommen. Vafþrúðnir ist ein Winterriese, dessen Name dem Óðinsnamen Vafuðr (»Wind«) in den Grímnismál 54 ähnelt. Óðinn wettet mit Vafþrúðnir, die Sonnenmacht mit der Wintermacht. Das Lied ist ein Bild des Sommer-Winterkampfes, und zwar steht zuerst die Sonne (Óðinn) in der Gewalt des Winters (Vafþrúðnir), doch gerät dann nach und nach der Winter in die Gewalt der Sonne. Der Winterriese setzt sein Haupt zum Preise und verliert schließlich die Wette. Der Winter wird also enden um einem neuen Sommer Platz zu machen. Nur Óðinn als die absolute Lichtgottheit, der ewig Alte und daher auch ewig Neue, nicht aber Óðinn als der Winterriese, der ewig Alte, niemals sich Verjüngende, kennt dieses geheimnisvolle Wort, daß Er dem Baldur ins Ohr flüsterte. Es geht in dem Mythos um Werden und Wiederwerden; der Sommer stirbt, aber der Sommer kehrt auch wieder, Baldur stirbt, aber Váli wird ihn rächen.

Mythologen haben in Vafþrúðnir einen älteren Óðinn sehen wollen, wie auch bei den Griechen die olympischen Götter den älteren Titanen gegenüberstehen. Óðinn ist danach der Inbegriff all der jungen, früh sterbenden Sommer- und Sonnensöhne, wie er andererseits als Vafþrúðnir (Winter) ihr Gegensatz ist. Der einseitige Gegensatz verliert nach dieser Deutung das Spiel gegen die Weisheit des allumfassenden Inbegriffs in diesem Herbst- und Wintermythos.

Die Rahmenhandlung ähnelt sehr der Gylfaginning, doch finden sich deutlichere Übereinstimmungen unseres Liedes mit den Heiðreks gátur (Heiðreksrätseln) der Hervarar Saga. In 37 Strophen stellt dort der als Gestumblindi (»der blinde Gast«) verkleidete Gott Óðinn dem

König Heiðrekr Rätsel als Wettstreit, wobei es auch um das Leben geht. Die letzte Frage entspricht der in den Vafþrúðnismál.

Ähnliche Wettstreite gibt es in unserm Sängerkrieg auf der Wartburg, im deutschen Märchen, in jenem von der Turandot und in der griechischen Mythe von Ödipus und der Sphinx müssen Rätsel gelöst oder das fehlende Wissen mit dem Tode gebüßt werden. Dem Abt von St. Gallen geht es nur um die Abtswürde, aber Hans Bendix gleicht genau dem Gott Óðinn, wie er in der Hervarar Saga dem König Heiðrekr entgegentritt. Bei der Turandot allerdings droht keine Strafe, sondern wird dem scharfsinnigen Rater Lohn verheißen.

Der Riese fragt übrigens in unserm Liede nur nach totem Wissen, nach mythologischen Namen, während Óðinn durch Seine Fragen das Wettspiel zu einer Gesamtschau der Weltgeschichte lenkt.

Das Lied beginnt mit dem 1. Abschnitt, dem Gespräch der Gottheiten Óðinn und Frigg.

Óðinn:
1. Rat du mir nun, Frigg, da mich zu fahren lüstet
Zu Vafþrúðnirs Wohnungen;
Denn groß ist mein Vorwitz über der Vorwelt Lehren
Mit dem allwissenden Jǫten zu streiten.

Daß Óðinn hier Seine Gemahlin Frigg um Rat fragt, ist ein Zug, den wir auch sonst bei den Germanen finden. Tacitus schreibt in der »Germania«[48]:

»Die Germanen glauben sogar, den Frauen wohne etwas Heiliges und Seherisches inne; deshalb achten sie auf ihren Rat und hören auf ihren Bescheid.«

Für patriarchale Gesellschaften und Religionen ist eine derartige Vorgehensweise unverständlich.

Frigg:
2. Daheim zu bleiben, Herjafǫðr, mahn ich dich
In der Götter Gehegen,
Da vom Stamm der Jǫten ich stärker keinen
Als Vafþrúðnirn weiß.

Herjafǫðr bedeutet »Heervater« und ist ein Beiname Óðins. Frigg rät also, nicht zu diesem Jǫtun (Riesen) zu reisen.

Óðinn:
3. Viel erfuhr ich, viel versucht ich,
Befrug der Reginn viel;
Nun will ich wissen wie's in Vafþrúðnirs
Sälen beschaffen ist.

Mit »Reginn« sind hier wie im ganzen Lied die Ratenden, die Götter gemeint. Óðinn hat Sein Wissen also auch von den andern Göttern erhalten, und will trotz Friggs Rat zu Vafþrúðnir fahren.

Frigg:
4. Heil denn fahre, heil denn kehre,
Heil dir auf deinen Wegen!
Dein Wissen bewähre sich, da du, Aldafǫðr,
Mit Jǫten Rede tauschest. –

In der ersten Strophenhälfte ist eine heidnische Verabschiedungsformel enthalten. »Aldafǫðr« bedeutet »Vater der Menschen«.

5. Fuhr da Óðinn zu erforschen die Weisheit
Des allklugen Jǫten.
Er kam zu der Halle, die Íms Vater hatte;
Eintrat Yggr alsbald.

Die einzigste Strophe dieses Liedes, die von einem Erzähler stammt und keine direkte Rede darstellt. Ímr bedeutet »der Dunkle«, so daß der Vater des Winterriesen ganz passend benannt ist. Allerdings hat man den Namen auch auf »íma« = »Kampf« oder »im« = »Staub« zurückführen wollen. Schließlich kann auch der Wolf gemeint sein wegen der Farbe, also »der Graue, Schmutzige«. Begriffe wie Wolf oder Schmutz sind allerdings auch Kennzeichen von Winterwesen.

Yggr bedeutet »der Schrecker« oder »der Schreckliche« und ist Beiname Óðins.

Diese Strophe beendet das Zwiegespräch zwischen Óðinn und Frigg und leitet über zum 2. Abschnitt des Liedes, wo Óðinn Vafþrúðnir begegnet.

Óðinn:
6. Heil dir, Vafþrúðnir! In die Halle kam ich
Dich selber zu sehen.
Zuerst will ich wissen ob du weise bist
Und ein allwissender Jǫte.

Óðinn begrüßt den Riesen und nennt gleich Sein Anliegen: Er will wissen, ob es stimmt, daß Vafþrúðnir tatsächlich so weise ist.

Vafþrúðnir:
7. Wer ist der Mann, der in meinem Saal
Das Wort an mich wendet?
Aus kommst du nimmer aus unsern Hallen,
Wenn du nicht weiser bist.

Der Riese fragt nun seinerseits nach dem Namen seines Gastes. Und er sagt, daß der Gast nicht lebend aus dem Hause käme, wenn er nicht klüger sei. Da aber Vafþrúðnir als der weiseste Riese gilt, und damit praktisch nie ein weiserer Mann zu ihm kommen kann, ist für ihn Óðinn bereits dem Tode verfallen. Es ist zu bemerken, daß der Riese es ist, der die Strafe des Todes für den Unterlegenen fordert, nicht der Gott.

Óðinn:
8. Gagnráðr heiß ich, die Wege ging ich
Durstig zu deinem Saal.
Bin weit gewandert, des Wirts, o Jǫte,
Und deines Empfangs bedürftig.

Óðinn gibt Sich hier den Namen Gagnráðr, das bedeutet »Gegen-Rater«, also »Streitgegner«. In den Nefnaþulur kommt die Schreibweise »Gangráðr« vor, das bedeutet »der Wegkundige« (der das »Gehen Ratende«). Der Beiname ist wichtig, um dem Riesen nicht magische Macht über Sich zu geben, die durch Kenntnis des wahren Namens erlangt werden könnte. Außerdem soll der Riese natürlich nicht wissen, mit welchem Gegner er sich hier mißt, denn wüßte er es, würde er wohl kaum in einen Wissenswettstreit mit dem Gott des Wissens getreten sein, der auf Leben und Tod endet.

Vafþrúðnir:
9. Was hältst du und sprichst an der Hausflur, Gagnráðr?
Nimm dir Sitz im Saale:
So wird erkannt wer kundiger sei,
Der Gast oder der graue Þulr.

Vafþrúðnir nennt sich hier »grauer Þulr«. Der Þulr war ein Spruch-zauberer, der mythologisches Wissen hatte. Man nimmt an, daß die Namensaufzählungen der jüngeren Edda, die »Nefnaþulur« dieses

Wissen des Þulr enthalten. Da »þulr« im Nordischen auch »Lied« bedeuten kann, scheinen sich in heidnischer Zeit die Þule auch mit dem Vortrag mythologischer Lieder befaßt zu haben. In späteren Überlieferungen lebt der Þulr (angelsächsisch Þyle) als »Hofnarr« und Berater eines Königs fort; bekannte davon abgeleitete Bezeichnungen sind Wilhelm Tell (Wilhelm der Þul) oder Till Eulenspiegel (Þul Eulenspiegel). Um Þulr zu werden, war eine Initiation Voraussetzung, bei der der Anwärter sich aufhängen (Hávamál 134) und das Wissen der neun Welten kennenlernen mußte (Hávamál 140, Vafþrúðnismál 43). Óðins Runeninitiation war eine Þulr-Initiation, wie die Hávamál 111 und 142 andeuten.

Gagnráðr:
10. Kehrt Armut ein beim Überfluß,
Spreche sie gut oder schweige.
Übeln Ausgang nimmt Übergeschwätzigkeit
Wenn man zum Kaltrippigem kommt.

Óðinn lehnt es also ab, Sich gleich zum Riesen zu setzen und bleibt auf der Eingangsdiele stehen. Er spricht eigene Lebensregeln an, die ähnlich auch in den Hávamál (19, 29) enthalten sind. Ein »Kaltrippiger« ist ein Feind oder Gegner.

Vafþrúðnir:
11. Sage du, so du von der Flur versuchen willst,
Gagnráðr, dein Glück,
Wie heißt der Hengst, der herzieht den Dagr
Über der Menschen Menge?

Mit Strophe 11 beginnt nun der erste Teil des Wissenswettstreites und 3. Abschnit des Liedes. Hier fragt der Riese den Gast, wobei der Riese immer nach dem Ist-Zustand fragt, also danach, wie etwas Vorhandenes heißt.

Dagr bedeutet »Tag«, da aber Dagr auch Beiname eines Gottes (Baldr) und mythologisches Wesen ist, lasse ich ihn unübersetzt.

Gagnráðr:
12. Skinfaxi heißt er, der den schimmernden Dagr zieht
Über der Menschen Menge.
Für der Füllen bestes gilt es den Hreiðgoten,
Stets glänzt die Mähne der Mähre.

Skinfaxi bedeutet »Lichtmähne« oder »Schein-Mähne«, es ist das Roß, daß in den Skáldskaparmál Kap. 73 der jüngeren Edda auch als Glaðr (»der Glänzende«) benannt ist.

Daß Óðinn hier gerade den Stamm der Hreiðgoten stellvertretend für alle Menschen nennt, ist ein Hinweis auf den festlandgermanischen Bezug der Eddalieder, denn Hreiðgotland ist das heutige Jütland in Nord-Dänemark.

Vafþrúðnir:
13. Sage denn, so du von der Flur versuchen willst,
Gagnráðr, dein Glück,
Den Namen des Rosses, das die Nótt bringt von Osten
Den herrlichen Reginn?

Nótt ist die »Nacht«, auch sie erscheint personifiziert wie der Dagr (Tag). Die »Reginn« sind die Götter.

Gagnráðr:
14. Hrímfaxi heißt es, das die Nótt herzieht
Den herrlichen Reginn.
Schaumtropfen fallen am Morgen vom Gebiß
Und füllen mit Tau die Täler.

Hrímfaxi kann mit »Reifmähne« übersetzt werden; dann würde es ein Hinweis auf nächtlichen Rauhreif sein. Aber es kann auch mit »Rußmähne« übersetzt werden und damit einen Hinweis auf die Dunkelheit enthalten. Beides ist passend und möglicherweise wurde das Wort schon in heidnischer Zeit so doppeldeutig verstanden.

Vafþrúðnir:
15. Sage denn, so du von der Flur versuchen willst,
Gagnráðr, dein Glück,
Wie heißt der Strom, der dem Stamm der Jǫten
Den Grund teilt und den Göttern?

Zwischen Ásgarðr, der Götterwelt und Útgarðr, der Riesenwelt befinden sich mythische Flüsse, die in der Hymisqviða 5 als Élivágar bezeichnet werden.

Gagnráðr:
16. Ífing heißt der Strom, der dem Stamm der Jǫten
Den Grund teilt und den Göttern.
Durch alle Zeiten zieht er offen,
Nie wird Eis ihn engen.

Ífing bedeutet »der Ungestüme«; dieser Fluß darf nie zufrieren, damit die Riesen nicht nach Ásgarðr gelangen können. Durch mediale Berichte wissen wir, daß tatsächlich verschiedene Bereiche der spirituellen Welten durch Flüsse getrennt sind.

Vafþrúðnir:
17. Sage denn, so du von der Flur versuchen willst,
Gagnráðr, dein Glück,
Wie heißt das Feld, wo zum Kampf sich finden
Surtr und die selgen Götter?

Der Riese fragt hier nach dem Ort, wo beim Ragnarǫk (Göttergericht) die Scharen der Riesen, angeführt vom Feuerriesen Surtr, gegen die Götter antreten werden. Ob er es schon weiß, oder erst von Óðinn erfährt, ist dem Text nicht zu entnehmen. Ich vermute Letzteres.

Zu Surtr siehe Vǫluspá Strophe 52.

Gagnráðr:
18. Vígríðr heißt das Feld, da zum Kampf sich finden
Surtr und die selgen Götter.
Hundert Rasten zählt es rechts und links:
Solcher Valplatz wartet ihrer.

Vígríðr bedeutet »Platz, auf dem der Kampf wogt«, der Valplatz ist der »Kampfplatz«. In den Fáfnismál 15 heißt dieser Ort Óskópnir, das bedeutet »Ungeschaffen«, da dieser Ort noch nicht besteht oder schon immer bestand und damit nicht extra geschaffen werden mußte.

Vafþrúðnir:
19. Klug bist du, Gast: geh zu den Jǫtenbänken
Und laß uns sitzend sprechen.
Das Haupt stehe hier in der Halle zur Wette,
Wandrer, um weise Worte.

Nach diesen vier Fragen ist der Riese überzeugt, daß sein Gast über genügend Wissen verfügt. Der Gast hat sich seinen Sitzplatz in der Halle verdient und ihm wird erneut Platz angeboten (und man darf annehmen, daß Óðinn Sich nun auch setzt).

Und erneut bringt der Riese den Preis des Wissenswettstreites, das Haupt des Verlierers, hier ein.

Es beginnt nun der 4. Abschnitt des Liedes, Óðins Fragen an den Riesen. Óðins Fragen beziehen sich im Gegensatz zu Vafþrúðnirs Fragen immer auf die Herkunft der Wesen und gehen also den Dingen auf den Grund.

Gagnráðr:
20. Sage zum ersten, wenn Sinn dir ausreicht
Und du es weißt, Vafþrúðnir,
Jǫrð und Überhimmel, von wannen zuerst sie
Kamen? Kluger Jǫte!

Óðinn stellt nun zunächst zwölf Fragen, wobei die ersten vier Fragen Doppelfragen sind, Óðinn fragt also darin gleich nach zwei Dingen. Somit haben wir die mythische Zahl 12 (12 Götter, Tierkreiszeichen, Monate) und zusätzlich 4 (Elemente), so daß also die gleichfalls bedeutende Zahl 16 (die z. B. die Anzahl der Runen der jüngeren Reihe ist) vorhanden ist, während der Riese nach 4 Dingen fragte und somit die Zahl der materiellen vier Elemente vorliegt. Schon diese Zahlenverhältnisse zeigen den Unterschied Gott-Riese überdeutlich auf.

Die Formulierung »Jǫrð und Überhimmel« ist uralt und findet sich auch in der Vǫluspá 3 (weitere Parallelen siehe dort). Jǫrð ist die Erde, Þórs Mutter.

Vafþrúðnir:
21. Aus Ymirs Fleisch, ward die Jǫrð geschaffen,
Aus dem Gebein die Berge,
Der Himmel aus der Hirnschale des eiskalten Hünen,
Aus seinem Schweiße die See.

Hier nimmt Vafþrúðnir Bezug auf den bekannten Schöpfungsmythos, wonach die Jǫrð (Erde) aus dem Urriesen Ymir geschaffen wurde. Damit ist der materielle Teil der Erde, sozusagen Ihr Körper, gemeint, denn die Jǫrð als Riesin bzw. Gottheit ist Tochter Ánars (»der Andere«; er wird auch beim Skálden Þjóðólfr Arnórsson im 11. Jh. als Vater der Jǫrð genannt) und der Nótt (Gylfaginning 10), Frau Óðins und Þórs Mutter. Ánarr ist dabei wohl Óðinn selbst, da nach Gylfaginning 9 Jǫrð zugleich auch Óðins Tochter ist.

Diese Strophe ist fast ganz identisch mit Grímnismál Strophe 40.

Gagnráðr:
22. Sag mir zum andern, wenn der Sinn dir ausreicht
Und du es weißt, Vafþrúðnir,
Von wannen der Máni kommt, der über die Menschen fährt,
Und so die Sól?

Máni ist der Mond, Sól die Sonne, beides sind Gottheiten, wobei ich den Namen Máni zum baltischen Menes (Mond) und germanischen

Mannus (Mensch) stelle, desgleichen zum celtischen Mannanan. Der Mondgott ist nämlich zugleich Ahnherr der Menschen. Da der Mythos von Mannus dem des Heimdallr entspricht, sehe ich Heimdallr als Mondgott (vgl. meinen Kommentar zu Vǫluspá Str. 1). Wie bei der Jǫrð aber kann zuweilen unterschieden werden zwischen der Gottheit und dem Gestirn.

Vafþrúðnir:
23. Mundilfœri heißt Mánis Vater
Und so der Sól.
Sie halten täglich am Himmel die Runde
Und bezeichnen die Zeiten des Jahres.

Der Name Mundilfœri bedeutet »der sich nach bestimmten Zeiten bewegt«, er ist ein Bild für den Himmelsumschwung. »Mundull« bedeutet auch »Griff, Malstange« und damit den Griff, an dem wie an einer Handmühle die Drehung des Himmels bewerkstelligt wird.

Gagnráðr:
24. Sag mir zum dritten, so du weise dünkst
Und du es weißt, Vafþrúðnir,
Wer hat den Dagr gezeugt, der über die Völker zieht,
Und die Nótt mit dem Niedermond?

Dagr ist der Tag, eine Gottheit (siehe Strophe 11), Nótt die Nacht (Strophe 13). Der »Niedermond« (im Original: »nið«) ist der sinkende Mond, also die abnehmende Mondwoche; manche deuten den Begriff auch auf den Schwarzmond. Wörtlich bedeutet »niðr« »nieder«, aber eine Verbindung zu »nið« = Neid, Hohn ist auch möglich.

Vafþrúðnir:
25. Dellingr heißt Dags Vater,
Die Nótt ist von Nǫrvi gezeugt.
Neumond und Niedermond schufen herrliche Reginn,
Die Zeiten des Jahrs zu bezeichnen.

Dellingr bedeutet »der Glänzende«, vielleicht auch »der Berühmte«; in den Hávamál 160 ist »Dellings Tür« eine Kenningar (Umschreibung) für den Tagesanbruch. Dellingr ist ein Áse, wenn Dagr mit Baldur identisch ist, müßte Dags Vater Dellingr der Gott Óðinn Selbst sein. Nǫrvi, Nǫrfi oder Narfi bedeutet »schmal« oder »Bedränger« und ist der riesische Vater der Nacht. Er kommt auch in Alvissmál 29 vor. Daß dieser Name nicht nur in der Edda vorkommt, beweist die altenglische Bezeichnung für Nacht »narouua«, die mit »Nǫrvi« etymologisch verwandt ist.

»Neumond« (also wachsender Mond) und »Niedermond« (abnehmender Mond) sind im Original »ný« und »nið«.

Gagnráðr:
26. Sag mir zum vierten, wenn du's erforscht hast
Und du es weißt, Vafþrúðnir,
Wannen der Vetr kam und der
warme Sumar Zuerst den weisen Reginn?

Vetr (Winter) und Sumar (Sommer) sind hier als mythologische Wesen aufgefaßt, daher lasse ich die Namen unübersetzt.

Vafþrúðnir:
27. Vindsvalr heißt des Vetrs Vater,
Und Svásuðr des Sumars.
(Durch alle Zeiten ziehn sie selbander
Bis die Reginn vergehen.)

Weil die alten Handschriften die 2. Hälfte der Strophe nicht haben, die sich nur in ganz jungen Papierhandschriften der Edda befindet, ergänzen Eddaübersetzer den Vers meist mit Angaben aus der jüngeren Edda (Gylfaginning 19, Skáldskaparmál 37):

»Vindsvalr war dem Vásaði entsprossen
Frostig ist all das Volk.«

Vindsvalr (»der Wind-Kühle«) der auch Vindljóni (»Windmensch«) heißt, ist ein Riese, der auch beim Skálden Ormr Steinþórsson (11. Jh.) erwähnt wird, der Vater des Vetr (Winters). Vásaði bedeutet vielleicht »der Kummerbringer«, »der Mühsal Schaffende«. Svásuðr (»der Liebenswerte«) ist der Vater des Sumar (Sommers). Er hat ein so glückliches Leben, daß alles, was angenehm (altnord. svásligt) ist, nach ihm benannt ist.

Gagnráðr:
28. Sag mir zum fünften, wenn du's erforscht hast
Und du es weißt, Vafþrúðnir,
Wer von den Ásen der älteste, oder von Ymirs Geschlecht
Im Urtagen aufwuchs?

Mit dieser Strophe beginnen nun die Strophen, wo Óðinn immer nur nach einer einzigen Sache fragt. Óðinn will also wissen, welches das älteste Wesen von Riesen oder Ásen (Göttern) ist.

Vafþrúðnir:
29. Im Urbeginn der Zeiten vor der Jǫrð Schöpfung
Ward Bergelmir geboren.
Þrúðgelmir war dessen Vater,
Aurgelmir sein Ahn.

Vafþrúðnir kann die ihm bekannten ältesten Riesen erwähnen bis zu Aurgelmir, d. i. Ymir (siehe Abb. 12). Die Namen bedeuten: Bergelmir = »der sich Bergende« oder der »Berg-Brüller« oder »der wie ein Bär Brüllende«; Þrúðgelmir = »der Kraft-Brüller«. Es ist der sechshäuptige Sohn Ymirs (Strophe 33); Aurgelmir = der »Sand-Brüller« oder »der mächtige Brüller«, ist ein anderer Name für Ymir.

Der Mythos von Ymir ist uralt; etymologisch entspricht er dem altindischen Yama und dem babylonischen Yima, von der Funktion her dem indischen Purusha. Sagen vom Urriesen wurden im arabischen Raum später auf Adam übertragen, der auch anfangs als Riese erschien, bis ihn Gott im Schlaf zerstückelte und so auf seine menschliche Größe brachte.

Gagnráðr:
30. Sag mir zum sechsten, wenn du sinnig dünkst
Und du es weißt, Vafþrúðnir,
Woher Aurgelmir kam den Kindern der Jǫten
Zuerst? allkluger Jǫte.

Óðinn geht in Seiner Fragerei immer weiter zurück, um den Ursprung allen Seins zu erfahren. Für den Schöpfergott, der alles aus Sich selbst geschaffen hat, ist es eine Form der Selbsterkenntnis.

Vafþrúðnir:
31. Aus den Élivágar fuhren Eitertropfen
Und wuchsen bis ein Jǫte ward.
(Dann stoben Funken aus der südlichen Welt
Und Lohe gab Leben dem Eis.)

Die bekannte Entstehung von Ymir-Aurgelmir in verkürzter Darstellung. Die »Élivágar« sind die »Feuer-Wogen«, »stürmische Wogen« oder das »Unwetter-Meer«. Die eingeklammerte Halbstrophe findet

Abbildung 12: Die Kuh Auðumbla ernährt den Urriesen Ymir/Aurgelmir mit ihren Milchströmen. Der Text links oben ist Geheimschrift. Eddahandschrift des Olaf Brynjólfsson von 1760.

sich nur in den jüngeren Papierhandschriften der Edda, ist aber inhaltlich richtig. Noch in diesen späteren Zeiten war den Eddaüberlieferern der Mythos bekannt, so daß sie die fehlende halbe Strophe ergänzen konnten.

Diese Strophe ist auch in der Gylfaginning 5 angeführt, dort hat sie aber ein anderes Ende:

»Unsere Sippen entstanden dort alle zusammen,
Drum sind sie unhold immer.«

Möglicherweise ist diese Fassung die ursprünglichere, und die in den Papierhandschriften der älteren Edda enthaltene Halbstrophe ist eine jüngere Ergänzung.

Gagnráðr:
32. Sag mir zum siebenten, wenn du sinnig dünkst
Und du es weißt, Vafþrúðnir,
Wie zeugte Kinder der kühne Jǫte,
Da er der Gattin irre ging?

Vafþrúðnir:
33. Unter der Hand des Hrímþursen, sagt man,
Wuchsen Sohn und Tochter.
Fuß mit Fuß gewann dem furchtbaren Jǫten
Sechsgehäupteten Sohn.

Óðinn will wissen, wie alles begann. Was der sechshäuptige Sohn bedeutet, ist unklar. Möglicherweise symbolisiert er die Vielgestaltigkeit der Materie. Sohn und Tochter entstanden unter der linken Hand; das ist wohl im Sinne von »ihm entstanden auf eigene Hand Sohn und Tochter« zu verstehen, nicht unbedingt wörtlich zu nehmen. Der Fuß als Zeugungssymbol findet sich noch heute im Volksbrauchtum, wobei der Schuh ein Vaginasymbol ist. In den Märchen wird die richtige Braut an ihrem Schuh erkannt (Aschenputtel), im Hochzeitsbrauchtum verband man die Brautleute am Unterschenkel (ursprünglich wohl an den Füßen) miteinander und in den »Schuhplattlern« kann man alte Fruchtbarkeitstänze erkennen.

Gagnráðr:
34. Sag mir zum achten, wenn man dich weise achtet,
Daß du es weißt, Vafþrúðnir,
Wes gedenkt dir zuerst, was weißt du das älteste?
Du bist ein allkluger Jǫte.

Óðinn will noch weiter zurück: Was ist das alleralteste, woran sich der Riese erinnert bzw. wovon er Kunde hat.

Vafþrúðnir:
35. Im Urbeginn der Zeiten, vor der Jǫrð Schöpfung
Ward Bergelmir geboren.
Des gedenk ich zuerst, daß der allkluge Jǫte
In der Lade geborgen ward.

Daß sich Ymirs Enkel vor der Urflut in einer Lade (Mahlkasten, das Holzgestell einer Handmühle), altnord.»lúðr«, rettete, nicht in einem Boot (wie etwa im biblischen Sintflutmythos), hat viele Fragen aufgeworfen. Vielleicht stand einfach nur nichts anderes zur Verfügung. Vielleicht handelt es sich bei »lúðr« auch um eine sonst unbekannte Bezeichnung für ein Boot.

Gagnráðr:
36. Sag mir zum neunten, wenn man dich weise nennt
Und du es weißt, Vafþrúðnir,
Woher der Wind kommt, der über die Wasser fährt
Unsichtbar den Erdgebornen.

Óðinn ist auch Gott des Windes, worauf auch Sein Beiname Vafuðr hinweist. Hier meint Er den dämonischen Wind, den riesisch-elementaren Aspekt des Windes.

Vafþrúðnir:
37. Hræsvelgr heißt der an Himmels Ende sitzt
In Adlerskleid ein Jǫte.
Mit seinen Fittichen facht er den Wind
Über alle Völker.

Hræsvelgr bedeutet »Leichenfresser« oder »Leichenschwelger«. Dieser Adler ist ein Riese, aber einen Bezug zum Gott Óðinn kann man dennoch erkennen, denn Óðinn ist ja bekanntlich der Adler geweiht und über Valhǫll befindet sich ein Adler (Grimnismál Str. 10). Im Winde aber fliegen auch die Seelen der Verstorbenen umher, z. B. in der »Wilden Jagd«, ganz ähnlich, wie hier Hræsvelgr die Toten aufwirbelt. Da der Adler zudem auch Aas frißt, ist auch von daher ein Bezug zum Tode gegeben. Jede elementare Kraft hat einen göttlichen und einen riesischen Aspekt.

Gagnráðr:
38. Sag mir zum zehnten, wenn der Götter
Zeugung Du weißt, Vafþrúðnir,
Wie kam Njǫrðr unter die Ásensöhne?
Höfen und Heiligtümern hundert gebietet er
Und ist nicht ásischen Ursprungs.

Vafþrúðnir:
39. In Vanaheim schufen ihn weise Reginn
Und gaben ihn Göttern zum Geisel.
Am Ende der Zeiten soll er aber kehren
Zu den weisen Vanen.

Hier steht der Begriff Reginn offenbar für diejenigen Götter, die Njǫrðr erzeugten, also die Vanen. Letztendlich ist Óðinn als Allvater auch der Vater der Vanen.

Gagnráðr:
40. Sag mir zum elften, wo die Männer im Hof
Sich täglich schlagen.
(In Herjafǫðrs Halle was die Einherjer schaffen
Bis die Reginn vergehen?)

Hier fragt Óðinn bereits etwas, was der Riese eigentlich nicht aus eigener Erfahrung wissen kann: Nach den Tätigkeiten der Einherjer (»die allein Kämpfenden«), das sind die Seelen der verstorbenen Helden in Valhǫll. Die 2. Halbstrophe findet sich nur in Papierhandschriften der Edda. Herjafǫðr (»Heervater«) ist Óðinn.

Vafþrúðnir:
41. Die Einherjer alle in Óðins Saal
Streiten Tag für Tag;
Sie kiesen den Val und reiten vom Kampf heim
Und sitzen versöhnt beisammen.

Die Einherjer üben sich also im Kampf, um gegen die Riesen gerüstet zu sein. Bei Saxo Grammaticus allerdings wird eine andere Erklärung gegeben: Hier vollziehen die Verstorbenen im Spiel lediglich ihre jeweilige Todesart nach.

Gagnráðr:
42. Sag mir zum zwölften, wenn der Götter Gericht
Alles, Vafþrúðnir, weißt.

Von der Jǫten Runen und aller Ásen
Sag mir das Sicherste,
Allkluger Jǫtun.

Die letzte Frage dieser Reihe fragt nach dem Sichersten: Und das ist
der Tod, wie die Antwort ergibt. Der Begriff »Runen« ist hier nur im
Sinne von »Geheimnis« verwendet, oder deutet an, daß das Vorzeit-
wissen der Götter in Runen niedergelegt bzw. aufgeschrieben ist. Mit
»Gericht der Götter« übersetze ich das »tíva rǫk« des Originals, was
man allerdings in der Regel mit »Götterschicksal« (Götterdämmerung)
wiedergibt (siehe dazu meine Anmerkungen zu Vǫluspá Strophe 44).

Vafþrúðnir:
43. Von der Jǫten Runen und aller Ásen
Kann ich Sicheres sagen,
Denn alle durchwandert hab ich die Welten,
Neun Reiche bereist ich bis Niflhel nieder:
Dahin sterben die Helden zur Hel.

Der Riese Vafþrúðnir ist auch ein Þulr, hat also eine Initiation durch-
gemacht, zu der es gehörte, alle neun Welten kennenzulernen. Dies
bestätigt er hier dem Gott. Ob die letzte Zeile der Strophe nur diese
Darstellung ergänzt, oder die von Óðinn erwartete Antwort darstellt,
ist ungewiß, doch nehme ich es an, da sonst die Antwort fehlen würde
und der Riese bereits verloren hätte.

Die Strophe deutet außerdem an, daß die neun Welten in einer Art
Stufenleiter angeordnet sind, was auch die Gylfaginning 3 bestätigt. Es
sind die Welten (in absteigender Reihenolge):

- Múspellzheimr,
- Ljósálfarheimr,
- Vanaheimr,
- Ásgarðr,
- Miðgarðr
- Útgarðr oder Jǫtunheimr,
- Svártálfarheimr,
- Helheimr,
- Niflheimr.

Nun sind wir wieder an einer Cäsur angekommen, der 5. Abschnitt beginnt. Óðinn hat in 12 Strophen nach der Herkunft von 16 Dingen gefragt. Die folgenden sechs weiteren Fragen werden anders eingeleitet (nämlich so, wie Strophe 3) und die Fragen werden nicht gezählt. Möglicherweise gab es zwischen Strophe 43 und 44 einst weitere Strophen, wo wieder Vafþrúðnir Fragen an Óðinn stellte, die aber nicht erhalten sind. Es ist aber anzunehmen, da er in der erhaltenen Liedfassung ja nur vier Fragen stellt. Die hier beginnenden Fragen beziehen sich alle auf die Zukunft (im Gegensatz zu denen davor, die die Vergangenheit und Herkunft der Wesen betrafen), und zwar auf die Zeit nach dem Göttergericht.

Gagnráðr:
44. Viel erfuhr ich, viel versucht ich,
Befrug der Reginn viel.
Wer lebt und leibt noch, wenn der lang besungne
Fimbulvetr schwand?

Der Fimbulvetr ist der große, dreijahrige Winter, der kommen wird, wenn der Endkampf stattfindet. Nach einer Deutung könnte der Endkampf auch durch den Einschlag eines großen glühenden Meteoriten (Muspellz Söhne, Surtr) geschehen, was dann auch durch den Meteoritenstaub zu einer längeren Kältezeit (Fimbulvetr) führen würde.

Vafþrúðnir:
45. Líf und Lífþrasir leben verborgen
In Hoddmímirs Holz.
Morgentau ist all ihr Mahl:
Von ihnen stammt ein neu Geschlecht.

Líf (»Leben«) und Lífþrasir (»Lebensstrebend«) sind die beiden Menschen, die den Endkampf im Stamme der Weltesche (»Hoddmímirs Holz« = »Berge-Mímirs Baum«) überleben werden und die zu Stammeltern der neuen Menschen werden. Sie entsprechen den ersten Menschen Askr und Embla, die aus dem Holz der Weltesche (und einer Ranke darum) erschaffen wurden. Es ist also der gleiche Mythos auf einer anderen Ebene; das Heidentum kennt ein zyklisches Weltbild, wo sich Vorgänge auf einer höheren Ebene wiederholen. Die germanischen Bestattungen in Baumsärgen legen den Mythos vom Weiterleben im Stamme der Weltesche zugrunde. Daß der Mythos auch bei uns im Süden bekannt war, beweist eine bayerische Sage von einem im Baum wohnenden Hirten, dessen Nachkommen das von der Pest verwüstete Land bevölkern werden[49].

Gagnráðr:
46. Viel erfuhr ich, viel versucht ich,
Befrug der Reginn viel.
Wie kommt eine Sól an den klaren Himmel,
Wenn diese Fenrir fraß?

Vafþrúðnir:
47. Eine Tochter entstammt der Álfrǫðull
Eh der Wolf sie würgt:
Glänzend fährt nach der Reginn Fall
Die Maid auf den Wegen der Mutter.

Beim Ragnarǫk wird die Göttin Sól (Sonne) vom Fenriswolf gefressen. Sól ist die einzigste Göttin, deren Schicksal beim Ragnarǫk erwähnt wird. »Álfrǫðull« bedeutet »Albenstrahl« und ist auch in den Skírnisfǫr der Name der Sól.

Gagnráðr:
48. Viel erfuhr ich, viel versucht ich,
Befrug der Reginn viel.
Wie heißen die Mädchen, die über das Meer ziehen
Vorwissend überfahren?

Vafþrúðnir:
49. Drei Scharen schweben über den Vesten
Mǫgþrasirs Mädchen,
Die einzigen Huldinnen der Erdenkinder,
Wenn auch bei Jǫten auferzogen.

Man hat diese drei Scharen von Mädchen, die als »Hamingjar« (Schutzgeister, Huldinnen) bezeichnet werden, auf die drei Nornen gedeutet. Der Name Mǫgþrasir bedeutet »der nach Magen (Nachkommen, Söhne) Strebende« oder »der Magen Bedrängende«, »Der Männer Bedrängende«. Es muß damit Óðinn gemeint sein, der nach Wunschsöhnen (Einherjern) strebt, und die drei Scharen Mädchen sind wohl drei Gruppen von Valkyren; dreimal neun Valkyren werden auch in der Helgaqviða Hjǫrvarǫzsonar 28 genannt. Eine Verbindung zu den Nornen wurde vermutet. Immerhin reitet die dritte Norne Skuld auch als Valkyre durch die Luft.

Gagnráðr:
50. Viel erfuhr ich, viel versucht ich,
Befrug der Reginn viel.
Wer waltet der Ásen des Erbes der Götter,
Wenn Surtrs Lohe losch?

Vafþrúðnir:
51. Víðarr und Váli walten des Heiligtums,
Wenn Surtrs Lohe losch.
Móði und Magni sollen Mjǫllnir führen
Und gewinnen den Krieg.

Víðárr (»der weithin Herrschende«) und Váli (»der Streitbare«) sind die göttlichen Büder, deren Kult bereits Tacitus in seiner Germania (Kap. 43) erwähnt, die Alcen. Sie schützen das Heiligtum, und »algiz« oder »alciz« bedeutet »Schützer«, wie gotisch »alhs« sowohl »Schutz«, wie auch »Heiligtum« bedeutet.

Móði (»der Zornige«) und Magni (»der Starke«) (oder einfach: »Mut« und »Macht«) sind die beiden Söhne Þórs.

In verschiedenen Eddahandschriften und der jüngeren Edda, wo die Strophe angeführt wird, lautet die letzte Zeile folgendermaßen:

»Wenn Vingnir nicht mehr kämpft«

Hier wird also Vingnir (»der seine Waffe schüttelnde Gott«) erwähnt. Vingnir ist ein Name von Þórr, und zwar nach Seinem riesischen Ziehvater gebildet. Möglicherweise hat der Name auch einen Bezug zu Óðinn, da er in den Nefnaþulur unter den Óðinsnamen erscheint. Ein Riese Vingnir war der Ziehvater Þórs, dann ging der Name auf Þórr über, wobei er wahrscheinlich eher als Vingþórr (»Kampf-Þórr« oder »Weihe-Þórr«) zu lesen ist.

Gagnráðr:
52. Viel erfuhr ich, viel versucht ich,
Befrug der Reginn viel.
Was wird Óðins Ende werden,
Wenn die Reginn vergehen?

Vafþrúðnir:
53. Der Wolf erwürgt den Aldafǫðr:
Das wird Víðarr rächen.
Die kalten Kiefern wird er klüften
Dem Vitnir auf der Valstatt.

Óðinn (Aldafǫðr = Menschenvater) fragt nach Seinem eigenen Schicksal; bekanntlich tötet Ihn der Fenriswolf, was Víðarr rächen wird. Dabei wird Er dem Vitnir (Wolf, der Fenriswolf) den Kiefer aufreißen, wobei Er mit seinem dicken Schuh dem Wolf ins Maul tritt. Diese Szene ist auf dem Gosforth-Kreuz und Bildsteinen dargestellt. Später wird Óðinn als »Starker von Oben« zurückkehren.

Gagnráðr:
54. Viel erfuhr ich, viel versucht ich,
Befrug der Reginn viel:
Was sagte Óðinn ins Ohr dem Sohn
Eh er die Scheitern bestieg?

Vafþrúðnir:
55. Nicht einer weiß was in der Urzeit du
Sagtest dem Sohn ins Ohr.
Den Tod auf dem Munde meldet ich Vorzeitstäbe
Von dem Gericht der Reginn.
Mit Óðinn kämpft ich in klugen Reden:
Du wirst immer der Weiseste sein.

Das »Gericht der Reginn« ist »Ragnarǫk«, »Vorzeitstäbe« meint »Vorzeitkunde«. Die letzte Frage, was Óðinn Seinem gestorbenen Sohn Baldr bei dessen Bestattung ins Ohr sagte, kann der Riese nicht beantworten, das kann nur der Gott Óðinn selbst wissen. Daran erkennt der Riese nun den Gott und gibt sich geschlagen. Ob Óðinn tatsächlich den Kopf des Riesen fordert, bleibt offen. Óðinn hatte diesen Preis ja nie verlangt, sondern allein der Riese war es, der auf Leben und Tod streiten wollte. Óðinn ging es nur um die Vorzeitkunde, nicht um den Tod des Riesen. Auch die letzte Zeile deutet nicht auf ein Ende des Riesen hin, da sie sich auf die Zukunft bezieht, die er ja gar nicht haben dürfte.

In der Heiðreks gátur der Hervarar saga lautet die entsprechende Frage Gestumblindis (Óðins):

»Noch eins sage, das allerletzte,
Bist der Könige klügster du!
Was sagte Óðinn ins Ohr dem Baldr,
Eh man auf den Holzstoß ihn hob?

Da erkannte Heiðrek den Fremden und antwortete: Schimpf und Schande und alles Schlimme! Keiner weiß deine Worte, außer dir allein, arger Wicht, elendiger!«

Óðinn tötete den König nicht, sondern es heißt, daß dieser bald darauf von ungetreuen Knechten ermordet wurde. In einer Variante, einem färöischen Lied von König Heiðrek, heißt es in der Schlußstrophe[50]:

>»Odin schuf sich zum Vogel wild,
> Flog wohl über die Hall':
> Darinnen brannte der König zur Stund
> Mit seinen Mannen all'!«

Aber die Rätselgeschichte bei Heiðrek ist eben eine andere, als unser Eddalied, es ist von Anfang an eine Prüfung des Königs durch den Gott, kein bloßer Wissenswettstreit.

Zuletzt wollen wir uns fragen, was denn Óðinn dem Sohne tatsächlich ins Ohr geraunt hatte. Gustav Neckel vermutete eine stärkende Zauberformel, Kauffmann und F. R. Schröder ein geheimes Götterwort, Olsen vermutete die Verheißung der Rache. Richtig ist wohl die Verheißung der Wiederkehr, der Auferstehung, das Wort des höheren, seligen Lebens, zu der Baldr, der Gott des Guten, wiedergeboren werde (Simrock, Wolzogen, Wägner, Niedner, Olrik). Insofern ist in unserm Lied der Sieg Óðins durch die geheimnisvolle Frage ein doppelter: Einmal gewinnt Er damit Vafþrúðnirs Haupt, dann aber ist das Wissen von der Wiedergeburt der Götter, die den Riesen nicht beschieden ist, eine zusätzliche Demütigung für Vafþrúðnir und gleicht dessen demütigende Antwort an Óðinn, daß der Gott durch den Wolf fallen werde, wieder aus.

Kapitel 5

Hrafnagaldr Óðins

Dieses Lied findet sich nicht in den alten Handschriften der Edda, sondern nur in jungen Papierhandschriften des 16. Jhs. Deswegen, aber auch wegen seines eigenartigen Stils hielt es Gustav Neckel für das Erzeugnis eines Isländers des 16. oder beginnenden 17. Jahrhunderts und vermutete, es sei als Einleitung für die Vegtamsqviða verfaßt worden. Es wurde auch vermutet, daß die Vegtamsqviða einst den Namen dieses Liedes getragen hätte und dieses Lied sozusagen ein Teil derselben sei, der in den älteren Handschriften verlorengegangen war. Diese Mutmaßungen wurden dadurch belegt, daß unser Lied ja noch den weiteren Titel »Forspjallsljóð« (Vorsprachelied) trägt und somit eine Art Vorwort darstellen könnte.

Der Isländer Eirik Hallsson, der um 1650 lebte, grübelte zwanzig Jahre lang über dieses Lied, ohne es zu entschlüsseln. Wäre es aber zu seiner Zeit entstanden, so hätte er es doch – als Kind dieser Zeit – leicht verstehen müssen.

Ich sehe es als ein altes mythologisches Lied an, welches nur eben erst später als die andern Eddalieder, wohl auch später als die jüngere Edda, aus mündlicher Überlieferung aufgezeichnet wurde und daher auch einen etwas jüngeren Sprachstil aufweist. Deswegen muß der Inhalt nicht frei erfunden oder falsch sein, vielmehr kann durchaus ein alter Mythos und eine Götteroffenbarung in dem Liede bewahrt sein. Gerade daß der Mythos von Iðunn hier etwas anders als in der jüngeren Edda, aber doch inhaltlich richtig erzählt wird, bestätigt die Echtheit des Liedes. Auch viele Einzellieder des finnischen Kalevala-Epos wurden teilweise noch im vergangenen Jahrhundert von fahrenden Sängern vorgetragen, ohne daß deswegen ihre Inhalte als verfälscht gelten.

157

Es wurde ferner von einigen Forschern vermutet, das Lied »Hraf-nagaldr Óðins« (Óðins Rabenzauber) sei unvollständig erhalten, der eigentliche Rabenzauber fehle. Dem widersprach allerdings Karl Sim-rock, der darauf hinwies, daß die Nordgermanen vor der Erfindung des Kompasses oft Raben nach dem Sprechen einer bestimmten Beschwö-rungsformel ausfliegen ließen, um die Nähe des Landes zu erforschen. Die zuvor gesprochene Formel hieß »Rabenzauber«, und dann auch die Rabenaussendung überhaupt. Und diese findet in unserm Liede in Strophe 3 tatsächlich statt, so daß der Titel »Hrafnagaldr Óðins« (Raben-Galdur, Raben-Zaubergesang) durchaus zutreffend sei.

Das Verständnis des Liedes ist dadurch erschwert, daß hier nicht nur viele Götterbeinamen verwendet sind, sondern auch Heitis, also Ersatznamen. So steht z. B. der Name Urðr im Text, gemeint ist aber die Göttin Iðunn.

Der Mythos in diesem Liede ist ein Herbstmythos. Die Göttin Iðunn symbolisiert das grüne Laub und Wachstum der Pflanzen; Sie ist von der Weltesche gesunken, wie das Laub von den Bäumen fällt, und weilt nun bei Nǫrvis Verwandter (Nǫrvi ist Vater der Nacht), das ist die Hel, in der Unterwelt. Die Götter erblicken in dem Laubfall ein Sinnbild des nahen Weltunterganges und werden von trüben Ahnungen ergriffen. Sie senden Heimdallr (vielleicht den Tau oder Regen bedeutend), Lo-ki (die Sommerglut) und Bragi (der Vogelgesang des Frühlings), um Iðunn wieder zurückzubringen, doch besuchen diese vergeblich die winterliche Erde. Bragi bleibt bei Seiner Gemahlin – der Vogelgesang verstummt im Winter, während Heimdallr, der ja mit Seinem Horn die Götter und Einherjer zum letzten Kampfe rufen wird, und Loki, der ein Anführer der götterfeindlichen Wesen sein wird, zurückkehren.

1. Alfǫðr waltet, Álfen verstehn,
Vanen wissen, Nornen weisen,
Iviðie zeugt, Alden gebären,
Þursen trachten, Valkyren sehnen sich.

Eine Einführungsstrophe die darstellt, was die einzelnen Wesen der verschiedenen Welten charakterisiert. Der normale Gang des Lebens, der in den späteren Strophen bedroht wird. Alfǫðr = Allvater Óðinn; Álfen = Naturgeister; Vanen = »die Strahlenden«, das andere Götter-geschlecht; Iviðie = Waldgeister; Alden = Menschen; Þursen = Riesen; Valkyren = Toten-Erwählerinnen.

2. Die Ásen ahnten übles Verhängnis,
Verwirrt vom Werfen der Zauber-Runen.
Urðr sollte Óðrœrir bewachen,
Wenn sie wüßte so großem Schaden zu wehren.

Es sind also Vorzeichen, die den Göttern Schlechtes anzeigen. Der Name der ältesten Norne, Urðr (»Gewordenes«) steht hier synonym für die Göttin Iðunn (»die Verjüngende«), wie sich aus Strophe 11 ergibt, denn Iðunn ist es, der der Weisheits- und Dichtermet Óðrœrir (»Geist- oder Sinnerreger«) anvertraut ist, während Urðr ja den Urðbrunnen bewacht. Beide Bilder aber sind im Naturmythos ähnlich: Iðunn als grünes Pflanzenwachstum bewacht den Óðrœrir als Verjüngungstrank, Urðr den Urðbrunnen, mit dem sie die Weltesche begießt, die ja auch die grüne Wachstumskraft symbolisiert.

Iðunn wird bereits auf einer Runeninschrift des 5. Jh., dem Schnallenrahmen von Weimar, als »leob-idun« (»Liebes-Iðunn«) erwähnt.

3. Auf hub sich Huginn den Himmel zu suchen;
Unheil fürchteten die Ásen, verweil er.
Þrains Ausspruch ist schwerer Traum,
Dunkler Traum ist Dáins Ausspruch.

Huginn (»Gedanke«) ist einer der beiden Raben Óðins, und das Aussenden des Rabens wurde mit einem Spruch getan, der »Hrafnagaldr« (»Rabengalster«, »Rabenzaubergesang«) hieß, nach dem das Lied benannt ist.

Þrainn (»der Bedrohliche«) und Dáinn (»Gestorben«) sind Zwerge, die hier nur die unheilverkündenden Träume der Götter symbolisieren. Sinn der Strophe also: Die Götter denken nach (senden Huginn, den Gedanken, aus), weil Sie Unheil befürchten oder von Unheil träumen.

4. Den Zwergen schwindet die Stärke.
Die Himmel Neigen sich nieder zu Ginnungs Nähe.
Alsviðr läßt sie oftmals sinken,
Oft die sinkenden hebt er aber empor.

Wenn den Zwergen, die ja mit für das Wachstum der Pflanzen sorgen, die Kräfte schwinden, dann bedeutet das, daß der Winter hereinbricht, wo nichts mehr wächst. Daß sich der Himmel zu Ginnungagap (»Schlucht der Erscheinungen«, siehe zu Vǫluspá Strophe 3) neigt, vom Roß, daß den Sonnenwagen zieht, Árvakr (»Frühwach«) aber wieder emporgehoben wird, deute ich so, daß die Tage kürzer werden und die Sonne nun nicht mehr so hoch am Himmel steht. Auch das ist ein Kennzeichen des Winters.

> *5. Nirgend haftet Rǫðull noch Erde,*
> *Es schwanken und stürzen die Ströme der Luft.*
> *In Mímirs klarer Quelle versiegt*
> *Die Weisheit der Männer. Wißt ihr noch mehr?*

Rǫðull (»Strahl«) ist die Sonne. Auch hier wieder eine Beschreibung der Vorgänge des hereinbrechenden Winters. Daß in des Zwerg-Riesen Mímirs (»der Erinnerer«) Quelle die Weisheit versiegt, zeigt erneut die Ratlosigkeit der Götter. An ein Gefrieren der Quelle denke ich hier nicht.

> *6. Im Tale weilt die vorwissende Göttin*
> *Hinab von Yggdrasils Esche gesunken,*
> *Álfengeschlechtern Iðunn genannt,*
> *Die Jüngste von Ivalðis älteren Kindern.*

Die Göttin Iðunn wird hier fast wie eine Álbin beschrieben. Sie ist vorwissend, weil das Schwinden des Grüns jedes Jahr geschieht; Ihr Absinken von der Weltesche Yggdrasil bedeutet gerade diesen Laubfall. Ihr Vater ist Ivalði, und diesen Namen übersetzt man mit »in der Eibe waltende Gottheit«, also eine Art Baumwesen. Aber es ist auch möglich, den Namen zu »Iviði« (»Waldgeist«) zu stellen. Der Vater der Göttin des grünen Pflanzenwuchses ist natürlich eine Baumwesenheit und berührt sich dadurch mit den Álfen.

> *7. Schwer erträgt sie dies Niedersinken*
> *Unter des Laubbaums Stamm gebannt.*
> *Nicht behagt es ihr bei Nǫrvis Verwandter,*
> *An heitere Wohnung gewöhnt so lange.*

Nǫrvi ist der Vater der Nótt (Nacht) (siehe zu Vafþrúðnismál Strophe 26), seine Verwandte ist die Hel. Iðunn ist also nun im Reiche der Hel oder der Nacht. Die Wachstumskräfte der Blätter sind nun in die Wurzel des Baumes gesunken.

> *8. Die Sigtívar sehen die Sorge Nannas*
> *Um die niedre Wohnung: sie geben ihr ein Wolfsfell.*
> *Damit bekleidet verkehrt sie den Sinn,*
> *Freut sich der Auskunft, erneut die Farbe.*

Sigtívar sind die Sieggötter. Nanna ist Baldrs Gemahlin. Der Name steht hier für Iðunn, oder müßte übersetzt werden als »die Kühne«. Am Text ist nicht ersichtlich, ob »nanna« hier als Eigenname oder eben als »die Kühne« zu verstehen ist. Das Wolfsfell symbolisiert den Rauhreif des Winters. Aber es ist hier auch ein Bezug zum Mythos von der heiligen Kümmernis zu erkennen. Diese macht sich durch einen Bart unkenntlich, um den ungeliebten Freier zu vertreiben. Eines ihrer Attribute ist übrigens der Becher, der dem Óðrœrir unseres Mythos entspricht. Im Märchen macht sich das Mädchen durch umlegen einer Tierhaut (Allerleirauh) oder durch Asche (Aschenputtel) unkenntlich.

Daß Iðunn hier die Farbe erneut, deute ich auf die rotbraune oder gelbe Verfärbung des fallenden Laubes im Herbst. Oder es kann der weiße Rauhreif darunter verstanden werden.

9. Wählte Viðrir den Wächter der Bifrǫst,
Den Gjallarertöner, die Göttin zu fragen
Was sie wisse von den Weltgeschicken.
Ihn geleiten Bragi und Loptr.

Óðinn, der hier passend Viðrir (»Wettergott«) genannt wird, wählt Heimdallr den Mondgott (Abb. 13, S. 162), Loki (Loptr =»der Luftige«) (Abb. 6, S. 78) und Iðuns Gemahl Bragi, um die Göttin nach den Weltgeschicken zu fragen. Heimdallr (»Weltglanz«) ist der Wächter an der Himmelsbrücke Bifrǫst, Er besitzt das Gjallarhorn, mit dem Er die Götter zum Þing rufen wird. Bragi verkörpert im Naturmythos den Vogelgesang des Frühlings und Sommers, der im Winter verstummt. Deswegen bleibt Bragi auch bei Iðunn zurück. Loki verkörpert die warme Sommerluft, Heimdallr hier wohl den Nachttau, der im Winter ja nicht vorhanden ist (bzw. durch Reif ersetzt ist).

10. Galdur sangen, gandreiteten
Rǫgnir und die Reginn der Himmelswelt.
Óðinn spähte von Hliðskjálfs Sitz
Und wandte weit hinweg die Zeugen.

Galdur ist der gesungene Zaubergesang (dt. »Galster«, vgl. Gellen), der Gandreið ist der schamanische Ritt auf dem Gandr, dem Zauberstab. Rǫgnir (»der Beweger«) ist ein Beiname Óðins, den wir auch in den Sigrdrífumál 16 finden, die Reginn sind die Rater, die Götter. Sinn also: Die Götter versuchen durch Zauber und durch Aussenden von den drei Boten etwas von Iðunn zu erfahren.

Abbildung 13: Heimdallr mit dem Gjallarhorn. Eddahandschrift des
Jakob Sigurðsson von 1764.

11. Der Weise fragte die Wächterin des Tranks,
Ob von den Bindenden und ihren Geschicken
Unten im Hause der Hel sie wüßten
Anfang und Dauer und endlichen Tod.

Der Weise oder Wissende (Vitri) ist Heimdallr, der ja Vormann der Abordnung ist. Er fragt also bei Hel die vorwissende Göttin Iðunn, ob diese etwas vom Schicksal der Bindenden (bǫnd), also der Götter, wisse.

12. Sie mochte nicht reden, nicht melden konnte sie's:
Wie begierig sie fragten, sie gab keinen Laut,
Zähren schossen aus den Spiegeln des Haupts,
Mühsam verhehlt, und netzten die Hände.

Statt den Boten eine Antwort zu geben, vergießt Iðunn Tränen (Zähren).

13. Da hebt sich von Osten aus den Elivágar
Des reifkalten Þursen dornige Rute,
Mit der er in Dáinn die Völker schlägt,
Die Miðgarð bewohnen, vor Mitternacht.

Die Strophen 13 und 14 hatte Karl Simrock an das Ende des Liedes gestellt. Elivágar sind die Sturm-Wogen oder Feuer-Wogen, Dáinn ist wieder der Zwerg, dessen Name »Gestorben« bedeutet. Aus dem Osten kommt also ein Riese, nämlich wohl Nǫrvi, der Vater der Nacht, schlägt mit seiner Dornrute die Völker in den Schlaf, den hier Dáinn symbolisiert. Sinn der Strophe: Es wird Nacht und kalt.

14. Die Kräfte ermatten, ermüden die Arme,
Schwindelnd wankt der weiße Schwert-Áse.
Ohnmacht befällt sie in der eisigen Nachtluft,
Die Sinne schwanken der ganzen Versammlung.

Die Boten werden also von der Nacht überrascht und werden müde und sinnberauscht. Der weiße Schwert-Áse ist der Gott Heimdallr, und dieser Gott, der Wächter der Götter, braucht laut der jüngeren Edda eigentlich weniger Schlaf als ein Vogel.

15. Wie schlafbetäubt erschien den Göttern
Jórunn, die des Worts sich enthielt.
Je mehr sie sich weigerte, je mehr sie drängten;
Doch mit allem Forschen erfragten sie nichts.

Diese Strophe ist einer der wenigen Belege für die Göttin Jórunn; der Name lautet wohl richtiger Njǫrunn (so bei den Skálden und in den Nefnaþulur). Über Njǫrunn ist nichts weiter bekannt, ich erkenne in diesem Namen aber die altnordische Schreibweise des Namens der bei Tacitus erwähnten Göttin Nerthus. Somit ist Njǫrunn die Schwester und Gemahlin des Gottes Njǫrðr. Hier aber steht der Name wieder nur für die Göttin Iðunn, von der die Boten nichts weiter erfahren konnten.

16. Da fuhr hinweg der Vormann der Botschaft,
Der Hüter von Herjans Gjallarhorn.
Den Sohn der Nál nahm er zum Begleiter;
Als Wächter der Schönen blieb Grímnirs Mann.

Der Vormann der Botschaft und Hüter des Gjallarhornes ist der Gott Heimdallr. Daß dieses Horn hier als »Herjans Gjallarhorn« bezeichnet wird, ist interessant. Herjann ist ein sehr alter Óðinsname, der in der älteren Schreibweise Hari(an) oder Harigastiz in Runeninschriften vorkommt und der »Herrscher« bedeutet. Der Sohn der Nál ist Loki; Nál (»Nadel«) oder Laufey (»Laubinsel«) ist Lokis Mutter und sie wird mit dem Laub der Bäume oder den Nadeln der Nadelbäume in Zusammenhang gebracht, weil Loki Feuergott ist und das Feuer mit trockem Laub oder Nadeln genährt wird. »Grímnirs Mann« ist Bragi; Grímnir (»der Maskierte«) ist ein Name Óðins.

17. Gen Vingólfr kehrten Viðars Gesandte,
Beide von Fornjóts Freunden getragen.
Eintraten sie jetzt und grüßten die Ásen,
Yggrs Gefährten beim fröhlichen Mahl.

Vingólfr (»das freundliche Haus«) ist das Haus der Göttinnen und wird mit Gimlé (»der von Feuer geschützte Ort«) gleichgesetzt. Da Óðinn hier thront, steht der Name vielleicht für Valhǫll, ähnlich wie ja auch andere Göttinnennamen für Iðunn verwendet werden. Oder die Götter sitzen hier tatsächlich in Gimlé. Daß hier der Name des Sohnes von Óðinn, Viðarr zu finden ist, ist genauso verwirrend. Man hätte hier doch Viðrir (Óðinn) erwartet. Auch hier also wieder das Vertauschen eines Namens. Fornjótr (»der Vorzeitjǫte«) ist der Vater der Elementriesen Hler (Wasser), Loki (Feuer) und Kari (Luft). Diese Elemente haben also die beiden zurückkehrenden Götter getragen. Yggr ist Óðinn, Seine Gefährten sind die Götter.

18. Sie wünschten Hángatýr, dem seligsten Ásen,

Lang auf dem Hochsitz der Lande zu walten;
Den Göttern, beim Gastmahl vergnügt sich zu reihen,
Bei Yggjungr ewiger Ehren genießend.

Hángatýr = Gott der Gehenkten, Óðinn; Yggjungr = Gott aus dem Geschlecht des Yggr, Óðinn (siehe zu Vǫluspá Strophe 28).

19. *Nach Bǫlverks Rat auf die Bänke verteilt,*
Von Sæhrímnir speisend saßen die Reginn.
Skǫgul schenkte in Hnikars Schalen
Den Met und maß ihn aus Mímirs Horn.

Bǫlverkr = Bösewirker, Óðinn; Hnikarr = Aufhetzer, Óðinn. Zur Bedeutung des Ebers Sæhrímnir siehe Grímnismál 18. Skǫgul (»Kampf«) ist eine Valkyre.

20. *Mancherlei fragten über dem Mahle*
Den Heimdallr die Götter, die Linnenschönen den Loki,
Ob Spruch und Spähung gespendet die Jungfrau -
Bis Dunkel am Abend den Himmel deckte.

21. *Übel, sagten sie, sei es ergangen,*
Erfolglos die Werbung, und wenig erforscht.
Nur mit List gewinnen ließe der Rat sich
Daß ihnen die Göttliche Auskunft gäbe.

Beim Mahle in Gimlé fragen nun die Götter den Heimdallr, die »Linnenschönen«, also die Göttinnen, den Loki, was diese bei Iðunn in der Hel erfahren hätten. Es heißt ja, daß Loki so schön aussieht, daß besonders Frauen ihn mögen. Leider können die Zurückgekehrten nichts sagen, da Iðunn ihnen nichts offenbarte.

22. *Antwort gab Ómi, sie alle hörten es:*
»Die Nacht ist zu nützen zu neuem Entschluß.
Bis Morgen bedenke wer es vermag
Glücklichen Rat den Ásen zu finden.«

Ómi = der Oberste, Óðinn (siehe hierzu auch den Kommentar zur Strophe 49 der Grímnismál) gibt die Anweisung, in der Nacht Rat zu finden.

»Der Morgen ist klüger als der Abend«
lautet ein in den Märchen häufiges Sprichwort. Natürlich ist dabei an Zauber, z. B. nächtliches útiseta (Außensitzen), um mit Geistern in Verbindung zu kommen, gedacht, den man in der Nacht ausübt.

Die Nacht bringt Óðinn den Rat, eine Vǫlva, eine Seherin zu befragen, was im nächsten Lied »Vegtamsqviða« dann auch geschieht. Oder sollte in unserem Liede doch das Ende fehlen?

23. Über die Wege von Rind, der Mutter
Nieder sank die Nahrung Fenrirs.
Vom Gastmahl schieden die Götter entlassend
Hroptr und Frigg, als Hrímfaxi auffuhr.

Die Wege der Rind ist die Erde, über die die Nahrung Fenrirs, also die Sonne, niedersinkt. Hrímfaxi (»reif- oder Rußmähne«) ist das Roß der Nacht. Sinn der Strophe: Es wird Nacht. Hroptr (»Redner, Sprecher« oder »Beschwörer«) ist Óðinn.

24. Da trieb aus dem Tore Dellings Mage
Sein schön mit Gestein geschmücktes Roß;
Weit über Mannheim glänzte die Mähne:
Dvalins Überlisterin zog es im Wagen.

Dellingr ist »der Glänzende«, sein Mage (Sohn, Nachkomme) ist der Gott Dagr, der Tag. Mannheim ist die Welt der Menschen. Die Sonne wird hier »Dvalins Überlisterin« genannt, also eines Zwerges Überlisterin, weil das Sonnenlicht die Zwerge in Stein wandelt. Der Name Dvalin (»der Langsame«) steht hier also allgemein als ein beliebiger Zwergenname. Sinn der Strophe: Ein neuer Tag beginnt, die Sonne geht auf.

25. Am nördlichen Rand von Jǫrmungrundr
Unter des Urbaums äußerste Wurzel
Gingen zur Ruhe Gygien und Þursen,
Tote, Zwerge und Dunkelálfen.

Die Dunkelwesen der Nacht gehen zur Ruhe, es ist ein neuer Tag. Jǫrmungrundr ist die Erde, der Urbaum die Weltesche, Gygien sind Riesinnen, Dunkelálfen ist eine Gruppe von Álfen (Naturgeistern), die am ehesten den Schwarzálfen entsprechen.

26. Auf standen die Reginn und Álfrǫðull;
Die Nacht sank nördlich gen Niflheimr.
Úlfrúns Sohn stieg Árgjǫll hinan,
Der Hornbläser, zu den Himmelsbergen.

Álfrǫðull (»Albenstrahl«) ist die Sonne. Die Sonne geht also auf und die Götter stehen auf. Úlfrún (»Wolfsrune«) ist eine der neun

Mütter Heimdalls, eine Meereswelle. Árgjǫll (»die Frühtönende«) ist ein anderer Name für die Himmelsbrücke Bifrǫst. Dieser Name belegt, daß die Himmelsbrücke (Bifrǫst, Árgjǫll) mit der Brücke in das Reich der Hel über den Gjǫll-Fluß, der Gjallarbrú (Gjǫllbrücke) identisch ist. Niflheimr (»Nebelwelt«) ist eine der Unterwelten. Sinn der Strophe: Die Sonne geht auf und die Götter stehen auf, Heimdallr der Wächter der Götter aber steigt auf den Himmelsberg.

Damit ist das Lied zu Ende, und tatsächlich ist es nur mit dem folgenden Vegtamsqviða vollständig, wenn man nicht davon ausgehen will, daß etwas fehlt.

Kapitel 6

Vegtamsqviða
(Baldrs draumar)

Dieses Lied trägt in den Papierhandschriften der Edda den Titel »Vegtamsqviða« (die Erzählung von Vegtam), im Kónungsbók eddukvæði kommt es nicht vor, vielmehr findet es sich sonst nur noch im Eddabruchstück des Codex Arnamagnæanus Nr. 748, 40; dort heißt es »Baldrs draumar« (Baldrs Träume). Der Titel »Vegtamsqviða« zeigt, daß das Lied von Vegtam, d. i. Óðinn selbst, stammt und also als eine Offenbarung dieses Gottes angesehen werden kann, während der Titel »Baldrs draumar« sich auf den Inhalt des Liedes bezieht.

Nach einer Deutung bildet es die zweite Hälfte des Liedes Hrafnagaldr Óðins, doch vom Naturmythos her passen beide Lieder so nicht zusammen, denn hier ist ja Baldrs Tod der Mittelpunkt des Liedes, es spielt also zur Sommersonnenwende (in Schweden hießen die Sonnwendfeuer früher »Balders böl« = Balders Scheiterhaufen), während Hrafnagaldr mit Iðuns Fall einen Herbstmythos enthält, der erst nach der Sonnenwende stattfindet.

Es ist übrigens das einzigste Lied der älteren Edda, daß den Tod Baldrs etwas ausführlicher zum Inhalt hat.

Óðinn nennt Sich hier Vegtamr, »Weg-zahm«, also »Weggewohnt« oder »Reisegewohnt«. Er besucht die tote Vǫlva (Seherin) im Totenreich der Hel, und zwar noch zusätzlich auf der östlichen Winterriesenseite. Óðinn verkörpert die Lichtmacht, die Vǫlva aber die Wintererde. Als solche bewahrt sie überall das Wissen des Unterganges, des eigenen Wesens ewiger Endlichkeit, wogegen Óðinn das Wesen der Wiederkehr, das Wesen des fortzeugenden Ewigen, bewahrt. Baldr als Sonnengott wird in die Unterwelt zur Hel sinken, getötet durch den Dunkelgott Hǫðr (das Winterdunkel), dessen Name mit dem des griechischen Unterweltsgottes »Hades« etymologisch verwandt ist. Aber Óðinn erzeugt mit Rind (gleichfalls die Erde symbolisierend) im Westen, der warmen Region, den Sohn Váli, der Baldr rächen wird. Er tut dies »einnächtig«, d. h. als Tagesmythos: Mit jedem Sonnenuntergang erneuern die Lichtgötter ihre Herrschaft in einer Nacht zu einem neuen Tage. Im Jahresmythos aber ist Váli die Lebenskraft und das Licht eines neuen Frühlings und seine Rache findet zur Wintersonnenwende statt.

Der Name Vegtamr begegnet uns auch bei Hunibald, wo ein heiliger Priester und Sänger Wechtam erscheint, ähnliche Namen (Vecta, Victa, Wecdeg) finden wir in angelsächsischen Stammtafeln. In Hunibalds Chronik, deren Echtheit fraglich ist, wird über Wechtam gesagt, er sei der Oberpriester und Oberalte zu seiner Zeit aus altem Königsgeschlechte, beredt in griechischer und lateinischer Sprache; in der Astronomie, Musik, Medizin und Philosophie der Griechen erfahren; denn er hatte lange in Rom und Athen seine Studien getrieben. Ins Vaterland zurückgekehrt, unterrichtete er die Söhne der Edeln nach alter Sitte unter der Eiche. Vieles schrieb er in heiligen, den Göttern geweihten griechischen Gedichten, und die Geschichten der alten Könige in deutscher Sprache zum Besten der Jugend.

1. Die Ásen eilten alle zum Þinge
Und die Ásinnen alle zum Mál:
Darüber berieten die mächtigen Götter,
Warum böse Träume den Baldr plagten?

Da Baldr als Licht- und Sonnengott jeden Abend in die Unterwelt sinkt, oder jedes Jahr vom Sonnenhöchststand (Mittsommer) zum Sonnentiefststand (Mittwinter) wandelt, weiß Er um sein Schicksal und hat deswegen diese bösen Träume, nach denen auch unser Lied in einer Handschrift benannt ist.

Die Ásen gehen zur Beratung auf das Þing (Gerichtsversammlung), die Ásinnen halten ein eigenes Mál (Ratssitzung); Frauen hatten auf den Þingen keine Stimme, sondern nur verheiratete Männer. Daß die Frauen dafür eigene Treffen, »Mál« genannt, abhielten, dafür ist diese Strophe ein Beleg. Viele Kultstätten trugen oder tragen Bezeichnungen, die mit »Mál« zusammenhängen und – so vermute ich – in den ältesten Zeiten waren derartige Malstäten Kultstätten nur für Frauen. In dem

Gedicht »Muspilli« wird eine »mahal-stat« (Malstätte) genannt, die »kimarchót«, also »abgegrenzt« war.

Die erste Hälfte der Strophe findet sich fast gleich auch in der Þrymsqviða 14.

Die folgenden vier Strophen finden sich nicht in allen Handschriften, und werden oft in Ausgaben weggelassen. Gustav Neckel vermutete, sie stammten vom Aufzeichner der Hrafnagaldr; dafür gibt es aber keinen Beweis.

(2. Ihm schien der schwere Schlaf ein Kerker,
Verschwunden des süßen Schlummers Labe.
Da fragten die Fürsten vorschaunde Wesen,
Ob ihnen das wohl Unheil bedeute?

Baldrs Ahnungen werden weiter angesprochen. Die Fürsten (Jólnar) sind die Götter, die sich hier an nicht weiter bezeichnete vorschauende Wesen wenden, um mehr über Baldrs Ahnungen zu erfahren.

3. Die Gefragten sprachen: »Dem Tode verfallen ist
Ullrs Vertrauter, so einzig lieblich.«
Darob erschraken Frigg und Sváfnir,
Und alle die Reginn; sie faßten den Rat:

Ullr (»Glanz, Herrlichkeit«) ist ein Gott des Winters; warum Baldr sein Vertrauter (oder Verwandter) genannt wird, ist unklar. Vielleicht, weil Baldr auch den Sommer symbolisiert, und Sommer und Winter zusammengehören? Óðinn (Sváfnir = der in den Schlaf versetzt) und Frigg als Eltern Baldrs erschrecken über die schlimme Vorhersage.

4. »Aus wollen wir senden die Wesen alle
Frieden erbitten, Baldr nicht zu schaden.«
Alles schwur Eide, ihn zu verschonen;
Frigg nahm die festen Schwür in Empfang.

Dieser Mythos ist auch in der Gylfaginning 49 ausführlich erzählt. Alle Wesen schwören der Göttin Frigg Eide, den Baldr nicht zu verletzen, nur die kleine Mistel wurde vergessen; aus ihr machte dann Loki den Mistelzweig, mit dem Hǫðr seinen Bruder Baldr unabsichtlich erschoß.

5. Valfǫðr achtete das ungenügend,
Verschwunden schienen ihm die Hammingjar all.
Die Ásen berief er, Rat zu heischen;
Am Malstein gesprochen ward mancherlei.)

Valfǫðr (»Vater der Gefallenen«) ist Óðinn, Hammingjar sind Schutzgeister. Der Begriff bedeutete ursprünglich nur »Hemd«, nämlich Kinder, die mit der Fruchtblase geboren wurden und diese also wie ein schützendes Hemd umhatten. Das gilt als gutes Schutzzeichen. Da dieser Schutz aber von schützenden Geistwesen bewerkstelligt wird, sind auch diese mit »Hammingjar« gemeint. Der Málstein ist der Opferstein oder Stein einer Gerichtsstätte speziell für Frauen (siehe zu Strophe 1).

6. *Auf stand Óðinn, Aldagautr,*
Dem Sleipnir legt er den Sattel auf;
Niederwärts ritt er in Niflheims Tiefen,
Da kam aus Hels Haus ein Hund ihm entgegen,

Aldagautr = Menschen-Gautr; Gautr bedeutet »Gotengott« und ursprünglich »der zum Opfer Bestimmte oder Geweihte«. Sonst finden wir meist die Schreibweisen Aldafaðir oder Aldafǫðr (= Vater der Menschen) für Óðinn (siehe Vafþrúðnismál 4 u. 53). Sleipnir (der »schnell Dahingleitende«) ist Óðins achtbeiniges Roß.

Óðinn reitet also in Richtung Niflheimr (»Nebelwelt«, das Totenreich) zur Hel (die Unterwelt, das Totenreich). Der Hund, der Ihm dort entgegenkommt, ist der Höllenhund Garmr, den auch die Vǫluspá (Str. 44, 49 und 58) erwähnt; dieser Hund wird schon in persischen, griechischen und indischen Mythen erwähnt, oft sind es auch zwei Hunde. Seine Aufgabe ist es offenbar, den Zugang zu bewachen und die schuldbeladenen Seelen von der Jenseitsbrücke zu stoßen, so daß sie in die Straforte der Hel kommen. Das belegt auch eine deutsche Volkssage[51]:

> »Unweit von Ptenin, einem Dorfe, das eine Stunde von Merklin liegt, fließt ein Bächlein, über welches ein schmaler Steg führt. Bei diesem Stege soll vor alter Zeit ein kalbgroßer schwarzer Hund gelegen sein, der eine zentnerschwere Kette von Eisen nach sich schleppte. Wenn jemand über den Steg wollte, so mußte er den Hund streicheln und zu ihm sagen: Azor, laß mich über den Steg gehen! Tat ihm das Jemand nicht, so ließ ihn der Hund bis in die Mitte des Steges gehen, folgte ihm dann und stieß ihn ins Wasser. Jetzt ist der Hund verschwunden, und niemand weiß, wohin.«

Der Hund hilft also mit, die Guten von den Bösen zu trennen, wobei er die Guten über die Brücke läßt, die Bösen aber hinabstürzt.

7. Blutbefleckt vorn an der Brust,
(Kiefer und Rachen klaffend zum Biß,
So ging er entgegen mit gähnendem Schlund)
Den Vater des Galdr bellte er an;
Fort ritt Óðinn, Fold erdröhnte,
Zu dem hohen Hause kam er der Hel.

Die eingeklammerten Zusätze finden sich nicht in allen Handschriften. Der »Vater des Galdr«, also »Vater des Zaubergesanges« ist Óðinn, von dessen Zauberkünsten uns ja u. a. auch die Ynglinga saga berichtet. Der Name ist hier passend, da Óðinn ja Seinen Weckzauber gleich beginnen will. »Fold« ist ein Name für die Erde.

8. Da ritt Óðinn ans östliche Tor,
Wo er der Vǫlva wußte den Hügel.
Der Weisen begann er Valgalðr zu singen,
(Nach Norden schauend schlug er mit dem Stabe,
Sprach die Beschwörung Bescheid erheischend)
Bis gezwungen sie aufstand Todesworte verkündend:

Die östliche Seite ist hier als die riesische Seite zu verstehen; wie sich später (Str. 17) herausstellt, ist diese Vǫlva ja eine Riesin. Der Hügel ist der Grabhügel der toten Vǫlva. »Valgaldr« ist ein gesungener »Totenzauber«, mit dem Óðinn die Vǫlva erweckt. Der Gott wendet sich gen Norden, der heidnischen Gebetsrichtung. Daß Óðinn einen Zauberstab besitzt, wird nur hier gesagt. In Papierhandschriften findet sich hier auch der Name »Yggr« (der »Schreckliche«) statt »Óðinn«.

Vǫlva sagte:
9. »Wer ist der Mann, mir unbekannt,
Der beschwerliche Wege zu schreiten mich nötigt?
Schnee beschneite mich, Regen beschlug mich,
Tau beträufte mich, tot war ich lange«.

Es beginnen hier nun die Strophen der direkten Rede, die die Vǫlva und Óðinn abwechselnd sprechen. In Ausgaben sind die Sprechenden bezeichnet, was ich hier beibehalte.

Óðinn sagte:
10. »Vegtam heiß ich, Sohn bin ich Valtams;
Sprich von der Hel, wie ich vom Himmel:
Wem sind die Bänke mit Baugen bestreut,
Die glänzenden Dielen mit Gold belegt?«

Vegtam (»Weggewohnt«) ist hier Óðins Name, nach dem auch das ganz Lied benannt ist. »Valtam« bedeutet entweder »Todgewohnt« oder »Kampfgewohnt«, vielleicht auch »Auswahlgewohnt« und ist letztendlich Óðins selbst, nicht Sein irdisch-riesischer Vater Borr bzw. Burr oder Búri (»Erzeuger, Vater«); der ist hier sicher nicht gemeint, sondern als Gott hat Óðinn Sich selbst aus Sich selbst erzeugt.

Daß die Bänke um sie zu schmüchen bestreut werden, finden wir auch im Eddalied Þrymsqviða 22. Baugen sind Ringe.

Vǫlva sagte:
11. »Hier steht dem Baldr gebraut der Met,
Der schimmernde Trank, vom Schild bedeckt.
Die Ásensöhne sind ohne Hoffnung.
Genötigt sprach ich, nun will ich schweigen«.

Der Metkessel wird also noch von einem Schild (als Deckel) bedeckt; erst wenn Baldr kommt, wird daraus getrunken werden. »Ásensöhne« kann sowohl die Götter, als auch die Einherjer oder das Volk der Ásen meinen.

Óðinn sagte:
12. »Schweig nicht, Vǫlva, dich will ich fragen,
Bis alles ich weiß. Noch wüßt ich gerne:
Welcher der Männer wird Baldrs Töter,
Und Óðins Sohne das Ende bereiten?«

Vǫlva sagte:
13. »Hǫðr bringt hierher den Hochberühmten,
Er wird Baldr zum Töter werden
Und Óðins Sohne das Ende bereiten;
Genötigt sprach ich, nun will ich schweigen.«

Das Töten Baldrs durch Hǫðr (Abb. 14) oder das gegenseitige Bekämpfen, welches Saxo schildert, ist der uralte Wechsel zwischen Licht (Baldr) und Dunkelheit (Hǫðr), zwischen Tag und Nacht oder Sommer und Winter. In der Mythenfassung bei Saxo Grammaticus streiten Balderus und Hotherus um die schöne Nanna, die im Mythos die zwischen Tag und Nacht stehende Abend- und Morgenröte symbolisiert, im Jahresmythos aber das Frühjahr und den Herbst bedeutet.

Die Strophe 13 ähnelt der Strophe Vǫluspá 32.

Abbildung 14: Hǫðr, von Loki angestiftet, tötet Baldr. Eddahandschrift
des Ólaf Brynjólfsson von 1760.

Óðinn sagte:
14. »Schweig nicht, Vǫlva, dich will ich fragen,
Bis alles ich weiß. Noch wüßt ich gerne:
Wer wird uns Rache gewinnen an Hǫðr,
Auf den Brandstoß bringen Baldurs Töter?«

Vǫlva sagte:
15. »Rind gebiert Váli im westlichen Saal,
Einnächtig kämpfen wird Óðins Sohn:
Die Hand nicht wäscht er, das Haupt nicht kämmt er,
Bis er auf den Brandstoß bringt Baldrs Erschießer;.
Genötigt sprach ich, nun will ich schweigen.«

Rind ist eine Riesin, die im Mythos auch die Erde symbolisiert. Der ganze Mythos von Rind wird bei Saxo Grammaticus ausführlich erzählt. Danach wird dem Gott Othinus (Óðinn) nach Balderus Tod von einem finnischen Wahrsager vorhergesagt, daß Rinda, die Tochter des ruthenischen Königs ihm den Rächer für Balderus gebären würde. Othinus versucht in verschiedenen Verkleidungen (als General, Goldschmied, Krieger) die Rinda zu gewinnen und wird schmählich abgewiesen. Er macht sie schließlich durch Runenzauber wahnsinnig und erscheint dann verkleidet als Heilerin Vecha. So erzeugt Er mit Rinda den Sohn und heilt diese auch vom Wahnsinn. Saxo stellt es als Vergewaltigung dar, doch darf man nicht übersehen, daß Rindas Vater der Verbindung zugestimmt hatte und Rinda den Gott mehrfach beleidigt hatte, so daß Er sich nach germanischer Vorstellung hätte rächen dürfen.

In der Gylfaginning 49 ist der ganze Mythos von Baldrs Tod ausführlich erzählt, dort wird auch der Ritt Hermodrs zur Hel, um Baldr freizubekommen (Abb. 15) erwähnt.

Daß der Rächer des Baldr, der Gott Váli (bei Saxo heißt Er Bous = Bruder) nur eine Nacht alt ist, entspricht dem Naturmythos, wonach der neue Tag nach einer Nacht kommt. Daß Er Sich nicht wäscht und kämmt, ist ein alter Brauch. Siehe den Kommentar zu Vǫluspá 33.

Die Strophe 15 ähnelt sehr den Strophen Vǫluspá 31 und 33.

Óðinn sagte:
16. »Schweig nicht, Vǫlva, dich will ich fragen,
Bis alles ich weiß. Noch wüßt ich gerne:
Wer sind die Mädchen, die weinen wollen

176

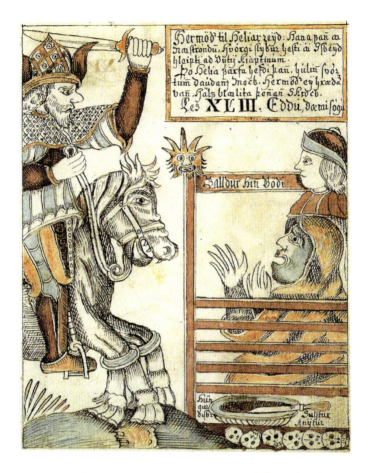

Abbildung 15: Hermodr reitet auf Sleipnir zur Hel, um Baldr freizube-
kommen. Eddahandschrift des Ólaf Brynjólfsson von
1760.

Und himmelan werfen der Hälse Zipfel?
Sage das eine noch! nicht eher schläfst du.«

Diese Strophe ist die dunkelste und wurde ganz unterschiedlich ge-
deutet. Óðinn fragt hier nach Mädchen, die ihre Halstücher in die Luft
werfen. Sophus Bugge deutete diese Töchter als die Meereswellen, ihre
Hälse und das Hochwerfen ihrer Tücher seien die Schoten, Taue und
Segel der Schiffe, die sie in ihrem Schmerz so hoch emporschleuderten,
daß sie fast den Himmel erreichten. Hans von Wolzogen hingegen
glaubt, hier fragte Óðinn nach Frauen wie der Þǫkk (»Dunkel«), die in
der Gylfaginning 49 als Riesenweib erwähnt wird, und nicht um Baldr
weinen will. Diese Þǫkk ist wohl sogar der verwandelte Loki selbst. Sie
soll die dunkle Wintererde, die tote Vǫla selber sein, die (wegen des
Wintereises) gar nicht mehr weinen kann. Daß aber Óðinn auf meh-
rere dieser Weiber hindeutet, währebnd die jüngere Edda nur diese
eine kennt, erklärt Wolzogen damit, daß die Erde ja auch in Dreiheit
erscheine und sich so auch mit den drei Nornen berühre. So deutete
schon Liebrecht diese Strophe auf die Nornen, die die Enden ihrer
Seile an den Himmel werfen. Karl Simrock sieht in den aufgeworfenen
Schleiern eine Gebärde klagender Weiber.

Ich deute diese Stelle auf die Valkyren, die ja Schleier haben (die
im Naturmythos die Wolken bedeuten) und die um Baldr natürlich
auch weinen. In dem alten deutschen Kinderlied »Drei Mal um den
Kessel« wird ein Schleier erwähnt, den Fr. Friedrichs[52] als Schleier
einer Valkyre deutete. Der Text lautet[53]:

> »Dreimal um den Kessel, ich weiß nicht was da flog,
> Da flog ein holdes Mädchen und die sprach so:
> »Bertha, du mein liebes Kind, faß hinten an mein Schleier;
> Wenn der Schleier in Stücke reißt, dann fall'n wir alle um
> und dum«.«

> *Vǫlva sagte:*
> *17. »Du bist nicht Vegtam:, wie ich dachte,*
> *Vielmehr bist du Óðinn, Aldagautr.«*
> *Óðinn sagte:*
> *»Du bist keine Vǫlva, keine wissende Frau,*
> *Vielmehr bist du dreier Þursen Mutter.«*

Wenn die Deutung, daß es sich um Valkyren handelt, zutrifft, dann
ist klar, warum die Vǫlva an dieser Frage den Gott Óðinn erkennt.

Die Valkyren sind ja »Herjans Mädchen« und stehen in einem engen Bezug zu Óðinn. Und wie sie mit ihren Tüchern umgehen oder wann sie weinen, kann wohl niemand besser sagen, als der Gott. »Aldagautr« ist der gleiche Óðinsname, wie in Strophe 6.

In der zweiten Halbstrophe entlarvt nun Seinerseits der Gott Óðinn die angebliche Vǫlva, denn sie ist ja in Wahrheit eine Riesin. Aber Óðinn weiß mehr: Sie ist dreier Þursen Mutter. Damit sind nach meiner Deutung nicht die Nornen gemeint, sondern wieder die drei Kinder von Loki: Die Hel, die Miðgarðschlange und der Fenriswolf. Deren Mutter ist die Riesin Angrboða (»die Kummer-Bereitende«), die somit mit unserer Vǫlva identisch ist.

Vǫlva sagte:
18. »Heim reit nun, Óðinn! Und sei ruhmreich!
Kein Mann kommt mehr mich zu besuchen,
Bis Loki sich löst, ledig der Bande,
Und Regingerichts Zerstörer kommen.«

Die Vǫlva verspottet nun den Gott Óðinn mit den Worten »sei ruhmreich« (ver hróðigr), was dem Namen Rüdeger, einem Beinamen des Sieggottes Óðinn entspricht, dem hier ja gerade Sieglosigkeit verkündet wird. Die Tote Vǫlva hat das Leben des Lichtes (Baldr) in ihrer Gewalt und Óðinn selber wird zum Wintergotte; die Sonne wandert zum Totenreich; der Lichtgottheit Todesfahrt ist die Abnahme der Tage auf dem Weg von der Sommersonnenwende zur Wintersonnenwende, von Baldrs Tod zum Ragnarǫk. Dieses wird hier in der letzten Strophe erwähnt, ich übersetze es mit »Regingericht« (Göttergericht). Zuvor befreit sich Loki von seinen Fesseln und wird selbst Kämpfer gegen die Götter.

Kapitel 7

Hávamál

Weil dieses Lied insgesamt 164 Strophen hat, und dazu sich zwei Unterüberschriften finden, gehen Forscher davon aus, daß es sich hierbei um eine ganze Gruppe ursprünglich selbstständiger Lieder handele, quasi um ein eigenes Liederbuch. Man geht nicht von einem einheitlichen Lied aus, sondern unterteilt meist folgendermaßen:

- Strophe 1-80: Das Alte Sittengedicht,
- Strophe 81-94 : Bruchstücke verschiedener Art,
- Strophe 95-103: Das erste Óðinsbeispiel,
- Strophe 104-110: Das zweite Óðinsbeispiel,
- Strophe 111-137: Das Loddfáfnirlied,
- Strophe 138-145: Óðins Runenlied,
- Strophe 146-164: Das Zaubergedicht.

Allein diese Zerstückelung des Liedes zeigt, daß die Forscher den inneren Zusammenhang des Liedes nicht verstehen. Ich gehe davon aus, daß dieses Lied sehr wohl ein einheitliches Lied ist und einer bestimmten Ordnung folgt. Überliefert sind nur die Zwischenüberschriften »Loddfáfnismál« (über Strophe 111) und »Rúnatalsþáttr Óðins« (über Strophe 138), also das »Merklied an Loddfáfnir« und das »Runenaufzählstück Óðins«.

Das Lied trägt über der 1. Strophe den Titel »Hávamál«, »Hávi« ist Genitivform des Óðinsnamens Hárr (»der Erhabene«, »der Hohe«). Hávamál ist also das »Merklied des Hárr« und damit schon von seinem Namen her als eine Offenbarung des Gottes Óðinn bezeichnet. Das unterstreichen auch die verschiedenen enthaltenen Óðinsbeispiele, wo der Gott eigene Erfahrungen und Erlebnisse erzählt, die kein Mensch wissen kann.

Die Hávamál stammt eindeutig aus heidnischer Zeit; selbst die Forscher waren sich darüber einig, daß keinerlei christlicher Einfluß vorhanden sei. Neuerdings gehen einige aber davon aus, daß die lateinischen Lebensregeln der Disticha Catonis den Text mit beeinflußt hätten und somit keine unverfälschten germanischen Sittenlehren hier vorlägen.

Ich habe aber bereits im 1. Kapitel dargelegt, daß beide Sammlungen auf einen gemeinsamen Ursprung, eine heidnische Lebensregelsammlung, zurückgehen, und daß die Hávamál diesem Ursprung noch sehr nahe stehen.

Das Lied folgt einem Handlungsfaden, der mit der Initiation zusammenhängt, und zwar hier der Initiation des Gottes Óðinn selbst, die Vorbild für die Menschen ist. Es handelt sich um die Initiation zum Þulr, zum Spruchzauberer und –dichter.

Die Strophen 1-94 sind Lebensregeln der Götter, die für jeden Menschen in heidnischer Zeit galten und deren Kenntnis im Zusammenhang mit der Einweihung beim Übergang vom Kind zum Erwachsenen vermittelt wurde. Es folgen die beiden längeren Óðinsbeispiele, dessen erstes (Billings mær) den vergeblichen Versuch Óðins, von dieser Maid in die Liebeskunst eingeführt zu werden, zeigt, während das zweite (Suttungs mær) das erfolgreiche Liebesabenteuer des Gottes erzählt. Die Initiation war auch mit ersten sexuellen Erfahrungen verbunden.

Aber die Hávamál gehen noch weiter: Es geht darin auch um die höhere Initiation in die Position eines Þulr. Dazu ist das Trinken vom Óðrœrir-Met notwendig, der als magischer Initiationstrank gilt. Der Einzuweihende muß diesen Zaubertrank aber zuvor selbst erwerben; noch heute kennen Initiationen bei Naturvölkern derartige Aufgaben, die bewältigt werden müssen. Metgewinnung und Liebesabenteuer hängen zusammen. Die beiden Óðinsbeispiele zeigen den vergeblichen und den erfolgreichen Versuch Óðins, von einer Maid (denn Billungs Maid entspricht natürlich der Gunnlǫð), die Hüterin des Metes ist, initiiert zu werden. Als es aber endlich (2. Óðinsbeispiel) gelungen ist, durfte der Gott den Met mitnehmen, ohne ihn schon zu trinken; das ward Ihm von Seinem Lehrmeister, Fimbulþulr (dem »großen Þulr« Mímir) erst später gestattet. Zuvor muß der Einzuweihende, also Óðinn, noch die Lebensregeln höherer Art, die in den Loddfáfnismál angeführt sind, lernen. Nun erst findet die Initiationshandlung statt, wo der Gott Sich an die Weltesche hängt und schamanisch die neun Welten kennenlernt. Jetzt darf Er einen Trunk von Óðrœrir nehmen und die Ihm vom Lehrmeister gestellten Fragen beantworten. Zuletzt als Krönung nennt Er die Runengeheimnisse, die Er selbst während Seines Hängens erkannte.

Auf diese Grundbedeutung werde ich noch bei den einzelnen Strophen näher eingehen.

Die einzelnen Lebensregeln folgen einer gewissen Ordnung, doch ist es durchaus möglich, daß sich durch die jahrhundertewährende mündliche Überlieferung die Reihenfolge einzelner Strophen verändert hat.

Da viele Strophen der Hávamál auch heute noch leicht zu verstehen sind, werde ich nicht alle kommentieren.

1. Bei allen Gattern wo man eingeht
Soll man herumblicken,
Soll man sich umsehen;
Denn ungewiß ist, wo Widersacher
Auf der Bank sitzen.

Diese Strophe findet sich, um die 2. Zeile gekürzt, auch in der Gylfaginning der jüngeren Edda; es ist übrigens die einzigste Hávamál-Strophe, die dort angeführt wird. Sinn: Man soll vorsichtig sein, wohin man kommt bzw. wo man eintritt. Bei den Víkingern wurden Gäste meist besonders gehänselt oder geprüft, um zu sehen, ob sie aufmerksame Krieger seien. Ursprünglich ging es darum, daß der Fremde sich als würdiger Gast erweise, um so alle Rechte eines Gastes zu bekommen.

Etwas übertrieben schildert Saxo Grammaticus derartige Hänselbräuche der Berserkir am Hofe König Frothos gegenüber Fremden (V. Buch, 167):

»Die einen zogen sie an Stricken in die Höhe und peinigten sie in der Weise, daß sie sie wie einen Treibball auf- und abschwingen ließen, andere ließen sie auf eine Bockshaut treten, und brachten sie, wenn sie nicht aufpaßten, auf dem schlüpfrigen Felle durch einen Zug an einem versteckten Seile zu Falle, anderen zogen sie die Kleider aus und zerfleischten sie mit Peitschenhieben, andere hefteten sie an Keulen und verhängten über sie eine Scheinaufhängung wie mit dem Strick ...«.

Das Hinlegen von glatten Fellen, um einen Berserkir zu Fall zu bringen, ist auch in der Eyrbyggja saga Kap. 28 erwähnt; dadurch fällt er hin und kann erschlagen werden. Diese Geschichte findet sich auch in der Saga af Víga Styr ok Heiðarvígum Kap. 3, ähnliche Hänseleien kommen in der Þiðrekssaga Kap. 379, in färöischen Liedern oder der Hvenischen Chronik (14, 16) vor.

> 2. Heil dem Geber! Der Gast ist gekommen:
> Wo soll er sitzen?
> Atemlos ist, der am Feuer soll
> Seine Sachen besorgen.

Dem Gast soll also ein Sitzplatz angeboten werden, damit er nicht an der Feuerstelle (in der Mitte der Halle) stehen oder hocken muß.

> 3. Feuer wünscht der hineinkommt
> Mit kaltem Knie; Mit Kost und Kleidern
> erquicke den Wandrer,
> Der über Felsen fuhr.

Wer vom Wetter durchnäßt oder durchfroren ist, dem biete man trockene Kleidung und einen Platz nahe am Feuer, wo es warm ist.

> 4. Wasser bedarf, der Bewirtung sucht,
> Ein Handtuch und holde Nötigung.
> Gute Gesinnung, wenn man sie geben mag,
> Wort und Wiederschweigen.

Man biete dem Gast Wasser und Handtuch (zum Waschen der Hände; Seife aus Pottasche war bei den Germanen bekannt), und lade ihn ein, am Mahle teilzunehmen. Handwasser zum Waschen wurde vor dem Essen gereicht.

> 5. Witz bedarf man auf weiter Reise;
> Daheim hat man Nachsicht.
> Zum Augengespött wird der Unwissende,
> Der bei Sinnigen sitzt.

Wer reist, sollte Witz, d. h. Klugheit, besitzen, damit er nicht verspottet wird.

> 6. Doch prahle niemand mit seinem Verstand,
> Acht hab' er immer.
> Wer klug und wortkarg zum Wirte kommt,
> Schadet sich selten:

Denn festern Freund als kluge Vorsicht
Mag der Mann nicht haben.

7. Vorsichtiger Mann, der zum Mahle kommt,
Schweigt lauschend still.
Mit Ohren horcht er, mit Augen späht er,
Und forscht zuvor verständig.

8. Selig ist, der sich erwirbt
Lob und guten Leumund.
Unser Eigentum ist doch ungewiß
In des andern Brust.

9. Selig ist, wer selbst sich mag
Im Leben löblich raten,
Denn übler Rat wird oft dem Mann
Aus des andern Brust.

10. Nicht bess're Bürde bringt man auf Reisen
Als Wissen und Weisheit.
So frommt das Gold in der Fremde nicht,
In der Not ist nichts so nütze.

Die einzelnen Strophen in ihrer Folge richten sich nach einer sinnvollen Ordnung: Es beginnt mit dem Eintritt in ein fremdes Haus, es folgen die Bewirtung, das Gespräch beim Wirt, wie man Streit vermeidet und sich einen guten Ruf erwirbt. Auch die folgenden Strophen gehören dazu, wenn Wissen und Weisheit erwünscht und vor Betrunkenheit gewarnt wird.

Statt Gold sollte man Weisheit haben, die nützt mehr. Hier ist Weisheit aber weniger im Sinne eines großen Wissens zu verstehen, als vielmehr im Sinne von Menschenkenntnis.

11. Nicht bess're Bürde bringt man auf Reisen
Als Wissen und Weisheit.
Nicht üblern Begleiter gibt es auf Reisen
Als Betrunkenheit ist.

12. Nicht so gut, als mancher glaubt,
Ist Äl den Erdensöhnen,
Denn um so minder, je mehr man trinkt,
Hat man seiner Sinne Macht.

13. Der Vergessenheit Reiher überrauscht Gelage
Und stiehlt die Besinnung.
Des Vogels Gefieder befing auch mich
In Gunnlǫðs Haus und Gehege.

Äl ist ein Name für Bier; meist verstehen wir darunter heute ein dünnes Bier, aber Äl ist eigentlich Bier, das ohne Hopfen gebraut wird. Der Reiher (im Original: »hegri« = Häher, Reiher) ist ein Symbol für Rausch und Sinnverwirrung. Man hat diesen Reiher auch als Ersatzname für den Adler gedeutet, und in Adlersgestalt verließ Óðinn ja diesen Ort, verflolgt von Suttung, der auch in Adlergestalt war. Óðinn spie den Met in von den Göttern bereitgestellte Gefäße (siehe Abb. 16). Óðinn spielt hier und in der folgenden Strophe auf Sein Abenteuer bei Gunnlǫð (»die zum Kampf ladende«) an, welches ausführlich in den Strophen 104 bis 110 geschildert wird (das 2. Óðinsbeispiel).

14. Trunken ward ich und übertrunken
In des schlauen Fjalars Felsen.
Trunk mag taugen, wenn man ungetrübt
Sich den Sinn bewahrt.

Fjalarr (»Betrüger, Verberger«) ist der Name eines der beiden Zwerge, von denen Suttung den Óðrœrirmet erhalten hatte, aber auch ein Hahn im Vogelwald (siehe Vǫluspá 42). Er gab den Met in die Obhut von Gunnlǫð, die ihn in einem Berge bewahrt. Dieser Berg wird hier Fjalars Felsen genannt. Da der Berg aber eigentlich dem Riesen Suttungr gehört und Hnitbjǫrg (»Stoßfelsen«) heißt, hat man vermutet, der Name »Fjalar« stünde hier als ein Name Suttungs. Das halte ich für falsch. Der Zwerg Fjalar hat seine Rolle im Mythos, und es ist denkbar, daß sein Name auf den Met und dann auf Suttungs Felsen überging.

15. Schweigsam und vorsichtig sei des Fürsten Sohn
Und kühn im Kampf. Heiter und wohlgemut erweise sich jeder
Bis zum Todestag.

16. Der unkühne Mann meint ewig zu leben,
Wenn er vor Gefechten flieht.
Das Alter gönnt ihm doch endlich nicht Frieden.
Obwohl der Speer ihn spart.

Diese Strophen nehmen die inhaltliche Linie wieder auf, denn es wurde ja gesagt, wie man bei Fremden sprechen und sich benehmen soll, hier geht es nun darum, daß man auch mutig sein und vor dem

Abbildung 16: Óðinn in Adlergestalt spuckt den Óðrœrirmet in bereitgestellte Gefäße. Der Adler hinter Ihm ist der Riese Suttungr. Eddahandschrift des Ólaf Brynjólfsson von 1760.

Tod keine Furcht haben soll. Daß die Länge des Lebens bis auf den Tag genau festgelegt ist, erweist die Strophe Skirnisfǫr 13.

> 17. *Der Tölpel glotzt, wenn er zum Gastmahl kommt,*
> *Murmelnd sitzt er und mault.*
> *Hat er seinen Teil getrunken hernach,*
> *So sieht man welchen Sinns er ist.*

> 18. *Der weiß allein, der weit gereist ist,*
> *Und vieles hat erfahren,*
> *Welches Witzes jeglicher waltet,*
> *Wofern ihm selbst der Sinn nicht fehlt.*

> 19. *Hafte am Becher nicht, halt' dich mäßig,*
> *Sprich gut oder schweig'.*
> *Niemand wird es ein Laster nennen,*
> *Wenn du früh zur Ruhe fährst.*

Die damaligen Becher waren Hörner, die man nicht abstellen konnte. Deswegen war die Versuchung, das Horn in der Hand zu behalten (daran zu haften) und daraus zu trinken, groß.

> 20. *Der gierige Schlemmer, vergißt er der Tischzucht,*
> *Schlingt sich schwere Krankheit an;*
> *Oft wirkt Verspottung, wenn er zu Weisen kommt,*
> *Törichtem Mann sein Magen.*

> 21. *Selbst Herden wissen, wann zur Heimkehr Zeit ist*
> *Und geh'n vom Grase willig;*
> *Der Unwissende kennt allein nicht*
> *Seines Magens Maß.*

In allen diesen Strophen geht es weiterhin um das Verhalten als Gast bei Fremden, um Tischsitte und Maßhalten.

> 22. *Der Armselige, Übelgesinnte*
> *Hohnlacht über alles*
> *Und weiß doch selbst nicht, was er wissen sollte,*
> *Daß er nicht fehlerfrei ist.*

> 23. *Unweiser Mann durchwacht die Nächte*
> *Und sorgt um alle Sachen;*
> *Matt nur ist er, wenn der Morgen kommt,*
> *Der Jammer währt wie er war.*

Diese Strophen behandeln Dinge, die entfernter dazu gehören: Andere nicht zu verspotten und sich von den Alltagssorgen – auch auf der Reise - nicht den Schlaf rauben lassen. Das nennt man auch »Lebenskunst«.

> 24. *Ein unkluger Mann meint sich alle hold,*
> *Die ihn lieblich anlachen.*
> *Er merkt es nicht, wenn sie Schlimmes von ihm reden,*
> *So er zu Klügern kommt.*

In dieser und den drei folgenden Strophen finden wir den Begriff »ó-snotr« für »unklug«. Aber Snotra (»die Kluge«) ist auch eine Göttin der Tugend und Sittsamkeit. Möglicherweise also muß man diesen Begriff auch personifiziert verstehen: »Wer wenig von Snotra hat ...«

Die Falschheit vieler Menschen, die jemanden freundlich anlachen, aber heimlich schlecht über ihn reden, ist auch heute noch ärgerlich. Aber hier geht es besonders darum, daß der unkluge Mann gar nicht erfaßt, daß man über ihn schlecht redet. Ähnlich wird in einer Saga erzählt, daß ein Skálde ein Spottgedicht auf den ungeliebten König dichtete, aber es so geschickt formulierte, daß der König die wahre Bedeutung erst verstand, als der Skálde schon abgereist war.

> 25. *Ein unkluger Mann meint sich alle hold,*
> *Die ihm kein Widerwort geben;*
> *Kommt er zum Þing, so erkennt er bald,*
> *Daß er wenig Anwälte hat.*

> 26. *Ein unkluger Mann meint, alles zu können,*
> *Wenn er im Winkel sein Wesen hat.*
> *Doch wenig weiß er, was er antworten soll,*
> *Wenn man sein versucht.*

> 27. *Ein unkluger Mann, der zu andern kommt,*
> *Schweigt am besten still.*
> *Niemand bemerkt, daß er nichts versteht,*
> *So lang er zu sprechen scheut.*
> *Wer nichts weiß, der weiß aber nicht*
> *Daß er reichlich viel redet.*

> 28. *Weise dünkt sich, wer zu fragen weiß*
> *Und zu sagen versteht;*
> *Doch was gesprochen ward, springt weiter*
> *Und verrät den Redner.*

29. *Der schwatzt zuviel, der nimmer geschweigt*
Eitel unnützer Worte.
Die zappelnde Zunge, die kein Zaum verhält,
Ergellt sich oft Ungutes.

In allen diesen Strophen spricht Óðinn über Weisheit bzw. Klugheit im Gegensatz zu unklugen Menschen. Es geht dabei um das Reden und wie über einen geredet wird, über Spott und auch über die Folgen losen Geredes.

30. *Mit Augenzwinkern soll man den Mann nicht spotten*
Wenn er zum Gastmahl geht.
Klug dünkt sich leicht, der von keinem befragt wird
Und mit trockner Haut sitzen kann.

31. *Klug dünkt sich gern, wer Gast den Gast*
Verhöhnend Heil in der Flucht sucht.
Oft merkt zu spät, der beim Mahle Hohn sprach,
Wie grämlichen Feind er ergrimmte.

32. *Zu oft geschieht's, daß sonst nicht Verfeindete*
Sich als Tischgesellen schrauben.
Dieses Aufziehn wird ewig währen:
Der Gast hadert mit dem Gaste.

33. *Bei Zeiten nehme den Imbiß zu sich,*
Der nicht zum Gastmahl fährt.
Sonst sitzt er und schnappt und will verschmachten
Und hat zum Reden nicht Ruhe.

Immer noch sind wir bei der Thematik der Gastfreundschaft und dem Benehmen als Gast und Wirt und in Gesellschaft. Daß die Gastfreundschaft bei den Germanen wie bei andern Naturvölkern einen hohen Stellenwert hatte, belegen auch andere Quellen. So schreibt der Römer Tacitus in seiner Germania[54]:

>»Der Geselligkeit und Gastfreundschaft gibt kein anderes Volk sich verschwenderischer hin. Irgend jemanden, wer es auch sei, vom Hause zu weisen, gilt als Frevel; nach Vermögen bewirtet ein jeder den Gast an reichlicher Tafel. Ist das Mahl aufgezehrt, so dient der bisherige Wirt als Wegweiser zu neuer Bewirtung und als Begleiter; ungeladen betreten sie den nächsten Hof. Doch das verschlägt

nichts; mit gleicher Herzlichkeit nimmt man sie auf. Beim Gastrecht unterscheidet niemand zwischen bekannt und unbekannt. Dem Davonziehenden pflegt man zu gewähren, was er sich ausbittet, und mit gleicher Unbefangenheit fordert man eine Gegengabe. Sie freuen sich über Geschenke, doch rechnen sie nicht an, was sie geben, und halten sie nicht für verpflichtend, was sie empfangen. Die tägliche Kost ist unter Gastfreunden Gemeingut.«

Hier sei auch noch erwähnt, daß die Hausfrau oder Tochter mit vornehmen Gästen nachts das Lager teilen konnte, was wir z. B. in der Þiðreks saga finden, wo Sigurðs Tochter sich nachts zu Þetleif legt, oder wo die Tochter des Jarls der Wilzenburg nachts bei Þiðrek schläft; in der Hallfreðar saga 9 ist Kolfinna nachts mit Hallfred zusammen.

Die Gastfreundschaft wird aus verschiedenen Gründen so hoch geachtet. Einmal war Germanien nicht so dicht besiedelt, wie heutige Länder, es gab auch nicht viele Straßen (oder besser: Wege); oft mußten sich Reisende durch dichte Wälder ihren Weg suchen. Die Menschen lebten in weit voneinander entfernten Einzelhöfen und es war möglich, daß ein Reisender tagelang keinen Hof fand wo er einkehren hätte können. Würde er nun an dem Hof, den er endlich fand, abgewiesen, wäre das vielleicht sein sicheres Ende, insbesondere wenn wir auch noch das rauhe Klima hierzulande berücksichtigen. Reisende brachten aber auch Neuigkeiten mit, waren daher gern gesehen. In den Überlieferungen gab es darüberhinaus auch Sagen, wonach Gottheiten selbst auf der Erde als Wanderer und Reisende unterwegs waren. Jeder Fremde konnte ja auch eine Gottheit sein (siehe das Beispiel der Grímnismál), und eine Gottheit abzuweisen wäre eine große Schande.

34. Ein Umweg ist's zum untreuen Freunde,
Wohnt er gleich am Wege;
Zum trauten Freunde führt ein Richtsteig,
Geht er auch weit in die Ferne.

Diese Strophe könnte man auch in die Reihe der Strophen, wo es um Freundschaft geht, stellen (ab Strophe 41). Sie steht hier, weil auch das Besuchen eines Freundes zur Thematik von Gast und Gastfreundschaft gehört.

35. Zu gehen schickt sich, nicht zu gasten stets
An derselben Statt,

Der Liebe wird leid, der lange weilt
In des andern Haus.

Wir haben dafür Sprichworte wie: »Dreitägiger Gast – jedermanns Last« oder härter: »Mit Gästen ist es wie mit Fischen: Nach drei Tagen beginnen sie zu stinken«. Im finnischen Kalevala heißt es: »Zwei Dinge werden von einem Gast verlangt: Daß er kommt und daß er geht«.

Da es in der Strophe auch um des anderen Haus geht, kann Óðinn zur Thematik des eigenen Hauses übergehen.

> 36. *Eigen Haus, ob eng, geht vor,*
> *Daheim bist du Herr,*
> *Zwei Ziegen nur und dazu ein Strohdach*
> *Ist besser als Betteln.*

> 37. *Eigen Haus, ob eng, geht vor,*
> *Daheim bist du Herr,*
> *Das Herz blutet jedem, der erbitten muß*
> *Sein Mahl alle Mittag.*

Hier zeigt sich auch eine germanische Grundvorstellung: Lieber eigener Herr sein und arm, als reich und dafür unfrei. Lieber ein kleiner König als ein großer Knecht.

> 38. *Von seinen Waffen weiche niemand*
> *Einen Schritt im freien Feld:*
> *Niemand weiß unterwegs, wie bald*
> *Er seines Speers bedarf.*

Auf der Reise soll man mit allem rechen und immer seine Waffen in Reichweite haben.

> 39. *Nie fand ich so milden und kostfreien Mann,*
> *Der nicht gerne Gab' empfing,*
> *Mit seinem Gute so freigebig keinen,*
> *Dem Lohn wär leid gewesen.*

> 40. *Des Vermögens, das der Mann erwarb,*
> *Soll er sich selbst nicht Abbruch tun:*
> *Oft spart man dem Leiden, was man dem Lieben bestimmt;*
> *Viel fügt sich schlimmer, als man denkt.*

Gastfreundschaft wurde mit Geschenken vergolten (siehe mein Tacituszitat), deswegen stehen diese Strophen hier ganz passend.

Wir kommen nun zu Lebensregeln, wo es um die Freundschaft geht, wobei die folgende Strophe mit den Geschenken den Übergang zu den vorherigen bildet.

> 41. *Freunde sollen mit Waffen und Gewändern sich erfreun,*
> *Das sieht man an sich selbst:*
> *Gab' und Gegengabe begründet Freundschaft,*
> *Wenn sonst nichts entgegensteht.*

> 42. *Der Freund soll dem Freunde Freundschaft bewähren,*
> *Und Gabe gelten mit Gabe.*
> *Hohn mit Hohn soll der Held erwidern,*
> *Und Losheit mit Lüge.*

> 43. *Der Freund soll dem Freunde Freundschaft bewähren,*
> *Ihm selbst und seinen Freunden.*
> *Aber des Feindes Freunde soll niemand*
> *Sich gewogen erweisen.*

> 44. *Weißt du den Freund, dem du wohl vertraust*
> *Und erhoffst du Holdes von ihm,*
> *So tausche Gesinnung und Geschenke mit ihm,*
> *Und suche oft sein Haus heim.*

Diese Strophe spielt vielleicht auch auf die germanische Form der Schwurbrüderschaft an, die z. B. in der Grettis saga Ásmundarsonar beschrieben wird. Man trat dabei unter einen von einem Speer gestützten Rasenstreifen und mischte das Blut in den Fußspuren.

Von den Regeln zur Freundschaft kommen wir zu zwei Strophen, in denen uns Óðinn vor Menschen warnt, denen wir nicht vertrauen.

> 45. *Weißt du den Mann, dem du wenig vertraust*
> *Und hoffst doch Holdes von ihm,*
> *Sei fromm in Worten und falsch im Denken*
> *Und zahle Losheit mit Lüge.*

> 46. *Weißt du dir wen, dem du wenig vertraust,*
> *Weil dich sein Sinn verdächtig dünkt,*
> *Den magst du freundlich ansprechen, aber falsch denken:*
> *Die Vergeltung gleiche der Gabe.*

> 47. *Jung war ich einst, da ging ich einsam*
> *Verlass'ne Wege wandern.*
> *Doch fühlt' ich mich reich, als ich den andern fand:*
> *Der Mann ist des Mannes Freude.*

In Strophe 47 liegt ein drittes Óðinsbeispiel vor, wo der Gott aus Seiner Jugend erzählt. Diese Jugend bezieht sich auf den Gott in der geschaffenen Welt als Sohn Buris. Die verlassenen Wege, die Óðinn ging, hängen mit Seiner Initiation zusammen, das Aufsuchen der Einsamkeit um dort Visionen zu erlangen, ist Bestandteil vieler Übergangsriten der Naturvölker. Die letzte Zeile der Strophe bedeutet: »Der Mensch freut sich über den Menschen«, d. h. er freut sich über Gesellschaft im Gegensatz zur Einsamkeit. Das Wort »Mann« (maðr; oft ist nur die m-Rune als Abkürzung verwendet) im gesamten Liede kann »Mann« und »Mensch« bedeuten. Ich gehe davon aus, daß es im Sinne von »Mensch« verstanden werden muß, denn Óðins Lebensregeln gelten natürlich für alle Menschen, für Männer und Frauen.

48. Der milde, mutige Mann ist am glücklichsten,
Selten ihn Sorge beschleicht;
Doch der Verzagte zittert vor allem
Und kargt kümmerlich mit Gaben.

49. Mein Gewand gab ich auf dem Felde
Holzmännern zweien.
Bekleidet dünkten sie Kämpen sich gleich,
Während Hohn den nackten Mann neckt.

Über den Begriff »Holzmänner« (trémenn), der hier in diesem 4. Óðinsbeispiel erwähnt wird, gibt es verschiedene Theorien. Man will darin hölzerne Götterbilder sehen, Pfähle, deren obere Teile die Form eines menschlichen Hauptes hatten. Der Begriff kommt auch im Flateyjarbók (I, 403) und der Ragnars saga loðbrókar (21) vor.

Man hat die zwei »trémenn« allerdings auch als Vogelscheuchen gedeutet, oder darin Holzfäller gesehen.

Hölzerne Götterbilder können hier aber nicht gemeint sein, weil Óðinn wohl kaum Bildern irgendwelcher Götter Sein Gewand gegeben hätte. Und derartige Bilder hätten auch mit Gewändern keinerlei Reaktion gezeigt. Auch gäbe es keinen Grund, zwei Vogelscheuchen ein Gewand umzulegen.

Ein anderer Gedanke ist der, daß mit »trémenn« zwei »Menschen aus Holz«, also vielleicht Mann und Frau gemeint sind, und daß wir hier eine Schilderung haben, die sich auf die Erschaffung der ersten Menschen Askr und Embla aus zwei Bäumen bezieht. Denn bekanntlich gaben die Götter den ersten Menschen (laut der Gylfaginning

9) auch Kleider. Aber da diese Holzmenschen sich »Kämpen gleich« dünkten, müssen wir wohl eher von zwei Männern, nicht von Mann und Frau, ausgehen. Das ganze geschah auch auf dem Felde und nicht am Meeresstrand wie die Menschenschöpfung.

Wir müssen uns zunächst einmal fragen, welchen Teil des »Gewebes« (»váðir«, so das Original) der Gott abgab. Sicher nicht Seinen Kittel, so daß Er unbekleidet dagestanden hätte, sondern doch wohl eher Seinen Mantel. Nur dieser ist auch groß genug, um für zwei Holzmänner auszureichen, nur er läßt sich entsprechend teilen. Bilder anderer Götter hätte Óðinn nicht derartig geschmückt; selbst wenn eines dieser Bilder Ihn selbst darstellte, wäre das andere doch das Bild einer andern Gottheit. Überhaupt wäre es im Zusammenhang der Hávamál unpassend, hier nun religiös-spirituelle Dinge zu erwarten; Óðinn will hier doch lediglich die Weisheit, daß »Kleider Leute machen« vermitteln. Also können nur wirkliche, lebende Menschen, und zwar einfache Waldarbeiter, hier gemeint sein, denen der Gott aus Mitleid jeweils die Hälfte Seines Mantels gibt. Das ist, wenn man sich einen germanischen Mantel vorstellt, auch nicht schwer. Derartige Mäntel bestanden aus einem Tuch von etwa 2 Mtr. mal 4 Mtr. und wurden in der Mitte gefaltet und über den Schultern getragen, wobei der so doppelt liegende Mantel mit einer Fibel (Spange) vorne zusammngehalten wurde. Derartige Mäntel konnten auch als Schlafsack genutzt werden.

Der Gott teilt also Seinen Mantel und gibt ihn zwei Waldarbeitern. Dies ist eine uralte Sage, die nicht nur im Norden bekannt war und die auch in das Christentum übernommen wurde. Hier wurde als ein Ersatz des Gottes Mars und Wodans der hl. Martin eingeführt, der von 316/17 oder 336 bis 397 oder 401 gelebt haben soll. Von ihm erzählt die Legende, daß in einem strengen Winter, in dem viele Menschen erfroren, der Heilige am Tore von Amiens einem halbnackten Bettler begegnete, der die Vorübergehenden um ein Almosen bat. Keiner beachtete den Unglücklichen, doch Martin, der nichts weiter als sein Gewand und seine Waffen hatte, griff schnellentschlossen zu seinem Schwert und zerteilte seinen Mantel in zwei Stücke, gab die eine Hälfte dem Armen und legte den anderen Teil wieder um sich.

Der Unterschied ist nur, daß Óðinn Seinen ganzen Mantel zwei Männern gab, während Martin nur die Hälfte verschenkt. Martin als Mensch allerdings braucht auch die andere Hälfte, sonst würde er frieren und die ganze Geschichte würde bei Zuhörern nur Befremden auslösen, denn daß jemand seinen Mantel abgibt, um dann selbt zu frieren, ist nicht logisch. Der Gott aber friert nicht, Er ist ein Gott und kann sowohl das Wetter ändern, als auch Sich einen neuen Mantel erschaffen. Und es wird ja nirgends gesagt, daß Óðinn später ohne Mantel wäre. Die Göttergeschichte mußte also etwas verändert werden, als sie auf den Menschen, den Heiligen, übertragen wurde.

> 50. Der Baum dorrt, der auf dem Berge allein steht,
> Ihn schützt nicht Rinde noch Nadel.
> So geht es dem Mann, den niemand mag:
> Was soll er lange leben?

> 51. Heißer brennt als Feuer der Bösen
> Freundschaft fünf Tage lang;
> Doch sicher am sechsten ist sie erstickt
> Und alle Lieb erloschen.

> 52. Die Gabe muß nicht immer groß sein:
> Oft erwirbt man mit wenigem Lob.
> Ein halbes Brot, eine Neig' im Becher
> Gewann mir wohl den Gesellen.

Diese Strophen handeln noch von den Freunden und Begleitern. Die nächsten Strophen kreisen um die Thematik der Weisheit.

> 53. An kleinen Ufern an kleinen Seen
> Sind Klein die Gedanken der Menschen,
> Ungleich ist der Menschen Einsicht,
> Zwei Hälften hat die Welt.

Hier wird nicht gesagt, daß etwa die Welt Miðgarðr zwei Hälften habe, sondern es ist wohl etwas unserm Sprichwort »Jedes Ding hat zwei Seiten« entsprechendes gemeint.

> 54. Der Mann muß mäßig weise sein,
> Doch nicht allzuweise.
> Das schönste Leben ist dem beschieden,
> Der recht weiß, was er weiß.

> 55. Der Mann muß mäßig weise sein,
> Doch nicht allzuweise.
> Des Weisen Herz erheitert sich selten
> Wenn er zu weise wird.

56. Der Mann muß mäßig weise sein,
Doch nicht allzuweise.
Sein Schicksal kenne kein Mann voraus,
So bleibt der Sinn ihm sorgenfrei.

57. Brand entbrennt an Brand, bis er zu Ende brennt,
Flamme belebt sich an Flamme.
Der Mann wird durch den Mann der Sprache kundig:
Im Verborgnen bleibt er blöde.

Von der Weisheit geht es jetzt zum Thema Voraussicht und Voraus-
planung für Unternehmungen.

58. Früh aufstehen soll, wer den andern sinnt
Um Haupt und Habe zu bringen:
Dem schlummernden Wolf glückt selten ein Fang,
Noch schlafendem Mann ein Sieg.

Diese Strophe mißdeuten manche in dem Sinne, daß Óðinn hier
Ratschläge für Untaten gäbe und versuchen so, den Gott schlechtzuma-
chen. Es sind aber sehr wohl Situationen im Leben möglich, wo man
so handeln muß, z. B. gegen einen, der ein erklärter Feind ist oder uns
bereits geschadet hatte. Hier ist Rache erlaubt, und dazu sollte man
dann auch früh aufstehen.

59. Früh aufstehen soll, wer wenig Arbeiter hat,
Und schau'n nach seinem Werk.
Manches versäumt, wer den Morgen verschläft:
Dem Raschen gehört der Reichtum halb.

60. Dürrer Scheite und deckender Schindeln
Weiß der Mann das Maß,
Und all des Holzes, womit er ausreicht
Während der Jahreswende.

61. Rein und gesättigt reit zum Þing,
Um schönes Kleid unbekümmert.
Der Schuh und der Hosen schäme sich niemand,
Noch des Hengstes, hat er nicht guten.

Daß man gesättigt zum Þing fahren soll, ist verständlich wenn man
bedenkt, daß die Fahrt zum Þingplatz oft mehrere Tage dauern konnte.
Daß man aber gewaschen sein soll, ist eine religiöse Vorschrift, denn
das Þing wurde immer mit dem Blót (Opferfest) im Tempel oder Hei-
ligtum eingeleitet, wo kultische Reinheit herrschen mußte.

Hingegen muß nicht besonders teuere Kleidung getragen werden, wenn man diese nicht hat. Der Arme soll sich also nicht schämen ob seiner geringen Kleidung und trotzdem zum Þing kommen.

62. Verlangend lechzt, wenn er ans Wasser kommt
Der Aar auf der alten See.
So geht es dem Mann in der Menge des Volks,
Der keinen Anwalt antrifft.

63. Zu sagen und zu fragen verstehe jeder,
Der nicht dumm will dünken.
Einer wisse es, nicht auch der andere,
Wissens dreie, so weiß es das Volk.

64. Der Macht muß der Mann, wenn er klug ist,
Sich mit Bedacht bedienen,
Denn bald wird er finden, wenn er sich Feinde macht,
Daß dem Starken ein Stärk'rer lebt.

Diese Strophe findet sich ähnlich auch in den Heldenliedern der Edda, und zwar als Rede Sigurðs in den Fáfnismál 13.

65. (Umsichtig und verschwiegen sei ein jeder
Und im Zutraun zaghaft.)
Worte, die andern anvertraut wurden,
Büßt man oft bitter.

Die vorstehenden Strophen handeln also vom Verhalten in der Gesellschaft, unter Menschen. Der eingeklammerte Zusatz von Strophe 65 findet sich nur in ganz jungen Handschriften.

66. An manchen Ort kam ich allzufrüh;
Allzuspät an andern.
Bald war getrunken das Bier, bald zu frisch;
Unlieber kommt immer zur Unzeit.

67. Hier und dort hätte mir Ladung gewinkt,
Hätt' ich Gespräch nur, nicht Speise bedurft.
Oder hingen zwei Schinken in des Freundes Halle,
Wenn ich einen geschmaust.

68. Feuer ist das Beste dem Erdgebornen,
Und der Sól Schein;
Heiler Leib, wer ihn behalten kann,
Ohne daß er ehrlos wird.

Diese Strophen handeln wieder vom Besuch bei anderen, Freunden oder Bekannten.

In Strophe 68 wird das Feuer mit dem Schein der Sól, der Sonnengöttin, gleichgesetzt, wobei für »Schein« im Original der Begriff »sýn« verwendet wird. Sýn aber ist eine Göttin, über die Hárr (Óðinn) in der Gylfaginning 35 sagt:

> »Die elfte (Ásin) ist Sýn, welche die Türen der Halle bewacht, und denen verschließt, welche nicht eingehen sollen.«

Im Merseburger Zauberspruch wird »Sinthgunt, der Sunna ihre Schwester« genannt. Ich deute Sýn/Sinthgunt daher als Schwester der Sól/Sunna und gehe davon aus, daß Sýn in der Naturmythologie den Sonnenschein und das Sonnenlicht im Hause, wahrnehmbar im Schein des Herdfeuers, symbolisiert. Wahrscheinlich müßte also in dieser Hávamál-Strophe »sýn« als Eigenname gewertet werden.

Die vier genannten Begriffe (Feuer, Sól, Gesundheit und Ehre) sind also gleichwertig.

> *69. Ganz unglücklich ist niemand, ist er auch nicht gesund:*
> *Einer hat an Söhnen Segen,*
> *Einer an Freunden, einer an vielem Gut,*
> *Einer an trefflichem Tun.*

Der Wert des Lebens wird hier und den nächsten Strophen angesprochen. Der Begriff »Gut« in Strophe 69 (wie in einigen andern Strophen, z. B. 76, 77, 79) ist zugleich der Name der ersten Rune: »fé«.

> *70. Leben ist besser, auch Leben in Armut:*
> *Der Lebende kommt noch zur Kuh.*
> *Warmes Feuer sah ich des Reichen warten,*
> *Und er lag tot vor der Tür.*

Wieder ein Óðinsbeispiel, da der Gott eine eigene Beobachtung mitteilt.

> *71. Der Hinkende reite ein Roß, der Handlose hüte,*
> *Der Taube taugt noch zur Tat.*
> *Blind sein ist besser als verbrannt werden:*
> *Der Tote nützt zu nichts mehr.*

»Verbrannt werden« meint hier (wie auch in Strophe 81) das Verbrennen des Toten, also »tot sein«.

72. Ein Sohn ist besser, ob spät geboren
Nach des Verstorbenen Hinfahrt.
Bautasteine stehn am Wege selten,
Wenn sie der Verwandte dem Verwandten nicht setzt.

Bautasteine (Abb. 17) sind phallusförmige Gedenksteine, es können auch Runen darauf eingeritzt sein. Meist wurde so der Name des Verstorbenen mitgeteilt.

73. Zweie sind einem über, es schlägt die Zunge das Haupt.
Unter jedem Gewand erwart' ich eine Faust.

74. Der Nacht freut sich wer des Vorrats gewiß ist,
Kurz sind des Schiffes Rahen,
Doch herb ist die Herbstnacht.
Viermal wittert es in fünf Tagen:
Wieviel mehr im Monat!

Man soll also vorsichtig und vorausschauend sein, auch vorausplanen.

75. Wer wenig weiß, der weiß auch nicht,
Daß einen oft der Reichtum zum Affen macht;
Ein Mann ist reich, ein andrer arm:
Den soll niemand tadeln.

Hier ist tatsächlich wieder der Begriff »Affe« (»api«) verwendet. Siehe meinen Kommentar zu Grímnismál Strophe 34.

76. Der Besitz stirbt, es sterben die Freunde,
Endlich stirbt man selbst;
Doch nimmer mag ihm der Nachruhm sterben,
Welcher sich guten gewann.

77. Der Besitz stirbt, es sterben die Freunde,
Endlich stirbt man selbst;
Doch eines weiß ich, daß immer bleibt:
Das Urteil über den Toten.

Diese berühmten Strophen sind mit ein Beleg für das hohe Alter unseres Liedes. Der Skálde Eyvindr Skáldaspillir konnte in seinem 961 auf den verstorbenen König Hákon den Guten gedichteten Preislied Hákonarmál (Str. 21) die Anfänge dieser Strophen zitieren. Er konnte also bei seinen Zuhörern die Kenntnis der vollständigen Strophen voraussetzen und mußte daher nicht die gesamten Strophen zitieren. Seine Strophe lautet in Felix Genzmers Übersetzung:

Abbildung 17: Ein Bautastein, der Bildstein von Lärbro Tängelgarda I.
Museum Stockholm.

»Besitz stirbt, Sippen sterben,
Leer wird Haus und Hof,
Seit Hákon ging zu den Heidengöttern:
Viel Leid kam übers Land.«

Übrigens ist dieser Vers auch der früheste Beleg für das Wort »heid-
nisch« (»heiðinn«) im Norden. Ähnliche Verse finden sich auch im
Beowulfepos; natürlich waren die Lehren des Gottes auch bei den An-
gelsachsen bekannt, allerdings sicher in einer altenglischen Version. Im
Beowulfepos findet sich ab Vers 1381ff dieser Text[55]:

»Antwort gab Beowulf, / des Eggtheow Sohn:
„Nicht klage, mein König! / Dem Krieger ziemt mehr,
den Freund zu rächen, / als viel zu trauern.
Wir alle müssen / des Erdenlebens
Wende erwarten. / Gewinne, wer es kann,
Ruhm vor dem Tode! / Für den Recken ist es,
der das Leben verlor, / der liebste Nachlaß
(...)"«

.

78. Volle Speicher sah ich bei Fitjungs Söhnen,
Die heuer den Bettelstab tragen:
Überfluß währt einen Augenblick,
Dann flieht er, der falscheste Freund.

Fitjungr bedeutet »Fettling« und ist hier eine allgemeine Bezeich-
nung für den im Reichtum schwelgenden Mann. Auch diese Strophe
ist ein Óðinsbeispiel.

79. Der alberne Geck, gewinnt er etwa
Gut oder Gunst der Frauen,
Gleich schwillt ihm der Kamm, doch die Klugheit nicht;
Nur im Hochmut nimmt er zu.

Diese Strophe ist wie die Strophe 78 noch ein weiteres Negativbei-
spiel. Die Strophe 79 stand übrigens in einer Aufzeichnung vom Ende
des 18. Jhs. von einer Melodie zu den Hávamál unter den Noten. Man
hat Lieder wie die Hávamál auch gesungen.

80. Das wirst du finden, befragst du die Runen,
Die Reginnentstammten,
Welche Ginn-Reginn schufen,

Fimbulþulr färbte:
Am besten tut, wer schweigt.

Strophe 80 erinnert daran, daß es in diesem Lied auch um eine Runeninitiation (am Ende) geht. »Reginn« sind die »Rater«, die Götter, »Ginn-Reginn« können sowohl »Visionsgötter« sein, als auch »Zaubergötter« oder »große Götter«. Fimbulþulr (»der große Þulr«) verstehe ich nicht als Beiname Óðins, sondern als dessen Lehrmeister, Mímir. Ich komme darauf noch beim Kommentar zur Strophe 140 zurück.

Das Färben der Runen wurde gemacht, um sie magisch zu aktivieren, und zwar nahm man ursprünglich dazu Blut, später auch rote Farbe (Krapp-Wurzelsaft, rote Erde usw.).

Mit der Strophe 79 oder 80 endet nach Meinung der Forscher das sog. »Alte Sittengedicht«. Tatsächlich geht der Text im Original aber weiter und es gibt keinen Grund, hier eine Trennung zu konstruieren. Jedenfalls sollen nun sog. Bruchstücke folgen. Tatsächlich stehen einige der folgenden Strophen im Versmaß des Fornyrðislag, statt des Ljóðahattr, bestehen also nur aus Vollzeilen, anstatt jeweils im Wechsel von Vollzeile und Halbzeile wie bei den andern Strophen.

> *81. Den Tag lob' abends, die Frau wenn verbrannt,*
> *Das Schwert, wenn's versucht ist,*
> *Die Braut nach der Hochzeit, eh' es bricht, das Eis,*
> *Das Äl, wenn's getrunken ist.*

> *82. Im Sturm fäll' den Baum, stich bei Fahrwind in See,*
> *Mit der Maid spiel im Dunkeln: manch' Auge hat der Tag.*
> *Das Schiff ist zum Segeln, der Schild zum Decken gut,*
> *Die Klinge zum Hiebe, zum Küssen das Mädchen.*

> *83. Trink' Äl am Feuer, auf Eis lauf Schlittschuh,*
> *Kauf' mager das Roß und rostig das Schwert,*
> *Zieh den Hengst daheim, den Hund im Vorwerk.*

In diesen drei Strophen gibt uns Óðinn gute Ratschläge, die das Leben erleichtern.

> *84. Mädchenreden vertraue kein Mann,*
> *Noch der Weiber Worten.*
> *Auf geschwung'nem Rad geschaffen ward ihr Herz,*
> *Wankelmut in der Brust verborgen.*

Hier wird auf den wankelmütigen Sinn der Frauen hingewiesen. Frauen unterstehen ja eher dem lunaren (mondlichen) Prinzip und sind daher oft launisch (»launisch« bedeutet »lunar«). Daß ihr Herz auf der Töpferscheibe geschaffen wurde, ist wohl eher sinnbildlich; die Frauen stehen jedenfalls dem Erdelement (Ton) näher, als die Männer. Wer aber glaubt, Óðinn würde hier einseitig nur Frauen negativ bewerten, der irrt, es gibt auch Strophen, wo die Männer entsprechend beschrieben werden (z. B. Strophe 91).

Die 2. Hälfte dieser Strophe ist auch in der Fóstbrœðra saga überliefert.

Nach Karl Müllenhoffs Eddaausgabe von 1883-1891 beginnt mit der Strophe 84 bereits das sog. 1. Óðinsbeispiel, während andere es erst 11 Strophen später beginnen lassen.

85. Krachendem Bogen, knisternder Flamme,
Schnappendem Wolf, geschwätziger Krähe,
Grunzendem Schwein, wurzellosem Baum,
Schwellender Meerflut, sprudelndem Kessel;

86. Fliegendem Pfeil, fallender See,
Einnächt'gem Eis, geringelter Natter,
Bettreden der Braut, brüchigem Schwert,
Kosendem Bären und Königskinde;

87. Siechem Kalb, selbstwilligem Knecht,
Der Vǫlva Schmeichelworte, auf der Valstatt Gefällten.

Bei diesen Strophen sollte man im Geiste immer ergänzen: »dem soll niemand voreilig trauen«. Es sind Aufzählungen in der Weise wie man es z. B. auch von dem folgenden altberliner Reim kennt:

»Berliner Kind,
Spandauer Wind,
Charlottenburger Pferd
Sind alle drei nichts wert.«

88. Frühbesätem Feld trau' kein Mann,
Noch dem zu frühen Sohn:
Das Wetter regiert die Saat und sein Willen der Sohn:
Das sind zwei zweiflige Dinge.

Diese Strophe steht wieder im gewöhnlichen Versmaß des Ljóðaháttr (Spruchton).

89. Dem Mörder deines Bruders, wie breit wär' die Straße,
Halbverbranntem Haus, windschnellem Hengst, -
Bricht ihm ein Bein, so ist er unbrauchbar: -
Dem allen soll niemand voreilig trauen.

90. Die Liebe der Frau, die falschen Sinn hegt,
Gleicht unbeschlag'nem Roß auf schlüpfrigem Eis,
Mutwillig, zweijährig, und übel gezähmt;
Oder steuerlosem Schiff auf stürmender Flut,
Der Renjagd des Lahmen auf glatter Bergwand.

Mit Strophe 90 beginnt die Thematik der Liebe, doch hatte auch schon Strophe 84 dahin geleitet. Diese Strophen bereiten die Erzählung des 1. Óðinsbeispieles vor. Nun kommt wieder das Versmaß des Ljóðaháttr.

91. Offen bekenn' ich, der beide wohl kenne,
Der Mann ist dem Weibe wandelbar;
Wir reden schön, wenn wir schlecht denken:
So wird die Klügste geködert.

Óðinn kennt Mann und Weib, da Er die Menschen ja selbst geschaffen hat.

92. Schön soll reden und Geschenke bieten
Wer des Mädchens Minne will,
Den Liebreiz loben der leuchtenden Jungfrau:
So fängt sie der Freier.

Für »Geschenke« steht im Original wieder der Name der ersten Rune, »fé« (Vieh, Viehreichtum, Besitz, Gold).

93. Der Liebe verwundern soll sich kein Weiser
An dem andern Mann.
Oft fesselt den Klugen was den Toren nicht fängt,
Liebreizender Leib.

94. Unklugheit wund're keinen am andern,
Denn viele befällt sie.
Weise zu Tröpfen wandelt auf Erden
Der Minne Macht.

Mit Strophe 95 nun beginnt das sogenannte 1. Óðinsbeispiel, das man auch »Billings mær« (»Billungs Maid«) nennt. Óðinn gibt hier ein Beispiel aus seiner eigenen Erfahrung, um die Strophen davor zu bestätigen.

Aber auch dieses kurze Stück enthält einen alten Mythos. Es ist ein Wintermythos, ganz ähnlich dem bei Saxo Grammaticus enthaltenen Mythos, wo Óðinn um Rind wirbt, von ihr aber schmählich abgewiesen wird. Endlich gelingt es dem Gott dann doch. Óðinn ist hier der Sonnengott, der um die winterliche Erde (Rind, die Erdrinde) wirbt, aber bei ihr nichts erreicht, weil im Winter die Erde ja in einer Art Todesschlaf liegt. Doch endlich gelingt es der Sonne, die Erde zu gewinnen und mit ihr den Sohn zu erzeugen – es ist wieder Frühling geworden.

In unserm Stück von Billings mær ist nur die erste Hälfte des Mythos, der Wintermythos, vorhanden, der Frühlingsmythos folgt erst im 2. Óðinsbeispiel.

Billings Maid ist die Wintererde, deswegen lockt sie den Sonnengott Óðinn schlafend, denn im Winter schläft die Erde. Und sie wird als »weiß wie die Sonne« in Strophe 97 beschrieben; damit ist der weiße Schnee gemeint, der die Erde bedeckt. Weiße Haut war allerdings bei den Germanen ein besonderes Schönheitsideal für Frauen, die daher oft »weißarmig« genannt werden (z. B. in Hávamál Strophe 161). Billings Maid schreckt den Gott zurück durch eine Schutzwehr und Feuer sowie eine Hündin. Die Feuer stehen für die Vafrlogi (Waberlohe), die Totenfeuer des Winters, die Hündin aber symbolisiert den Winterwolf. Óðinn muß gehen und kommt nur kurz zu der Maid: Die kurzen Tage des Winters. Billingr (»Zwilling, Zwitter«) ist zwar der Name eines Zwerges in einer Fassung der Vǫluspá, doch hier wohl eher auf einen Winterriesen zu beziehen. Hans v. Wolzogen übersetzt den Namen mit »Beller« und setzt ihn gleich mit dem Winterriesen Beli (»Beller, Brüller«), den Freyr mit einem Hirschhorn erschlug. Dieser zeigt schon durch seinen Namen einen Bezug zum bellenden Winterwolf und repräsentiert jedenfalls den Winter, der die Erde (Billings Maid) in seiner Gewalt hält.

95. Das Gemüt weiß allein, das dem Herzen innewohnt
Und seine Neigung verschließt,
Daß ärger Übel den Edlen nicht quälen mag
Als Liebesleid.

96. Selbst erfuhr ich das, als ich im Schilfe saß
Und auf Erfüllung meines Begehrens harrte.

Leib und Herz war mir die süße Maid;
Gleichwohl erwarb ich sie nicht.

97. Ich fand Billungs Maid auf ihrem Bette,
Weiß wie die Sonne, schlafend.
Eines Jarls Freude fühlt ich als nichts
Gegen das Leben mit der Lieben.

Jarle sind Kriegeranführer oder regionale Fürsten, die aus dem Adel stammten. Man vermutet, daß der kultische Runenmeistertitel »erilaz« (Eruler) etymologisch mit dem nordischen »Jarl« und dem englischen »Earl« (Graf) verwandt ist, so daß also auch ein Jarl bestimmte kultisch-magische Kenntnisse gehabt hatte.

98. »Am Abend sollst du, Óðinn, kommen,
Wenn du die Maid gewinnen willst.
Nicht ziemt es sich, daß mehr als zwei
Von solchem Laster wissen.«

In dieser Strophe gibt Óðinn direkte Rede der Maid wieder; daß sie von einem Laster spricht, liegt daran, daß Óðinn sie heimlich verführen will, nicht um offizielle Genehmigung der Verbindung bei ihrem Vater bittet.

99. Ich wandte mich weg und war zufrieden,
Ließ die Gelegenheit los.
Denn ich dachte, ich dürft' erringen
Ihre Gunst und Liebe voll.

100. So kehrt' ich wieder: da war zum Kampf
Strenge Schutzwehr auferweckt,
Mit brennenden Lichtern, mit lodernden Scheitern
Ward mir ein beschwerlicher Weg gewiesen.

101. Am folgenden Morgen fand ich mich wieder ein,
Da schlief im Saal das Gesind';
Eine Hündin sah ich statt der herrlichen Maid
Auf das Bett gebunden.

Neben der Bedeutung der Hündin (das Wort »grey« kann auch »Hund« bedeuten) als Wintersymbol ist hier noch zusätzlich eine Beleidigung des Gottes Óðinn zu erkennen.

102. Manche schöne Maid, wer's merken will,
Ist wankelmütig dem Freier gesinnt.
Das erkannt' ich klar, als ich das kluge Weib
Verlocken wollte zur Lust.
Jegliche Schmach tat die Schlaue mir an,
Und wenig ward mir des Weibes.

Mit der Strophe 103 beginnt nach Karl Müllenhoff bereits das 2. Óðinsbeispiel. Denn diese Strophe erzählt von der Redegewandtheit, die auch in Strophe 104 angesprochen wird. Der »Erztropf« ist im Original »fimbulfambi«, ein »großer Tropf (Narr)«.

103. Daheim sei der Mann heiter und freundlich bei Gästen
Weise soll er sich sein,
Besonnen und gesprächig: so scheint er verständig,
Und erwähne gern das Gute.
Der wenig zu sagen weiß, wird ein Erztropf genannt,
Es ist des Albernen Art.

Die meisten Forscher lassen das 2. Óðinsbeispiel mit der folgenden Strophe 104 beginnen. Es trägt auch den Namen »Suttungs mær« (»Suttungs Maid«) und ist die Fortsetzung des 1. Óðinsbeispieles, wo der Gott abgewiesen wurde. Hier nun hat Er erfolg. Die Geschichte, wie Óðinn den Met Óðrœrir gewinnt, findet sich auch in der jüngeren Edda, Bragerœður 4, ausführlich erzählt.

Vordergründig steht dieses 2. Óðinsbeispiel hier nur als Beispiel für Treulosigkeit und Trunkenheit, die in vielen andern Strophen ja erwähnt wurde. Auch die Strophen Hávamál 13 und 14 spielen auf dieses Abenteuer an.

Es hat sich aber in dem kurzen Stück auch noch ein uralter Mythos vom Frühling und Frühlingsregen erhalten, den es ähnlich auch in Indien gibt. Dort sind es die heißen Gluten der Sonne selber, die den Göttern den Regentrank (Soma) rauben. Der kriegerische Himmelsvater verwandelt sich in Schlange und Vogel und gewinnt so den Trank wieder zurück.

In der germanischen Mythologie sind es hingegen die götterfeindlichen Reifriesen, die den Regentrank und das wachstumsnotwendige Wasser zurückhalten. Suttungr (»Trankbeschwert«, also eigentlich »Säufer«) hält den Frühlingsregen im Winterberg (Hnitbjǫrg = Stoßfelsen) der Riesen verschlossen. Óðinn durchbohrt mit dem Bohrer

»Rati« (»Bohrer«) den Berg (siehe Abb. 18) und schlüpft in Gestalt einer Schlange hinein in die unterirdische Höhle, wo Gunnlǫð den Met bewacht. Bohrer und Schlange symbolisieren im Regenmythos den wolkenzerteilenden Blitz, im Frühlingsmythos aber den Sonnenstrahl. Gunnlǫð (»die zum Kampf Ladende«) ist die Erde in der Gewalt des Winters wie Billungs Maid, Gerðr oder Menglǫð in den anderen Fassungen dieses uralten Mythos. Óðinn liegt drei Nächte bei Gunnlǫð und bekommt als Geschenk den Met von ihr. In Vogelgestalt schlürft der Gott den Met auf, um ihn nun durch die Luft zu den Ásen zu bringen (siehe Abb. 16, S. 187): Die Sonne hüllt sich in Wolken, und diese nehmen den Regen in sich auf und ziehen damit über das Land. Óðinn speit den Met in von den Ásen bereitgestellte Gefäße: Die Wolken lassen es regnen. Für die Erde bedeutet das: Neues Leben und Fruchtbarkeit.

Nebenbei findet sich der Gedanke des im Frühling von den Eisfelsen des Winters befreiten Wassers auf Erden.

Die Vereinigung von Óðinn mit Gunnlǫð ist die Vereinigung von Sonnen- und Himmelsgott mit der Erde, in diesem Sinne ist es auch ein Erd-Erweckungsmythos des Frühlings. Völlig undenkbar wäre es nach heidnischem Verständnis, wenn diese Liebesvereinigung Óðins mit Gunnlǫð ohne Folgen bleiben würde; ein Gott kann nicht unfruchtbar sein. Tatsächlich gibt es eine Andeutung, daß Gunnlǫð einen Sohn von Óðinn empfing: Den Dichtergott Bragi. Es heißt ja auch in Hávamál 110, daß sich Gunnlǫð grämte – das ist ein Hinweis auf eine Schwangerschaft. Suttungr aber setzte den ungewollten Enkel Bragi in ein Schiff auf dem Meere aus, um ihn so dem Tod zu übergeben. Skáldenstrophen erzählen, daß Bragi auf einem Zwergenschiff schlafend im großen Meere lag. Als das Schiff an der Schwelle des Zwerges Náinn (»Tod«) vorüberglitt, da erwachte Bragi und da er im Zusammenhang mit dem Dichtermet Óðrœrir erzeugt wurde, ist Er natürlich der beste Dichter und Sänger. So sang Er ein Lied, daß durch die neun Welten schallte. Als der Gott an Land ging, erblickte Er die Tochter des Zwergenvaters Ivalðis, Iðunn, die er mit diesem Liede für sich gewann und mit der Er gen Ásgarðr zog.

Grundlage dieser Erzählung sind zwei Strophen des Skálden Egill Skallagrímsson, nämlich Strophe 2 und 3 aus dem Liede Sonatorrek (»der Söhne Verlust«, ein Klagelied über das Ertrinken der beiden Söhne Egils). Sie lauten:

»Nicht leicht strömt – Kummer macht dies,
schwer lastenden – aus des Denkens Stätte
willkommener Fund von Friggs Gesippen,
voreinst gebracht aus Jǫtunheimr.
Ohne Fehl war Nachens Bragi,
draußen blieb er auf nacktem Fels
Riesenhalses Wunden rauschen
vor der Verwandten Náins Bootshaustoren.«

Des »Denkens Stätte« ist das Haupt des Dichters, Friggs Gesippe ist Óðinn, dessen Fund ist die Gewinnung des Óðrœrirmets durch den Gott. In den Strophen ist also von der Gewinnung des Óðrœrirmetes die Rede, wobei der fehllose Bragi auflebte. Wird damit die Geburt Bragis an dieses Ereignis geknüpft? Die Strophe 3 beginnt im Original so: »lastalauss es lifnaþe á nǫkkva Brage«. Statt dem Wort »nockvers« vermutete Sophus Bugge ein verderbtes »nóttvers« (Nachtaufenthalt) und liest die Zeile »á nǫttvers nǫkkva« als Kenningar für »im Bett«. Allerdings ist diese Deutung der Strophen nur eine mögliche Deutung.

Das hohe Alter unseres Liedes erweist neben der indischen Parallele auch eine griechische Fassung von Zeus und Persephone (Proserpina/Core). Persephone ist in einer Höhle eingeschlossen, und Zeus kommt in Gestalt einer Schlange zu ihr; der Verbindung beider entspringt Zagreus.

> 104. *Den alten Jǫten besucht ich, nun bin ich zurück:*
> *Mit Schweigen erwarb ich da wenig.*
> *Manch' Wort sprach ich zu meinem Gewinn*
> *In Suttungs Saal.*

Óðinn versuchte, von Suttungr den Met zu bekommen, erreichte es aber nicht. Dazu hat Er offenbar auch mit dem Riesen getrunken (siehe Strophe 13f). Weil der Gott keinen Erfolg hatte, versuchte Er, den Met zurückzuholen, indem Er sich mit des Riesen Baugis Hilfe in den Felsen hineinbohrte und als Schlange hineinkroch (siehe Abb. 18 und Strophe 106).

> 105. *Gunnlǫd schenkte mir auf gold'nem Stuhl*
> *Einen Trunk des teuern Mets.*
> *Übel vergolten hab ich gleichwohl Ihrem holden Herzen,*
> *Ihrer glühenden Gunst.*

Abbildung 18: Der Riese Baugi bohrt in Óðins Namen ein Loch in den
Hnitbjǫrg, den Berg, in dem Gunnlǫð den Óðrœrirmet
bewacht. Eddahandschrift des Ólaf Brynjólfsson von
1760.

Óðinn mußte Gunnlǫð verlassen und fliehen, denn die Metgewinnung war Seine Einweihungsaufgabe. Deswegen war Gunnlǫð natürlich enttäuscht.

> *106. Ratis Mund ließ ich den Weg mir räumen*
> *Und den Berg durchbohren;*
> *In der Mitte glitt ich zwischen der Jǫten Gängen*
> *Und setzte meinen Kopf aufs Spiel.*

> *107. Schlauer Verwandlungen Frucht erwarb ich,*
> *Wenig mißlingt dem Listigen.*
> *Denn Óðrœrir ist aufgestiegen*
> *Zur weitbewohnten Erde.*

»Rati« bedeutet »Bohrer« und scheint zugleich Eigenname des Bohrers zu sein. Daß es gefährlich war, erfahren wir aus der jüngeren Edda, wo erzählt wird, daß der Riese Baugi Óðinn töten wollte, indem er das Loch zuerst nicht ganz durchbohrte und mit dem Bohrer nach Óðinn (vergeblich) stach.

Die 2. Hälfte der Strophe 107 deutet noch den alten Regen- oder Wassermythos an: Das Wasser steigt zur Erde empor.

> *108. Zweifel heg' ich, ob ich heim wär gekehrt*
> *Aus der Jǫten Reich,*
> *Wenn ich Gunnlǫð nicht nutzte, die herzige Maid,*
> *Die den Arm um mich schlang.*

> *109. Die Hrímþursen eilten des andern Tags*
> *Hárs Rat zu hören in Hárs Halle.*
> *Sie fragten nach Bǫlverkr ob er zu den Bindenden kam*
> *Oder ob er durch Suttungr fiel.*

Nach der Flucht kommen die verfolgenden Riesen zu den Göttern, die hier als die »Bindenden« (Bǫnd) bezeichnet werden, und fragen Hárr (»der Erhabene«, Óðinn), ob es einen gewissen Bǫlverkr (»Bösewirker«) bei den Ásen gäbe. Óðinn hatte Sich ja – nach der längeren Schilderung in den Bragerœður – eigens den Namen Bǫlverkr zugelegt.

> *110. Den Ringeid, glaub' ich, hat Óðinn geschworen:*
> *Wer traut noch seiner Treue?*
> *Den Suttung beraubt er mit Ränken des Mets*
> *Und ließ Gunnlǫð sich grämen.*

Diese Strophe nehmen manche als Vorwand, um den heidnischen Gott als Lügner oder Meineidigen hinzustellen. Dies ist aber so nicht richtig. Zunächst muß einmal festgestellt werden, daß der Óðrœrir-Met den Ásen gehörte, denn Sie hatten den Kvasir (»Beere«) erschaffen, der dann von zwei Zwergen ermordet wurde und dessen Blut zu dem Met verarbeitet ward. Der Met kam dann in Folge einer Bußzahlung dieser Zwerge an Suttungr. Eigentlich gehörte Kvasir und sein Blut also den Ásen. Óðinn machte Sich auf, den Met zu gewinnen und auf das Versprechen von Suttungs Bruder Baugi, ihm zu diesem Met zu verhelfen, verrichtete Óðinn einen Sommer lang die Arbeit von neun Knechten. Dennoch versuchte Baugi, Ihn zu betrügen und Suttung verweigerte die Rückgabe des Metes. Deswegen kann man nicht von einem Stehlen des Metes sprechen.

Die Riesen wollten nun den Met zurück, und man kann vermuten, daß sie von Óðinn einen Eid gefordert hatten, daß es keinen Bǫlverkr bei den Ásen gäbe. Darauf soll Óðinn einen feierlichen Ringeid (Baugeið) geschworen haben, und das wird als Meineid hingestellt. Doch war es in Wahrheit – wenn es denn überhaupt so geschah – kein Meineid, denn Óðinn formulierte den Eid so, daß er stimmte. Es gab ja tatsächlich keinen Ásen, der »Bǫlverkr« hieß, und das konnte Óðinn ganz richtig beschwören. »Bǫlverkr« war ja kein richtiger Name des Gottes, erst später wurde »Bǫlverkr« wegen dieser Geschichte zu einem Beinamen. Möglicherweise müssen wir auch hinter dem »Baugeið« eine Verbindung zum Riesen Baugi sehen, keinen formellen Ringeid. Óðinn hat also irgendetwas über den Riesen Baugi geschworen, der Ihm ja geholfen hatte, das Loch in den Felsen zu bohren.

Die Fahrt Óðins zu Baugi und Suttungr war vorhergeplant, die Ásen stellten Gefäße auf, in die Óðinn den Met speien konnte. Es war also eine Art Aufgabe oder Prüfung. Derartige Aufgaben sind bei den Naturvölkern im Zusammenhang mit Initiationen üblich. Óðins Aufgabe war es, den Met zu gewinnen. Nachdem Er das geschafft hatte, durfte Er ihn aber noch nicht trinken, sondern das durfte Er erst, als Er seine Initiation vollendet hatte (Havamál 140). Er schlürfte den Met zwar bei Gunnlǫð ein, aber nur, um ihn sicher zu den Göttern zu bringen, und wieder auszuspucken, nicht, um ihn selbst auszutrinken.

Loddfáfnismál

Nachdem Óðinn nun Seine Initiationsaufgabe erfüllt hatte, geht es weiter mit der Initiation zum Þulr, zum Spruch- und Runenzauberer.

Innerhalb der Hávamál gibt es in Papierhandschriften der Edda die Unterüberschrift »Loddfáfnismál«; es ist aber kein eigenes Lied, sondern nur ein Unterabschntt, denn auch außerhalb dieses Abschnittes wird Loddfáfnir erwähnt (in der Strophe Hávamál 162). Auch in den Loddfáfnismál sind wieder Lebensregeln enthalten, aber diemal sind es nicht Regeln für jedermann, sondern Regeln für den Þulr, wobei es natürlich nicht schaden kann, wenn auch andere diese Regeln beachten.

Der Name »Loddfáfnir« ist bislang nicht überzeugend übersetzt worden. Der Bestandteil »-fáfnir« bedeutet »der Umarmer«, doch was »lodd-« bedeutet, ist unklar. Es könnte eine Bezeichnung für Pelz oder grobe Wolle sein (vgl. unser deutsches Wort »Loden«), so daß »Loddfáfnir« dann »der vom Pelz umarmte«, also der »Pelzgekleidete« wäre. Er wäre dann eine Figur, die einem »wilden Mann« (siehe Abb. 19) sehr ähnlich sähe. Man hat den Namen im Sinne von »Gaukler« versucht zu deuten. Somit ist Loddfáfnir derjenige, der zum Þulr eingeweiht werden soll. Er trägt ein Pelzgewand, weil er selbst versucht, zum Tier zu werden, um seine Verbindung zu den Göttern herzustellen, ähnlich wie Berserkir als »Bärenhäuter« und Ulfheðnar als »Wolfshäuter« kultische Krieger sind. In dieser Verkleidung ähnelt Loddfáfnir einem Narren. Einzuweihende werden ja meist als Narren bezeichnet. Im Schwerttanz, der aus der Kriegerinitiation stammt, wird symbolisch ein junger Mann als »Narr« getötet, um dann als »König« auf die zur Rose verflochtenen Schwerter erhoben zu werden. Der Narr stirbt, der König ist geboren. In diesem Sinne verstehe ich Loddfáfnir als denjenigen, der eingeweiht werden soll.

In jedem Falle ist Loddfáfnir nicht mit Óðinn identisch, wie die Strophe 162 ergibt, die Óðinn an Loddfáfnir richtet. Ich gehe davon aus, daß Loddfáfnir eine Bezeichnung für denjenigen ist, der zum Þulr eingeweiht werden will und zu dem Óðinn spätestens ab der Strophe 111 bis zum Schluß spricht. Denn die Lebensregeln der Hávamál wurden wohl auch tatsächlich für derartige Zwecke den Einzuweihenden gelehrt; mit »Loddfáfnir« ist also jeder der Zuhörer direkt angesprochen, er ist ein Einzelrepräsentant der Menschen überhaupt. Gleichzeitig

Abbildung 19: Wilder Mann (1477).

aber ist es auch eine Schilderung von Óðins eigener Initiation – denn auch der Gott hat Sich diesem Ritual unterzogen und ist deswegen Vorbild für irdische Initianten. Óðinn erzählt, wie Er in Seiner eigenen Halle saß und von Runen und ihrer Deutung hörte. Von wem? Vielleicht von Mímir (Sigrdrífumál 13 und 14) und von andern Göttern (z. B. Heimdallr, der ja auch laut der Rígsþula Seinem Schützling Konr Runenkunde vermittelte). Jedenfalls hörte es Óðinn dort und kann es nun uns Menschen – Loddfáfnir – weitererzählen.

Die Loddfáfnismál wird also nicht von einem unbekannten Loddfáfnir erzählt, sondern von Óðinn selbst.

111. Zeit ist's zur Þulschaft auf dem Þulstuhl,
An dem Brunnen Urðs
Saß ich und schwieg, saß ich und dachte
Und merkte der Männer Reden.
Von Runen hört' ich reden und vom Raten auch.
Bei Hárs Halle, in Hárs Halle
Hört ich dieses sagen.

Da diese Strophe von »Runen« erzählt, die folgenden Strophen aber Lebensregeln sind, hat man vermutet, sie stünde nicht an dem richtigen Platze. Das ist aber ein Irrtum, es geht um die Runengeheimnisse, die zusammen mit Lebensregeln vermittelt werden. Óðinn will Þulr werden und dazu ist eine Initiation notwendig, der sich auch Óðinn unterwirft. Deswegen muß Er zuerst diese Regeln kennenlernen, bevor Ihm Mímir seine Runengeheimnisse vermitteln kann und darf. Und außerdem bedeutet der Begriff »Rune« in seiner älteren Bedeutung etwas wie »Geheimnis, Zauber«, man muß dabei nicht zuerst an das einzelne Runenzeichen denken.

112. Das rat' ich, Loddfafnir, vernimm die Lehre,
Wohl dir, wenn du sie merkst,
Heil dir, wenn du sie befolgst:
Steh nachts nicht auf, wenn die Not nicht drängt,
Du wärst denn zum Wächter geordnet.

Óðinn gibt nun die dort gehörten Regeln an Loddfáfnir weiter. Die Einleitung setzte Er allerding erst jetzt hinzu, sie gehörte nicht zu dem, was der Gott in Hárs Halle gehört hatte.

Von den 36 Strophen der Loddfáfnismál beginnen 20 immer mit der gleichen Einleitung, wie die Strophe 112 (die erste der Loddfáfnismál).

Mit »Not« ist Notdurft gemeint.

113. Das rat' ich, Loddfáfnir, vernimm die Lehre,
Wohl dir, wenn du sie merkst,
Heil dir, wenn du sie befolgst:
In der Vielkundigen Frau Schoß schlaf du nicht,
So daß ihre Glieder dich gürten.

»Vielkundig« (»fjolkunnigr«) ist auch eine Bezeichnung für Zauberei. Die Frau mit derartigen Kenntnissen könnte einen Mann davon abhalten, sich um die Angelegenheiten der Männer zu kümmern, und zwar nicht aus Böswilligkeit, sondern weil diese Frau ihren Partner fasziniert und ihm alles erklären kann, was er vielleicht sonst nur von andern Menschen in der Gemeinschaft erfahren würde.

114. Sie betört dich so, du entsinnst dich nicht mehr
Des Þings und der Rede der Fürsten,
Gedenkst nicht des Mahls noch der Männer Verkehr,
Sorgenvoll suchst du dein Lager.

115. Das rat' ich, Loddfáfnir, vernimm die Lehre,
Wohl dir, wenn du sie merkst,
Heil dir, wenn du sie befolgst:
Des andern Frau mache du nicht.
Zu deiner Ohrraunerin.

Eine anderweitig gebundene Frau darf man also nicht zur Geliebten (»Ohrraunerin«) machen. Vgl. hierzu auch Vǫluspá 39.

216

116. Das rat' ich, Loddfáfnir, vernimm die Lehre,
Wohl dir, wenn du sie merkst,
Heil dir, wenn du sie befolgst:
Über Furten und Felsen so du zu fahren hast,
So sorge für reichliche Speise.

117. Das rat' ich, Loddfáfnir, vernimm die Lehre,
Wohl dir, wenn du sie merkst,
Heil dir, wenn du sie befolgst:
Dem übeln Mann eröffne nicht
Was dir Widriges widerfährt:
Von argem Mann erntest du nimmer doch
So guten Vertrau'ns Vergeltung.

118. Oben Verderben einen Degen sah ich
Übeln Weibes Wort:
Die giftige Zunge gab ihm den Tod,
Nicht seine Schuld.

Wieder ähnliche Regeln, wie wir sie schon am Anfang der Hávamál fanden: Vorausdenken, nicht jedem vertrauen.

»Oben Verderben« meint dort, wo eine Wunde tödlich ist, am Kopf und Oberkörper.

119. Das rat' ich, Loddfáfnir, vernimm die Lehre,
Wohl dir, wenn du sie merkst,
Heil dir, wenn du sie befolgst:
Gewannst du den Freund, dem du wohl vertraust,
So besuch ihn nicht selten,
Denn Strauchwerk grünt und hohes Gras
Auf dem Weg, den niemand wandelt.

120. Das rat' ich, Loddfáfnir, vernimm die Lehre,
Wohl dir, wenn du sie merkst,
Heil dir, wenn du sie befolgst:
Guten Freund gewinne dir zu erfreuender Zwiesprach;
Und nimm Heilgaldr, so lange du lebst.

121. Das rat' ich, Loddfáfnir, vernimm die Lehre,
Wohl dir, wenn du sie merkst,
Heil dir, wenn du sie befolgst:
Altem Freunde sollst du der erste
Den Bund nicht brechen.
Das Herz frißt dir Sorge, magst du keinem mehr sagen
Deine Gedanken all'.

Wieder Regeln der Freundschaft. Der »Heilgaldr« (»líknargaldr«)
bedeutet Heilzaubersprüche; hier auch im übertragenen Sinne guten,
heilsamen Rat.

122. Das rat ich, Loddfáfnir, vernimm die Lehre,
Wohl dir, wenn du sie merkst,
Heil dir, wenn du sie befolgst:
Mit unklugen Affen sollst du Nicht Worte wechseln.

123. Von albernem Mann magst du niemals
Für Gutes Lohn erlangen.
Nur der Wackere mag dir erwerben
Guten Leumund durch sein Lob.

Die Warnung vor »unklugen Affen« (vgl. Hávamál 75 und Grímnis-
mál 34) und »albernen Männern«.

124. Das ist Freundschaft, sagt einer getreulich
Dem andern alles, was er denkt.
Nichts ist übler als unzuverlässig sein:
Der ist kein Freund, der zu Gefallen spricht.

Oft sprechen sogenannte Freunde Dinge nicht an, aus Furcht, den
anderen zu kränken. Das ist falsch, Freunde müssen sich die Wahrheit
offen sagen können. In der Strophe ist vielleicht auch die Blutsbrüder-
schaft angesprochen (vgl. Strophe 44).

125. Das rat ich, Loddfáfnir, vernimm die Lehre,
Wohl dir, wenn du sie merkst,
Heil dir, wenn du sie befolgst:
Drei Worte nicht sollst du mit dem Schlechtern wechseln:
Oft weicht der Bessere,
Während der Schlechte zuschlägt.

126. Das rat' ich, Loddfáfnir, vernimm die Lehre,
Wohl dir, wenn du sie merkst,

Heil dir, wenn du sie befolgst:
Schuhe nicht sollst du noch Schäfte machen
Für andre als für dich:
Sitzt der Schuh nicht, ist krumm der Schaft,
Wünscht man dir alles Übel.

Diese Strophe macht deutlich, daß sie aus einer Zeit stammt, wo das Handwerk (Schuhe machen) noch nicht zum Gewerbe geworden war. Auch solche Zeilen belegen das hohe Alter unseres Liedes.

> *127. Das rat' ich, Loddfáfnir, vernimm die Lehre,*
> *Wohl dir, wenn du sie merkst,*
> *Heil dir, wenn du sie befolgst:*
> *Wo Übels du erfährst, nenn' es nicht anders*
> *Doch gib dem Feind nicht Frieden.*

Auch diese Strophe kann wohl kaum in christlicher Zeit entstanden sein, da das christliche Ideal ist, auch den Feind zu lieben und ihm zu verzeihen.

> *128. Das rat ich, Loddfáfnir, vernimm die Lehre,*
> *Wohl dir, wenn du sie merkst,*
> *Heil dir, wenn du sie befolgst:*
> *Dich soll andrer Unglück nicht freuen;*
> *Das Gute laß dir gefallen.*

> *129. Das rat ich, Loddfáfnir, vernimm die Lehre,*
> *Wohl dir, wenn du sie merkst,*
> *Heil dir, wenn du sie befolgst:*
> *Nicht aufschaun sollst du im Schlachtgetöse:*
> *Wahnsinnigen gleich wurden oft Erdenkinder;*
> *Dann zwingt dich kein Zauber.*

Es geht hier darum, schadenden Zauber in der Schlacht abzuwehren. Man soll deswegen nicht aufschauen, um von schadenden Luftgeistern (vgl. die durch die Lüfte lenkenden Zaunreiterinnen der Strophe 155) nicht bezaubert zu werden und dem Wahnsinn zu verfallen. Was hier mit »Wahnsinnigen gleich« übersetzt ist, könnte auch als »Ebern gleich« übertragen werden; es wären dann rasende Eber gemeint.

> *130. Das rat' ich, Loddfáfnir, vernimm die Lehre,*
> *Wohl dir, wenn du sie merkst,*
> *Heil dir, wenn du sie befolgst:*

Willst du ein gutes Weib zu deinem Willen bereden
Und Vergnügen bei ihr finden,
So verheiß ihr Holdes und halt es treulich:
Des Guten wird niemand überdrüssig.

131. Das rat' ich, Loddfáfnir, vernimm die Lehre,
Wohl dir, wenn du sie merkst,
Heil dir, wenn du sie befolgst:
Sei vorsichtig, und ja nicht unvorsichtig,
Am meisten sei's beim Met
Und bei des andern Weib; auch wahre dich
Zum dritten vor der Diebe List.

Die zusätzliche Betonung der 4. Zeile »und ja nicht unvorsichtig«
übersetzen viele völlig falsch im Sinne von »aber nicht zu vorsichtig«.
Solche Regel wäre sinnlos und in sich widersprüchlich.

132. Das rat' ich, Loddfáfnir, vernimm die Lehre,
Wohl dir, wenn du sie merkst,
Heil dir, wenn du sie befolgst:
Mit Schimpf und Hohn verspotte nicht
Den Gast noch den Gehenden.

133. Selten weiß, der zu Hause sitzt
Wie edel ist, der einkehrt.
(Laster und Tugenden liegen den Menschen
In der Brust beieinander.)
Kein Mensch ist so gut, daß nichts ihm mangle,
Noch so böse, daß er zu nichts nützt.

Der eingeklammerte Vers findet sich nur in ganz jungen Handschrif-
ten.

134. Das rat' ich, Loddfáfnir, vernimm die Lehre,
Wohl dir, wenn du sie merkst,
Heil dir, wenn du sie befolgst:
Grauen Þulr begrinse du nicht:
Oft ist gut was der Greis spricht.
Oft kommt heilsamer Rat aus hartem Balg;
Der bei Häuten hängt
Und bei Fellen flattert
Und baumelt bei Bösewichten.

Dem Anwärter auf die Þulschaft wird hier gesagt, wie er einen alten Þulr zu achten habe. Und wir erfahren dabei, wie das kultische Aufhängen der Initiationszeremonie aussah: Der Einzuweihende hing bei oder in einer Haut bei aufgehängten Fellen (der Opfertiere) und bei aufgehängten Menschen (hingerichteten Verbrechern). Das war in einer Opferstätte.

Sinn der Strophe: Wer eine solche Þulr-Initiation durchgemacht hat, der ist weise, auch wenn er alt ist und verschrumpelte Lippen (»harter Balg«) hat, also verspotte man ihn nicht.

> *135. Das rat ich, Loddfáfnir, vernimm die Lehre,*
> *Wohl dir, wenn du sie merkst,*
> *Heil dir, wenn du sie befolgst:*
> *Den Gast fahr nicht an, noch weis' ihm die Tür:*
> *Gib dem Gehrenden gern.*

> *136. Stark ist der Riegel, der sich rücken sollte*
> *Allen aufzutun.*
> *Gib einen Ring; dies Geschlecht sonst wünscht*
> *Dir alles Unheil an.*

Sinn dieser Strophe: Der Riegel der Haustüre sollte stark sein, um häufiger benutzt werden zu können, damit man Bettlern öffnen und ein kleines Geschenk geben kann, sonst wünschen sie einem Unheil an.

> *137. Dies rat ich, Loddfáfnir, vernimm die Lehre,*
> *Wohl dir, wenn du sie merkst,*
> *Heil dir, wenn du sie befolgst:*
> *Wo du Bier trinkst, erkiese dir der Jǫrð Macht,*
> *Denn Jǫrð nimm wider Bier und Feuer wider Sucht,*
> *Eiche wider Stuhlzwang, Ähre wider Vielkenntnis,*
> *Huld wider häuslichen Zwist.*
> *Gegen Haß soll man den Máni anrufen,*
> *Beize wider Bißseuche und wider Böses Runen.*
> *Fold soll man wider Fluß nehmen.*

Diese Haus- und Zaubermittel beenden die Loddfáfnismál. Die Erde (Jǫrð) hilft gegen Bier (Trunkenheit), denn Erde (Fold) nimmt Flüssigkeit auf. Eiche hilft bei Durchfall, Ähren schützen vor Vielkenntnis (Zauberei); auch die entsprechencde Rune ár (Gute Ernte, vollreifer

Acker) hilft gegen Zauber, siehe Strophe 155. Mit »Huld« (»hǫll«) können entweder Huldre (Huldrufolk), also Holden, gute Geister in Frau Holles Gefolge, oder der Holunder als Baum der Frau Holle und Ihrer Holden, gemeint sein. Máni ist der Mond, Beize (»beiti«) kann entweder den Biß, oder eher die Pflanze Alaun meinen. »Fluß« (»flóði«) ist eine Bezeichnung für Krankheiten, z. B. Schlagfluß, wie auch »Sucht« (»sóttom«), z. B. »Schwindsucht«.

Rúnatalsþáttr Óðins

Nur in Papierhandschriften der Edda findet sich hier vor Strophe 138 eine Unterüberschrift, die je nach Handschrift »Rúnatalsþáttr Óðins« (»Runenaufzählstück Óðins«), »Rúnaþáttr Óðins« (»Runenstück Óðins«) oder »Runacapituli« (»Runenkapitel«) lautet. In der Haupthandschrift der älteren Edda, dem Konungsbók Eddukvæði, ist an dieser Stelle allerdings auch eine deutliche Zäsur zu sehen.

Die Überschrift »Runenaufzählstück Óðins« zeigt nicht nur, daß es sich bei diesem Lied wie der ganzen Hávamál um eine Offenbarung des Gottes Óðinn handelt, sondern ist auch ein Beleg dafür, daß hier tatsächlich Runen aufgezählt werden, sonst hätte diese Überschrift keinen Sinn. Die Aufzählung der einzelnen Runen beginnt mit der Strophe 146, doch zuvor finden wir Einleitungsstrophen, die den Runen- und Initiationsmythos beinhalten. Auf diesen Mythos will ich zuerst eingehen.

Óðinn hängt an der Weltesche, die ein Symbol der allesdurchdringenden Lebenskraft ist, ihr Wipfel ist ein Bild des Wolkenhimmels, der über der Erde ist und an dem die Sonne (Óðinn) hängt oder auf- und absteigt. Deswegen heißt die Weltesche auch »Yggdrasill« (= Roß oder Träger des Yggr, also Óðins). Die Wolke kann als eilendes Roß, welches die Sonne trägt, bezeichnet werden. Doch sinkt Óðinn auch nieder zu den Wurzeln der Esche, wo Er Sein eines Auge in Mímirs Brunnen als Pfand gibt: Die Sonne geht unter und taucht abends in das Meer oder im Herbst in das Winterdunkel. Somit unterliegt Óðinn der Selbstopferung, Er weiht Sich dem Untergange, um wiederzukehren. Der Speer des Gottes symbolisiert den Sonnenstrahl, der zur Erde reicht. Beim Sonnenuntergange nun sieht es so aus, als würde sich die Sonne von ihrem eigenen Strahl aufspießen (vgl. Vǫluspá Strophe 21, wo die Sonne, Gullveig, auch mit Speeren gestoßen wurde). Die Sonne sinkt schließlich unter den Horizont, was der Mythos als Unterweltsfahrt des Gottes beschreibt: Er lernt die neun Welten, bis hin zur tiefsten Unterwelt, kennen und erwirbt von der Erde oder den Unterweltswesen die Runenkunde. In andern Liedern ist die Erde als Vǫlva oder Gunnlǫð personifiziert, oder es erscheinen Riesen wie Vafþrúðnir, Mímir oder hier Bǫlþorns Sohn (»Bösedorn«) von denen der Gott Wissen erhält. Zu diesem Wissen gehört auch das Wissen von der Wiederkehr an einem neuen Tage oder einem neuen Frühling.

Da dieser Mythos ein Mythos der Herbstgleiche ist, ab der die Nächte länger als die Tage werden, was in der Symbolik das Niedersinken des Sonnen- und Himmelsgottes Óðinn (siehe Abb. 20, S. 231) in die Unterwelt ist, bietet sich auch noch das Bild der fallenden reifen Frucht an. Im Herbst fallen die Früchte von den Bäumen, und aus einem Zweig von einem »fruchttragenden Baum« fertigten sich die Germanen laut Tacitus (Germania 10) die Runenstäbchen an. Jeder Baum trägt Früchte, und dies tut er im Herbst. Und aus diesen gefallen Früchten erwachsen einst wieder neue Bäume.

Daneben sind die Eingangsstrophen des Runenaufzählstückes auch eine Schilderung des tatsächlich ausgeübten Initiationsritus und sind daher für uns ein wertvolles Zeugnis eines germanischen Rituals.

> *138. Ich weiß, daß ich hing an Vingameiðr*
> *Neun lange Nächte,*
> *Vom Speer verwundet, dem Óðinn geweiht,*
> *Mir selber ich selbst,*
> *Am Ast des Baums, dem man nicht ansieht,*
> *Aus welcher Wurzel er sproß.*

»Vingameiðr« ist der »windige Baum«, die Weltesche. Óðinn hängt an ihr neun Nächte. Gemeint sind dabei Tage und Nächte; man zählte nicht nach Tagen, sondern nach Nächten, was Tacitus bestätigt[56]:

> »Sie rechnen nicht nach Tagen, wie wir, sondern nach Nächten. So setzen sie Fristen fest, so bestimmen sie die Zeit: Die Nacht geht nach ihrer Auffassung dem Tage voran«.

Dabei hing der Gott wohl (vgl. Strophe 134) in einer Art Haut, die im Winde – der irdischen Kraft Óðins – schwankt. Menschen, die diesen Ritus durchgeführt haben, hingen natürlich nicht an der Weltesche, sondern einem normalen Baum in einem Heiligtum, und wohl auch nicht neun Tage wie der Gott, sondern vielleicht nur drei. Daß man dem Ast nicht ansieht, aus welcher Wurzel er sproß, bedeutet nicht nur, daß es eben die mythische, unsichtbare Weltesche war, an der Óðinn hing, sondern wohl auch, daß der Hängende mit dem Blick in Richtung weg vom Stamm aufgehängt wurde. Manche Deuter haben geglaubt, der Aufgehängte wurde kopfüber aufgehängt; das glaube ich nicht, und drei oder neun Tage kann man auch nicht kopfüber hängen. Da das Anbinden von Verbrechern an hölzernen Pfählen, das als Strafe im

Römischen Reich galt, auf einen derartigen Sonnengottmythos zurück-
geht, und dort die Deliquenten auch aufrecht angebunden wurden,
können wir ähnliches hier bei uns auch vermuten.

Daß Óðinn von einem Speer verwundet war, ist eine rituell-kultische
symbolische Tötung. Sie findet sich auch in der Ynglinga saga 9, wo es
heißt[57]:

> »Óðinn starb in seinem Bett in Schweden, und als er im
> Sterben lag, ließ er sich mit der Spitze eines Speeres zeich-
> nen und erklärte alle Männer für sein eigen, die in ihren
> Waffen stürben«.

Im Kult wurde also der Mythos, wonach der Sonnengott Sich auf
Seinem Speer – dem Sonnenstrahl – aufspießte, real nachvollzogen.
In der Gautreks saga Konungs wird erzählt, wie König Wikar zum
Scheine geopfert werden sollte, und dabei wurde er auch mit einem
Speer gezeichnet.

Und selbst im Jesusmythos wird der aufgehängte (gekreuzigte) Jesus
vom Speer des Longinus in der Seite verletzt.

139. Sie boten mir nicht Brot noch Horn;
Da neigt ich mich nieder
Nahm die Runen auf, schrie auf:
Fiel nieder zur Erde.

Óðinn mußte also fasten, bekam weder Essen, noch Trinken, was mit
»Brot und Horn« gemeint ist. Durch das Hängen im Winde zusammen
mit dem Fasten (und wohl auch Wachbleibenmüssen, da »Vakr« = der
Wache ein Óðinsname ist) wird erreicht, daß derjenige, der es macht,
Visionen bekommt. Solche Visionen bekam nun auch Óðinn; Er neigte
sich zur Erde und nahm Runen auf. Vielleicht waren zuvor unter Ihm
Runenstäbchen ausgebreitet worden, vielleicht aber nahm Er sie rein
geistig als Visionen wahr, vielleicht erkannte Er sie in herumliegenden
Zweigen. Vielleicht meint »Runen« hier auch allgemein spirituelle
Geheimnisse. Mit einem kultisch-magischen Aufschrei (»œpandi nam«)
fällt Óðinn zur Erde und beendet die Zeit des Hängens.

140. Fimbullieder neun lernt ich vom weisen Sohn
Bǫlþors, Bestlas Vaters,
Und trank einen Trunk des teuren Mets
Aus Óðrœrir geschöpft.

»Fimbullieder« sind »große Lieder, Hauptlieder«. Was darunter zu verstehen ist, darüber wurde viel diskutiert. Man hat diese neun Hauptlieder auf die 18 Runenstrophen (2 x 9) beziehen wollen, doch scheint mir das wenig überzeugend. Ich beziehe diese neun Lieder auf die neun Welten, d. h. Óðinn lernte wie ein Schamane die neun Welten kennen. Das vielleicht sogar schon während des neuntägigen Hängens. Meine Deutung stütze ich auf die Strophe 43 der Vafþrúðnismál, wo ja der Riese Vafþrúðnir berichtet, daß seine Weisheit und Runenkenntnis daher kommt, daß er die neun Welten bereist hätte.

Bǫlþorr (»Bösedonner«) ist wohl Schreibvariante für den Riesen, der eigentlich (laut Gylfaginning 6) Bǫlþorn (»Bösedorn«) heißt. Er ist nach seinem Namen ein Unterwelts- und Todesriese, da der Dorn ein Todessymbol ist (vgl. die Überlieferungen über den Schlafdorn z. B. in den Sigrdrífumál, Prosa nach Strophe 4). Im Mythos sinkt Óðinn als Sonne ja nun in das Totenreich. Bǫlþorns Sohn ist Bestlas (Óðins Mutter) Bruder. Wer es ist, können wir nur vermuten; ich gehe davon aus, daß es der weise Riese Mímir ist. Über seine Verwandtschaftsverhältnisse wissen wir wenig, doch sagt die Ynglinga saga, daß die Ásen ihn einst als Geisel zu den Vanen schickten, mithin war er zuvor bei den Ásen. Er ist aber unbestritten riesischer Abstammung; ein Riese kann bei den Ásen nur sein, wenn er irgendwie verwandt ist, was der Bruder Bestlas ist. Und die Weisheit wird hier auch für den Sohn Bǫlþorns erwähnt, wie sie für Mímir bekannt ist. Dieser Sohn Bǫlþorns ist also Óðins Lehrmeister bei dieser Þulr-Initiation, und daher kommt nur jemand in Frage, der so weise ist wie Mímir. Schließlich unterstützen zwei Strophen der Sigrdrífumál diese Sichtweise. Da heißt es nämlich über die Runen (Strophe 13 und 14):

> »Die erriet, die ritzte
> Die dachte aus Hroptr,
> Aus der Flut, die geflossen war
> Aus Heiddraupnis Hirn
> Aus Hoddrofnis Horn.
>
> Auf dem Berge stand er mit blankem Schwerte
> Den Helm auf dem Haupte,
> Da hob Mímirs Haupt an weise das erste Wort
> Und sagte wahre Stäbe.«

Hroptr ist Óðinn, Heiddraupnir ist der »Tröpfler des Heidr«, des Opfermetes (vgl. Kommentar zu Grímnismál Strophe 25), Hoddrofnir ist der »Hortbrecher«, also der »Verteiler des Schatzes« (der Weisheit); daß hier Mímir gemeint ist, erweist auch die Strophe 45 der Vafþrúðnismál, wo wir den Ausdruck »Hoddmímir« (»Schatz-Mímir«) finden.

Óðinn ist also der Erfinder der Runen, benutzte dafür aber Weisheit aus Mímirs Hirn und von Mímirs Weisheitsbrunnen. Deswegen muß Mímir der Lehrmeister Óðins gewesen sein.

Die 2. Hälfte unserer Strophe erzählt nun, wie Óðinn jetzt, nach vollendeter Kasteiung am Baume, vom teuren Óðrœrir-Met trinken durfte.

> 141. *Zu gedeihen begann ich und begann zu denken,*
> *Wuchs und fühlte mich wohl.*
> *Wort mich von Wort zu Wort führte,*
> *Werk mich von Werk zu Werk führte.*

Nun wirken sich die Runenkräfte positiv aus, der durch das Hängen geschwächte Óðinn gewinnt neue Kräfte. Worte, die sich in ihre Runenbuchstaben zerlegen lassen, führten zu Werken.

> 142. *Runen mußt du finden und ratbare Stäbe,*
> *Sehr starke Stäbe,*
> *Sehr mächtige Stäbe.*
> *Die Fimbulþulr färbte und Ginn-Reginn schufen,*
> *Und ritzte Hroptr Rǫgnir.*

In dieser Strophe richtet sich Óðinn an uns Zuhörer, vielleicht auch Mímir an Óðinn, das ist nicht klar. Fimbulþulr (»der große Þulr«) ist natürlich der Lehrmeister, den wir schon als Mímir erkannt hatten. Óðinn ist es wohl nicht, da Óðinn in der 2. Halbstrophe als »Hroptr Rǫgnir« (»Sprecher/Rufer der Götter« oder »Gott der Götter«) schon eigens erwähnt wird. Die Ginn-Reginn sind die »Zauber-Rater« oder »Visions-Rater«, also die Götter. Daß Fimbulþulr die Runen färbte (ursprünglich mit Blut), ist ein magisches Aktivieren, während Óðinn sie ritzte, was ihre Form bedeutet, und Ginn-Reginn sie schufen, was bedeutet, daß Visionsgötter die Runen machten (in Visionen).

> 143. *Óðinn den Ásen, den Álfen Dáinn,*
> *Dvalinn den Zwergen,*
> *Alsviðr den Riesen;*
> *Einige schnitt ich selbst.*

Diese Strophe kann Mímir an Óðinn sprechen, oder auch ein Lehrmeister an uns Menschen. Von Óðinn bekamen die Ásen die Runenkenntnisse. Wahrscheinlich ist hier das »Volk der Ásen« gemeint, denn die göttlichen Ásen selbst hatten diesen Kenntnisse ja bereits, wie die vorstehende Strophe 142 andeutet. Oder es sind damit einzelne Ásengötter gemeint, die vielleicht noch keine Kenntnisse hatten. Dáinn (»Gestorben«) ist ein Álfe, der bereits in der Vǫluspá 13 erwähnt wurde und der zusammen mit Nabbi den Eber Hildisvini der Göttin Freyja schuf. Wahrscheinlich aber ist hier mit »Dáinn« einer der vier Hirsche an der Weltesche gemeint, denn auch der folgende Name, »Dvalinn« (»der Langsame« oder »der Schlafende«) ist ein Name eines dieser Hirsche (siehe Grímnismál 33). Diese Hirsche bedeuten die vier Sonnenpunkte im Jahreskreis, auch die Jahreszeiten selbst. Beide Hirsche deuten auf die Jahreszeit des Herbstes und Winters. Interessant, daß diese Strophe offenbar Álfen und Zwerge unterscheidet. Alsviðr (»Allgeschwind«) ist der Name eines der Pferde, die den Wagen der Sól (Sonne) (siehe Abb. 11 S. 126) über den Himmel ziehen. Auf dem Huf dieses Rosses stehen laut Sigrdrífumál 15 auch Runen.

Sowohl Óðinn, als auch die Hirsche, als auch dieses Roß stehen im Zusammenhang mit der Sonne, dennoch ist nicht klar, warum gerade die Genannten die Runenkenntnis weitertragen.

144. Weißt du zu ritzen, weißt du zu erraten?
Weißt du zu färben, weißt du zu erforschen?
Weißt du zu bitten, weißt du zu opfern?
Weißt du zu senden, weißt du zu schlachten?

In dieser Strophe, deren Versmaß das des Fornyrðislag ist, sind kultische Fragen aufgeführt, die der Lehrmeister am Schlusse seinem Lehrling stellt. Darüber sind sich die meisten Forscher einig. Es geht darin um alles, was mit den Runen und ihrem Kult zusammenhängt: Das Ritzen meint die einzelnen Formen der Runen, das Erraten ihre Bedeutungen, das Färben meint ihre magische Aktivierung, das Erforschen meint das Losen und das Bilden eines Reimes aus den erlosten Runen. Dann kommen Fragen, die sich mit dem Opferkult befassen, hinzu, denn Runenwerfen war immer mit einem Opfer verbunden: Bitten oder Beten und Opfern. Mit Senden ist wohl das Senden des Opfertieres zu den Göttern gemeint, Schlachten meint das Schlachten des Opfertieres. Der Lehrmeister will also, daß der Lehrling all diese Dinge beherrscht und gibt nun noch gute Ratschläge.

145. Besser ist ungebeten, aber übergeopfert:
Immer richtet sich nach dem Opfer die Gabe.

Besser ist ungesendet, aber übergesotten;
So ritzt es Þundr den Völkern zur Richtschnur;
Dort stand er auf, wo er wiederkam.

Diese Strophe wird gerne angeführt, um die heidnischen Opfervorschriften zu relativieren. Simrock hatte sie so übersetzt:

»Besser nichts gebetet als zu viel geboten:
Die Gabe will stets Vergeltung.
Besser nichts gesendet als zu viel geschlachtet...«

Was steht nun im Original? Da heißt es in Zeile 1: »Betra er óbeðit, enn sé ofblótið«, das bedeutet wörtlich: »Besser ist ungebetet, aber übergeopfert« (und analog auch in Zeile 3: »Besser ist ungesendet, aber übergesiedet«). Der Schlüssel ist das Wort »enn« (in der Handschrift: »en«), welches zwar auch mit »als« übersetzt werden könnte, allerdings hier mit »aber« übertragen werden muß. Zwar handelt es sich um eine Vergleichsform im Sinne von: »Besser A als B«, aber der erste Teil steht in der Verneinung, so daß es heißen muß: »Besser nicht A, aber B«. Über das Wort »en« heißt es: »Es bezeichnet selten einen betonten Gegensatz und kommt dem oc »und« oft sehr nah« (Hans Kuhn, Edda – Die Lieder des Codex Regius..., Bd. II, Kurzes Wörterbuch, 3. Aufl., Heidelberg 1968, S. 46.). Umgekehrt gibt es die Strophe Háv. 70, in der statt »en« gleich das Wort »ok« (und) steht: »Betra er lifðom ok sællifðom, ...« (»Besser ist Leben, und glücklichleben, ...«)

Das Wort »en(n)« entspricht ursprünglich unserem deutschen »und«, ahd. enti, anti (jünger: unta, unti), niederländisch en, altisländisch en(n) mit der Bedeutung »auch, und, aber«, da also »und« die ursprüngliche Bedeutung des Wortes ist, in der es z. B. im 2. Merseburger Zauberspruch vorkommt: »Phol ende uuodan...« (»Phol und Wodan...«), darum sollte man diese Bedeutung, selbst wenn für die Zusammensetzung mit »Betra ... en« Háv. 145 der einzige Beleg sein sollte, wenn sie inhaltlich paßt, auch verwenden.

Die zweite Zeile bedeutet etwa: »Nach der Gabe die Vergeltung sieht«. Sinn der Strophe: Man soll viel opfern und um wenig bitten (weil man bescheiden sein soll und die Götter genau wissen, was uns fehlt), die Gegengabe richtet sich nach der Opfergabe.

In der 2. Hälfte der Strophe wird – dem Mythos entsprechend – das Wiederkehren Óðins als Sonnengott (siehe Abb. 20) angesprochen. Er

heißt hier Þundr, »der Mächtige«. Der Beiname, der auch in den Grím-
nismál 21, 46 und 54 vorkommt (auch als Þuðr), wird zu altenglisch
ðunian = Anschwellen gestellt, was sehr passend für den wiederkeh-
renden Sonnen- und Himmelsgott ist.

Mit der folgenden Strophe beginnen nun die Runenaufzählungen,
wo uns der Gott Óðinn die Bedeutungen der einzelnen Runen offenbart.
Somit bilden diese Strophen auch den Höhe- und Schlußpunkt der gan-
zen Hávamál. Nach diesen Strophen ist auch der ganze Liedabschnitt
benannt: »Rúnatalsþáttr Óðins«. Allerdings trennen Forscher diese Stro-
phen ab und bezeichnen sie irriger Weise als »Ljóðatal« (»Liedaufzäh-
lungen«) bzw. »Zauberlieder«. Zuerst tat das übrigens Karl Müllenhoff
in seiner Edda von 1883-1891. Óðinn soll uns hier die Wirkungen von
Zauberliedern unbekannter Art vorstellen. Warum? Welchen Sinn hät-
te das, außer einer überflüssigen Machtdemonstration des Gottes zur
Einschüchterung der Menschen, die wir so nur aus den orientalischen
Kulturkreisen kennen? Nein, so etwas gibt es im germanischen Hei-
dentum nicht, das haben die Götter nicht nötig.

Ganz eindeutig spricht der Liedtitel von Runenaufzählungen, und
die Strophe 157 etwa erwähnt ja die Runen sogar. Deswegen ordnete
Guido List (15. 10. 1848 – 17. 5. 1919) als erster in der Neuzeit den
Strophen die Runenreihe wieder zu. Warum nun findet man in den
Handschriften der Edda hier keine Runenzeichen? Weil die Schreiber
es vielleicht nicht mehr wußten, daß hier ein Runenlied vorliegt. Oder
weil sie es nicht so einfach jedem offenbaren wollten. Wir erinnern uns,
in den Grímnismál 4-17 handelt es sich auch um die Strophen eines
nordischen Tierkreises, ohne daß dort Sternbildsymbole oder Namen
von Tierkreiszeichen angeführt worden wären.

Wie sieht nun die Zuordnung der Runen zu den Strophen aus? Es
sind 18 Runenstrophen, so daß man hier ohne Probleme die 16teilige
Runenreihe der Nordgermanen, die sich etwa von 650 bis 800 aus der
alten, allgemein germanischen Runenreihe (von 24 Zeichen) herausbil-
dete, zuordnen kann. Lediglich die beiden letzten Strophen beziehen
sich noch auf die alte Runenreihe, deren Zeichen in der Übergangszeit
in der Magie noch verwendet wurden. Deswegen übrigens muß man
diese Zusammenstellung der Strophen auf die Zeit um 700 datieren.
Ursprünglich hatte dieses Lied sicher Strophen zu allen 24 Runen, doch
die mündlichen Überlieferer ließen natürlich irgendwann die Strophen

Abbildung 20: Der Gott Óðinn mit Sonnensymbol. Eddahandschrift des Jakob Sigurðsson von 1764.

zu Runen, die man nicht mehr verwendete, vielleicht sogar gar nicht mehr kannte, auch weg.

Die Zuordnung von Runen zu Merkversen ist übrigens nichts ungewöhnliches, denn es gibt ja eine ganze Anzahl von sog. Runenliedern, wo jede Rune mit einer Strophe erläutert wird. Dieses Lied hier allerdings unterscheidet sich von den bekannten andern Runenliedern dadurch, daß hier mehr die magisch-esoterisch-religiöse Bedeutung der Runen erwähnt wird. Wer eine ausführliche Erklärung und Deutung dieses Liedes und der zugehörigen Runen sucht, den muß ich auf mein Buch »Heilige Runen – Zauberzeichen des Nordens« verweisen. Hier hingegen ist nicht der Raum, um in der ganzen Ausführlichkeit die Runenzuordnungen zu besprechen.

Ich setze die Runennamen eingeklammert über die Strophen, um die Zuordnung übersichtlicher zu machen.

146. (ᚠ - fé)
Lieder kann ich, die kann keines Volkes Frau,
Und keines Mannes Mage:
Hilfe heißt eins, denn helfen kann es
Wider Streit und Sorgen und allem Kummer.

Diese Lieder (also die Liedstrophen zu den Runen und die gesungenen Runen selbst) kann also keine Frau des Volkes, und kein Nachkomme eines Mannes. Was ist damit gemeint, daß überhaupt kein Mensch diese Lieder kann? Oder daß nur bestimmte Menschen sie können? »Mannes Mage« heißt »Sohn, Nachkomme«, meint also eher jüngere Menschen, und »Volkes Frau« meint vielleicht »Frau aus dem einfachen Volk«. Also blieben noch die Frauen aus den höheren Ständen und die älteren Männer/Menschen. In den Strophen 162 und 164 sagt Óðinn ja gerade, daß auch Menschen diese Lieder singen könnten.

Die erste Rune, fé, bedeutet nach den erhaltenen Runenliedern Viehreichtum, Besitz, Gold, Geld. Und daß Geld bei Sorgen und Kummer helfen kann, ist einleuchtend. Auch bei Streitereien, denn diese wurden auf dem Þing geschlichtet, wobei der Schuldige mit einer Zahlung (z. B. dem Wergeld) seine Schuld begleichen konnte.

147. (ᚢ - úr)
Das kann ich anderes, des bedürfen alle Männer,
Die als Læknar leben wollen.

232

Læknar sind Heilkundige. Die Rune úr, die zu dieser Strophe gehört, bedeutet in den erhaltenen Runenliedern entweder das Urrind, die Urkuh im Moor (angelsächsisches Runenlied), oder feuchte Erde, Schlacke, Schauer, Sprühregen (nordische Runenlieder). Das Rind ist das heilige Tier der Erdgöttin Frigg, und auch der Bezug der Rune zu feuchter Erde usw. paßt dazu. Es ist also Friggs Rune, und Frigg ist auch eine der wichtigen Göttinnen der Heilkunst. In diesem Sinne wird Sie z. B. in dem Eddalied Oddrúnargrátr 9 angerufen.

148. (Þ - þurs, þorn)
Das kann ich zum dritten, wird mir großer Drang
Zu fesseln meinen Feind:
Die Spitzen stumpf ich dem Widersacher,
Mich verwunden nicht Waffen noch Zauberstäbe.

Die zu dieser Strophe gehörende Rune heißt im Norden þurs (Turse, Riese), ihr älterer Name aber lautet þorn (Dorn, der Schlaf- und Todesdorn). Die Rune ist die Todesrune, der spitze Todesdorn. Und die Spitzen des Gegners stumpft Óðinn mit dieser Rune, so daß ihn weder dessen Waffen, noch dessen Zauber verwundet. Im Original steht »Vǫlur«, was ich mit »Zauberstäbe« übersetze, gemeint ist aber allgemein Zauberei.

149. (ᚨ - óss)
Das kann ich zum vierten, wenn Männer mir legen
In Bande die Bogen der Glieder:
Sobald ich es gelle, zu gehen ich vermag,
Von den Füßen fällt mir die Fessel,
Der Haft von den Händen.

Die zugehörige Rune óss bedeutet »Ásen«, und damit sind nicht allein die Ásengötter gemeint, sondern das ganze »Volk der Ásen«, zu dem auch die Geister und Seelen der Verstorbenen gehören. In den Runenliedern wird der Mund (durch den die Seele beim Tod entweicht) oder der Fluß (der Totenfluß) beschrieben, auch der Gott Óðinn selbst. Diese Rune bedeutet also allgemein auch die Seelen und Ahnenseelen, und die Seele kann sich natürlich von jeder materiellen Fessel befreien.

Ich habe das Wort »gel« (»gellen«) nicht mit »singen« übersetzt, denn es meint den gesungenen Zauber, den Galdr. Es findet sich in dem Wort »Nachtigall« (»die in der Nacht Gellende«, also die in der Nacht ihren Zaubergesang Singende) und lebt eben noch als »gellen« in unserer Sprache.

150. (ᚱ - ræið)
Das kann ich zum fünften: wenn ich sehe auffahren
Wurfspeer über wanderndem Heere:
Fliegt er auch starr, ich bring ihn zum Stehen,
Wenn ich ihn mit dem Auge erfasse.

Diese Strophe bezieht sich auf die Rune ræið bzw reið, die den »Ritt«
und wohl überhaupt die Bewegung bedeutet. Um diese Bewegung
geht es in der Strophe, die Bewegung des Pfeiles und möglicherweise
das Ausweichen, wenn man ihn gesehen hat. Allerdings ist die Über-
einstimmung des Textes mit der uns bekannten Runenbedeutung nicht
so eindeutig, wie etwa bei der Rune fé. Aber wir kennen natürlich die
Runenbedeutungen auch nicht mehr so genau, wie es unsere Vorfahren
in heidnischer Zeit noch kannten.

152. (ᚲ - kaun)
Das kann ich zum sechsten, versehrt mich ein Krieger
Mit Wurzeln des rauhen Baumes:
Und den Mann, der mich zum Haß reizte,
Ihn verzehrt das Unheil eher als mich.

Hier geht es um einen Schadenszauber mithilfe einer Baumwurzel,
den Óðinn mit dieser Rune abwehrt. Ein ähnlicher Zauber ist in der
Grettis saga Ásmundarsónar beschrieben. Die zugehörige Rune kaun
bedeutet entweder Geschwür, Krankheit, oder Asche und Fackel. Wenn
man sich intensiv mit dieser Rune beschäftigt, kann man feststellen,
daß sie auch etwas wie »Schicksal« bzw. »selbsterworbenes Schicksal«
(Ørlǫg) bedeuten kann. Es ist das Gesetz, daß jede Handlung auch im
eigenen Leben Folgen haben wird, das, was die Inder Karma nennen.
Das Unheil, die Krankheit fällt also auf den Verursacher zurück.

152. (ᚼ - hagall)
Das kann ich zum siebenten, sehe ich hoch lodern
Den Saal über den Sitzenden,
Brennt er auch breit, ich berge sie:
Den Galdur weiß ich zu gellen.

Die Rune hagall bedeutet »Hagel«, auch »Hagelregen« und Zerstö-
rung. Aber hier hilft sie gegen das Feuer bei einem Hausbrand. Denn
Regen löscht natürlich das Feuer.

Auch in dieser Strophe wird wieder das »Gellen« eines »Galdur«
(Zaubergesanges) erwähnt. Damit ist sicher auch das Singen des Ru-
nennamens gemeint.

153. (ᚾ - nauðr)
Das kann ich zum achten, das allen ist
Anzunehmen nützlich:
Wo Hader wächst unter den Heldensöhnen,
Den mag ich schlichten schnell.

Die Rune nauðr bedeutet in den nordischen Runenliedern Not, Knechtschaft, schwerer Stand. Aber sie kann auch Notwende bedeuten, wie das angelsächsische Runenlied schreibt. Da die Rune in diesem Sinne hier verwendet wird, erweist sich, daß diese Strophe der älteren Runendeutung näher steht, als den jüngeren nordischen Deutungen.

154. (ᛁ - ís)
Das kann ich zum neunten, wenn mich Not umsteht
Zu bergen mein Fahrzeug vor der Flut;
Den Wind wende ich von den Wogen ab
Und beschwichtige alle See.

Die Rune ís bedeutet übereinstimmend in allen Runenliedern das Eis, auch eine Brücke, die man überqueren kann (z. B. ein zugefrorener Fluß). Óðinn nutzt die Eis-Rune, um die See zu beruhigen: Das Wasser gefriert, und damit sind alle Wogen verschwunden. Die Vorstellung von einem zugefrorenen Meer ist in Germanien nicht unbekannt, denn in sehr kalten Wintern friert auch die Ostsee zu, während die Nordsee wegen ihres Salzgehaltes nicht gefriert.

155. (ᛃ - ár)
Das kann ich zum zehnten, wenn ich sehe Zaunreiterinnen
Durch die Lüfte lenken,
Ich wirke so, daß verwirrt sie fahren
In ihrem heimatlichen Hemd
In ihrem heimatlichen Gedanken.

Diese Strophe gehört zur Rune ár, die den vollreifen Acker und die gute Ernte, das gute Erntejahr, bedeutet. Óðinn nutzt sie, um »túnriðor« (Zaunreiterinnen) abzuwehren. Hier sind nicht menschliche Hexen, sondern böse Geister gemeint. Warum der mit vielen Ähren bestandene Acker gegen diese Wesen hilft, wissen wir nicht, aber bereits in der Strophe Hávamál 137 sagte Óðinn, daß Ähre gegen Zauberei helfe. Die Formulierung »heimatliches Hemd« bedeutet wohl, in ihrer wahren Gestalt, d. h. zuvor waren diese Zauneiterinnen in andern Gestalten erschienen. »Heimatliche Gedanken« deute ich als »ihr eigentlicher oder ursprünglicher Sinn«. Die ganze Strophe steht übrigens im Versmaß des Galdralag, des Zaubertones, für den die formelhafte doppelte Endzeile charakteristisch ist, die wie ein gesprochener oder gesungener Zauberspruch erscheint.

156. (ᚻ - sól)
Das kann ich zum elften, wenn ich soll zum Kampfe
Leiten langjährige Freunde:
Hinter den Schild ich's gelle, und sie gehen mit Macht
Heil in den Kampf,
Heil aus dem Kampf,
Kommen sie heil von überall her.

Auch diese Strophe steht im Versmaß des Galdralag. Die zugehörige Rune sól bedeutet »Sonne« (die Sonnengöttin), aber auch »Schutz«. Schon in der Sachsengeschichte des Widukind von Corvey (Kap. 12) wird die Sonnengöttin als Siegesgöttin erwähnt. Die Sonnenscheibe ist ja ein ideales Abbild der runden Schilde der Krieger, so daß die Verbindung beider nur logisch ist. Die Sonne selbst hat ja auch einen Schild Svalinn.

Schildgesänge (Barditus) der Germanen, bei denen Kampflieder so gegen die Schilde gesungen wurden, daß es laut widerhallte, sind bekannt, und man fand sogar Schildbuckel mit Runeninschriften.

Óðinn präpariert also den Schild mit dem Galdur dieser Rune, und nun steht der jeweilige Krieger unter dem Schutze der Sonnengöttin.

157. (ᛏ - týr)
Das kann ich zum zwölften, wenn ich sehe am Zweig oben
Schwanken eine Strangleiche:
So ich ritze und Runen färbe
So kommt der Mann
Und spricht mit mir.

Der Gott Týr, dessen Rune týr zu dieser Strophe gehört, ist der Gott des Mutes und Kampfes. Er wurde schon von den Römern mit dem Kriegsgott Mars gleichgesetzt. Mars (bzw. Týr) symbolisiert auch die Aktivität, Bewegung und Belebung. Deswegen kann Óðinn mit dieser Rune einen Gehängten wieder zum Leben bringen. Ein Totenzauber, bei dem ein Stäbchen mit Runen dem Toten unter die Zunge gelegt wurde, so daß dieser begann, zu sprechen, überliefert uns auch der dänische Chronist Saxo Grammaticus.

In dieser Strophe übrigens sagt Óðinn, daß Er Runen ritzte und färbte. Dies ist ein Beweis, daß es hier im Runenaufzählstück tatsächlich um Runengaldur, nicht um unbekannte Zauberlieder, geht.

> *158. (ᛒ - bjarkan)*
> *Das kann ich zum dreizehnten, wenn ich soll jungen Degen*
> *Weihen mit Wasser:*
> *So mag er nicht fallen kommt er auch ins Gefolge,*
> *Nicht sterbe der Mann durch Schwerter.*

Hier geht es um die rituelle Weihe eines jungen Kriegers, der in einen Kriegerclan aufgenommen werden soll. In den Kriegerriten geht es auch darum, sich einen Schutzgeist, eine Fylgjar, zu erwerben, die wie eine Valkyre den Helden schützt. Die zugehörige Rune ist bjarkan, die Birke, der Birkenzweig. Die Birke ist der Baum der Göttin Freyja, und diese Göttin ist die Anführerin der Valkyren, um deren Schutz es hier geht.

Mit Birkenzweigen wurden Einweihungsrituale durchgeführt (z. B. weihten die Druiden ihre Schüler mit Birkenzweigen), und Birkenzweige helfen auch allgemein gegen böse Geister.

> *159. (ᛘ - maðr)*
> *Das kann ich zum vierzehnten, wenn ich dem Volke soll*
> *Der Götter Namen nennen:*
> *Ásen und Alfen kenn ich allzumal -*
> *Wenig weiß der Unkluge.*

Die zugehörige Rune maðr (Mann, Mensch), die ursprünglch *mannaz hieß, scheint auch eine Rune des Wissens zu sein. Ich hatte bereits im Kommentar zur Vǫluspá Strophe 1 geschrieben, daß die Rune *mannaz mit dem Gott Mannus (Máni, dem Mondgott) zusammenhängt. Dieser Gott Mannus entspricht dem baltischen Mondgott Meness, und Meness ist in der baltischen Mytholoie der erste Wissenschaftler, da Er seine Kinder, die Sterne, zählen muß. Gerade so zählt auch Óðinn die Namen der Ásen und Álfen, also aller Wesen, auf. Der Begriff »unklug« lautet im Original wieder »ó-snotr« und enthält somit den Namen der Göttin der Klugheit und Feinsinnigkeit, Snotra.

Es ist also recht eindeutig, daß die Rune maðr zu dieser Strophe gehört. Etwa ab dem 11. Jh. wurde die Reihenfolge etwas geändert, die maðr-Rune wechselte auf den 15. Platz, die lǫgr-Rune ging auf den 14. Man wollte offenbar die sich sehr ähnelnden Runen maðr und ýr nebeneinanderstellen.

Die Strophen unseres Runenliedes aber gehen noch von der alten Reihenfolge aus. Wäre unser Lied erst im 11. Jh. entstanden, dann müßte hier auch die jüngere Runenzuordnung zu finden sein. Auch das ist ein Indiz für das hohe Alter der Hávamál und der ganzen älteren Edda.

160. (ᛚ - lǫgr)
Das kann ich zum fünfzehnten, das gellte Þjóðrœrir
Der Zwerg vor Dellings Tür:
Kraft gellte er den Ásen und den Alfen Gedeihn,
Verstand dem Hroptatýr.

Þjóðrœrir bedeutet »Volksreger« und ist ein Zwerg, der den Schlaf oder besser das Aufwachen symbolisiert. »Dellings Tür« ist eine Umschreibung für »Tagesanbruch«, denn Dellingr (»der Glänzende) ist der Vater des Dagr (der Tag).

Die zugehörige Rune lǫgr bedeutet »Wasser« in jeder Form, also Quellwasser, Seen, das Meer. Hier ist wohl das Tauwasser in der Nacht gemeint, das den Ásen Kraft gibt, den Álfen (Naturgeistern) Gedeihen verschafft und Verstand oder Wissen dem Hroptatýr (»Sprecher der Götter«), also Óðinn. Hier ist auf Mímirs Weisheitsbrunnen angespielt, aus dem Óðinn trinkt und so Weisheit erhält.

161. (ᛦ - ýr)
Das kann ich zum sechzehnten, will ich eine schlaue Maid
Haben zur Liebe ganz und Lust:
Den Sinn ich wandel der weißarmigen Frau,
Und ich verändere all ihr Gemüt.

Die Rune ýr bedeutet nach den Runenliedern entweder die Eibe, oder auch den Eibenbogen. Der Bogen gilt als verpönte Waffe, weil damit feige aus dem Hinterhalt getötet werden kann. Die Rune bedeutet daher auch übertragen: Versteckter Angriff droht, Feinde und Hinterlist. Und genau in diesem Sinne nutzt Óðinn die Rune: Er versucht, die Maid durch List zu gewinnen, indem Er ihr nicht Seine wahren Absichten mitteilt.

162. (ᛟ - œþel)
Das kann ich zum siebzehnten, daß mich nie meidet
Zur Freude das junge Mädchen.
Dieser Lieder, magst du, Loddfáfnir,
Lange ledig bleiben;

Doch wohl dir, bekommst du sie,
Nützlich, wenn du sie lernst,
Hilfreich, wenn du sie annimmst

Hier muß ein Überlieferer noch ursprüngliche Strophen dieses Runenaufzählstückes gekannt haben, die zu Runen gehören, die gar nicht mehr in Gebrauch waren. So hängte er die Strophen hinten noch an. Das erklärt auch die etwas verschachtelten Zeilen. Bei der Runenzuordnung können nur zwei Runen der acht zusätzlichen Runen der älteren Reihe in Frage kommen, welche das sind ist Spekulation. Ich denke für diese Strophe an die Rune œþel (*oþala), da diese Rune auch einen abgeschlossenen Ort und das Heim, Zuhause bedeutet.

Es folgt dann eine Art Abschlußstrophe an Loddfáfnir, die hier mitten in die Runenstrophen hineinsteht.

163. (◊ - ing)
Ein achtzehntes weiß ich, das ich niemals erzähle
Maid noch Mannesweibe –
Besser ist alles, das einer nur weiß,
Das ist der Lieder Schluß -
Außer die Eine, die mich umarmt,
Oder meine Schwester sei.

Óðinn will diese Rune niemandem erzählen außer Seiner Frau oder Seiner Schwester. Eine Schwester Óðins ist nicht bekannt, hier ist der Begriff also allgemein zu verstehen: Diese Rune nenne ich niemandem, höchstens einer Frau oder Schwester. Ich vermute daher, daß es um intime Dinge geht, vielleicht ist daher die Rune des Fruchtbarkeitsgottes Freyr, die Rune ing (*ingwaz) passend.

Auch in diese Strophe sind wieder Abschlußzeilen mit hineingerutscht.

164. Nun ist Hárs Lied gesungen, in Hárs Halle,
Nützlich den Erdensöhnen,
Unnütz den Jǫtensöhnen;
Heil dem, der es spricht, heil dem, der es kann!
Nütze es, der es nahm, Heil denen, die es hören!

Dies ist nun die Abschlußstrophe der ganzen Hávamál, von denen Loddfáfnismál und Rúnatalsþáttr Óðins ja nur Unterabschnitte sind.

Der Gott wendet Sich noch einmal an die Zuhörer – also uns Menschen – und unterstreicht, wie gut es ist, dieses Lied zu hören, zu kennen und zu lernen.

Anmerkungen

1. Manfred Fuhrmann (Übers.), Tacitus Germania, Stuttgart 1997, Kap. 2, S. 3.

2. Dr. Wilhelm Martens (Übers.), Jordanis Gotengeschichte, Essen, Stuttgart 1986, Kap. V, S.31.

3. Ursula Mackert, Sagen aus Island, Frankfurt/M. 1978, S. 130.

4. Jón Árnason, Íslenzkar Þjóðsögur og Aevintýri, Reykjavík 1954, S. 473-475.

5. Klaus von See, Disticha Catonis und Hávamál, in: PBB (West) 94, 1972, S. 1-18.

6. Isländische Edda und indische Veden - Ein mythologischer Vergleich, in: Große Werke der Literatur. Eine Ringvorlesung an der Universität Augsburg, Augsburg 1990, S. 9-20.

7. Hans Kuhn, Das Alte Island, Düsseldf., Köln 1978, S. 198.

8. wie 7, S. 285.

9. Rudolf Simek, Religion und Mythologie der Germanen, Darmstadt 2003, S. 173.

10. Gustav Neckel, Felix Niedner, Die jüngere Edda, Düsseldorf, Köln 1966, Vorwort S. 8f.

11. wie 10, S. 15.

12. Walter Baetke (Übers.) Die Geschichten von den Orkaden, Dänemark und der Jomsburg, Sammlung Thule Bd. 19, Düsseldorf, Köln 1966, S. 429.

13. J. C. M. Laurent, W. Wattenbach (Übers.), Adam von Bremen Hamburgische Kirchengeschichte, Essen, Stuttgart 1986, Buch IV, 26, S. 278.

14. wie 1, Kap. 11, S. 10.

15. Paul Herrmann, Deutsche Mythologie, Leipzig 1898, S. 461.

16. Arnulf Krause, Die Dichtung des Eyvindr Skáldaspillir, Leverkusen 1990, S. 138.

17. wie 13, Buch I, 6, S. 26.

18. Jacob Grimm, Deutsche Mythologie, 4. Aufl., Berlin 1875-78, Bd. I, S. 286.

19. wie 18, Bd. III, N. 105.

20. I. Ließner, G. Rauchwetter, Glaube,-Mythos,-Religion, Bindlach 1990.

21. wie 13, IV, 39, S. 293.

22. Felix Genzmer (Übers.), Beowulf und das Finnsburg-Bruchstück, Stuttgart 1953, Verse 1687ff, S. 56.

23. J. Hoffory, Eddastudien, Berlin 1889, S. 73ff.

24. Sophus Bugge, Studien über die Entstehung der nordischen Götter- und Heldensagen, München 1889.

25. wie 13, Scholion 134, S. 334.
26. Wilhelm Wägner, Germanische Göttersagen, Leipzig 1907, S. 29.
27. Friedrich Schönwerth, Aus der Oberpfalz – Sitten und Sagen, 3. Band, Augsburg 1859, S. 361f.
28. wie 27, S. 364.
29. wie 27, S. 365.
30. Paul Herrmann (Übers.), Isländische Heldenromane, Sammlung Thule Bd. 21, Düsseldorf, Köln 1966, S. 226.
31. Stefanie Würth (Übers.), Isländische Antikensagas, München 1996, S. 11.
32. wie 31, S. 12.
33. Karl Müllenhoff, Sagen, Märchen und Lieder der Herzogtümer Schleswig-Holstein und Lauenburg, Kiel 1845, S. 373.
34. wie 1, Kap. 31, S. 23f.
35. siehe hierzu den Vergleich von Otto Sigfrid Reuter, Das Rätsel der Edda, Sontra 1922, Bd. 1, III, S. 21-40.
36. wie 12, S. 77.
37. Felix Niedner (Übers.), Snorris Königsbuch (Heimskringla) I., Sammlung Thule Bd. 14, Düsseldorf, Köln 1965, S. 87.
38. F. J. Mone, Geschichte des Heidentums im nördlichen Europa, Leipzig, Darmstadt 1822, Bd. 1 S. 390ff.
39. C. A. Vulpius, Handwörterbuch der Mythologie, Leipzig 1826.
40. wie 26, S.31.
41. G. A. B. Schierenberg, Secretiora Germaniae - Deutschlands Olympia, Frankfurt 1875.
42. Bjorn Jonsson, Star Myths of the Vikings: A New Concept of Norse Mythology, o. J. (1994) Swan River Manitoba.
43. Gudmund Schütte, Dänisches Heidentum, Heidelberg 1923, S. 84f.
44. L. Erk, F. M. Böhme, Deutscher Liederhort, Bd. III, Leipzig 1894, S. 848.
45. wie Anm. 44.
46. wie 18, Bd. I, S. 60.
47. Hermann Oldenberg, Die Religion des Veda, 2. Aufl., Stuttgart 1917, S. 70, 77 wie 1, Kap.8, S. 8.
48. wie 1, Kap. 8, S. 8.
49. nacherzählt bei F. R. Schröder, Germanische Schöpfungsmythen, GRM 19, 1931.
50. wie 26, S. 236.
51. Otto Henne am Rhyn, Die Deutsche Volkssage ..., Wien, Pest, Leipzig 1879, Nr. 229.
52. Fr. Friedrich, 50 deutsche Volkskinderlieder, Leipzig o. J., I, S. 5.
53. Fritz Jöde, Ringel, Rangel, Rosen, Berlin 1913, Nr. 53.
54. wie 1, Kap. 21, S. 17.
55. wie 22, Verse 1381ff, S. 49.
56. wie 1, Kap. 11, S. 10.
57. wie 37, S. 35.

Index

Der KC-Verlag im Internet

http://www.kc-verlag.de

Immer eine Reise wert!

Andere Titel von Géza von Neményi

Götter, Mythen, Jahresfeste
Heidnische Naturreligion

Die Glaubensvorstellungen unserer heidnischen Vorfahren werden in diesem Buche vorgestellt und für Menschen unserer Zeit entschlüsselt.

Es enthält eine Rekonstruktion des heidnischen Götterglaubens unter ausschließlicher Verwendung der alten Überlieferungen und bildet die Grundlage des traditionellen germanischen Heidentums, das sich eines stetig wachsenden Interesses erfreut. Außerdem eine Vorstellung der einzelnen Gottheiten, die Mythen von der Entstehung und dem Untergang der Welt, die nordischen Tierkreiszeichen mit ihren Götterzuordnungen, Geisterglaube mit Geisteranrufungen, Jenseitsvorstellungen, Priester und Hexen, die Jahresfeste und ihre Riten, Geburtstag, Einweihung, Hochzeit usw.

In über 20 Jahren hat Allsherjargode Géza von Neményi aus den zahlreichen erhaltenen Bruchstücken ein Gesamtbild erarbeitet, das nun in vollkommen überarbeiteter Neuausgabe für alle am Alt-Heidentum interessierten vorliegt

Géza von Neményi
Götter, Mythen, Jahresfeste
Heidnische Naturreligion
ISBN 978-3-89423-125-5

Die Wurzeln von Weihnacht und Ostern
Heidnische Feste und Bräuche

Unsere bekannten Feste wie Weihnachten, Fasnacht, Ostern usw. gehen auf die uralten Jahresfeste unserer heidnischen Vorfahren zurück und wurden durch das Christentum nur oberflächlich verändert und umgedeutet.

In diesem Buche werden die Bräuche der Feste beschrieben und aus dem heidnischen Verständnis des Allsherjargoden Géza von Neményi heraus interpretiert. Wir erfahren, welche Inhalte, Mythen und Vorstellungen den acht großen heidnischen Jahresfesten zugrunde liegen und bekommen zahlreiche Anregungen, um diese Feste wieder in ihrem eigentlichen Sinne zu feiern.

Das Buch erläutert die Feste unter Anfügung der alten Quellen und Überlieferungen, ist aber zugleich eine Anleitung für diejenigen, die diese Feiern auch selbst im traditionellen Sinne begehen möchten, um so in Einklang mit Natur, Göttern und Kosmos zu gelangen.

Géza von Neményi
Die Wurzeln von Weihnacht und Ostern
Heidnische Feste und Bräuche
ISBN 978-3-89423-132-3